社区治理

主　编　高芙蓉　黄文斌

副主编　陈丽丽　毛慧琼

中国财经出版传媒集团

经济科学出版社
Economic Science Press
北京

图书在版编目（CIP）数据

社区治理/高芙蓉，黄文斌主编 . -- 北京：经济
科学出版社，2025.1
ISBN 978 - 7 - 5218 - 5890 - 7

Ⅰ.①社… Ⅱ.①高…②黄… Ⅲ.①社区管理 - 中
国 - 高等学校 - 教材 Ⅳ.①D669.3

中国国家版本馆 CIP 数据核字（2024）第 098996 号

责任编辑：李 雪 袁 溦
责任校对：杨 海
责任印制：邱 天

社 区 治 理

主 编 高芙蓉 黄文斌
副主编 陈丽丽 毛慧琼

经济科学出版社出版、发行 新华书店经销
社址：北京市海淀区阜成路甲 28 号 邮编：100142
总编部电话：010 - 88191217 发行部电话：010 - 88191522
网址：www. esp. com. cn
电子邮箱：esp@ esp. com. cn
天猫网店：经济科学出版社旗舰店
网址：http：//jjkxcbs. tmall. com
固安华明印业有限公司印装
787×1092 16 开 18.5 印张 352000 字
2025 年 1 月第 1 版 2025 年 1 月第 1 次印刷
ISBN 978 - 7 - 5218 - 5890 - 7 定价：80.00 元

前 言
PREFACE

随着社会的快速发展和城市化进程的推进,社区作为社会的基本单元,其治理工作日益受到重视。社区治理是连接国家与居民的重要桥梁,是实现社会治理现代化、推动国家治理体系和治理能力现代化的重要一环。作为培养社会工作人才的高校更需要对学生加强社区治理的理论、方法及实操技能的训练。基于此,本书遵从历史、现实与未来发展逻辑,有目的地从社会工作、社会服务角度切入,在注重理论研究的基础上,探讨社区现实问题,勾画社区未来发展蓝图,体现了"创新"与"精品"的时代要求。

本书具有以下三个特点:一是教材内容呈现出学理性与具象化的统一。从本书内容设置上看,既有社区治理方面的理论与方法,又包括社区服务相关工作。本书内容涉及社区治理概述、城乡社区服务、社区重点人群服务、社区资源链接、社区服务组织、社区应急管理、智慧社区与社区治理创新发展。二是本书在内容上实现了现实性与超前性的融合。社区应急管理是现阶段实务部门面临的焦点问题,未来社区发展也是党和人民的现实关切。现实性问题有社区资源挖掘、整合、配置;社区物业服务、社区居委会、社区业主委员会等社区组织服务;社区应急预案编制、社区应急响应队伍组建与社区舆情监控,还有智慧社区及社区治理创新发展等前瞻性内容。三是本书在适用性上实现了课程与专业技能及大赛的衔接。《社区治理》作为"社区治理"课程的选用教材,与《社区治理1+X证书》职业技能等级证书考试系列课程建设既有交叉又有融合,在培养学生重点掌握专业领域基本技能的基础上,能够与社区工作者专业技能等级证书、与全国职业院校技能大赛"社区服务实务"赛项有效衔接。

本书主要面向社会工作专业学生、社区工作者、社区志愿者以及对社区治理感兴趣的人士,力求满足广大读者的学习需求。总之,本书是一本全面、系统的社区治理学习资料,旨在为广大读者提供一个良好的学习平台。我们相信,通过本书的学习，读者一定能够更深入地了解社区治理的理论与实践，提高社区治理的能力和水平，为推动社区和谐发展作出更大的贡献。

主编谨识

2024 年 12 月于上海

目　录
CONTENTS

项目一

社区治理概述

【学习导引】

大家好！欢迎来到《社区治理》课程项目一，本部分学习的主要内容有社区的定义、功能，社区治理的内涵和基本内容，我国社区治理的发展历程，社区治理的基本理论和社区治理的模式等。

【思维导图】

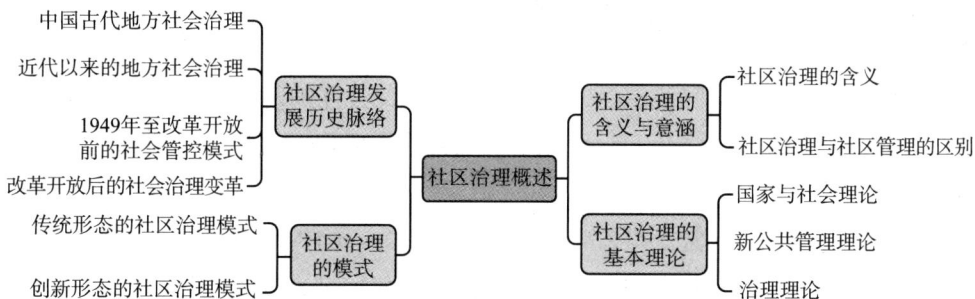

【教学目标】

1. 通过学习社区治理的内涵，你将能够说出社区治理的定义，通过比较分析，概括出社区治理的基本内容。

2. 通过学习中华人民共和国成立前的社区建设历史，你将能够复述出我国社区治理的发展历程，从中得到一定的启发。

3. 通过学习中华人民共和国成立后社区建设的发展，你将能够了解我国社区建设的发展脉络，比较分析当前社区管治现状与历史的传承与差异，知晓社区治理体制是如何运行的。

4. 通过学习社区治理理论和社区治理模式，你将能够用理论观点评判你工作或生活的社区治理现状，分析当前社区运行中存在的问题和内在机理，提出科学合理的应对策略。

任务一： 社区治理的含义与意涵

子任务1　社区治理的含义

一、社区的含义

社会是以一定物质资料的生产活动为基础的人类生活共同体，它是人们社会生活的体系，包含着自然环境、文化和人口等基本要素。围绕着社会中共同的物质和精神活动的过程，人们之间结成了复杂的相互关系，即产生了复杂的社会关系。

社区是一定地理空间范围内的人群所组成的交往互动的生活共同体，包括人口、地域与基础设施、文化和组织等基本社会结构要素，是组成社会的地理空间和社会关系单元。

在人类生活中，社区承担着管理社会生活事务、提供社会化服务、进行社会救助和保障、提供教育教化和安全稳定等重要功能。可以说社区是宏观社会的微小缩影，整个社会是由一个个或大或小的社区所组成的，同样任何一个社区就是一个规模不等的具体的小社会。因此，社区的治理是整个社会治理的起点。

二、社区治理的内容

随着经济社会的发展，我国社区发展也面临新的机遇与挑战。首先，社区作为个体主要的生活空间，是风险承担最集中、最基础的单元。其次，居民高品质、多层次的服务需求往往与社区有效供给能力不足之间存在矛盾。最后，社区作为居民生活的公共空间，应该具备公共性。社区如何更好地为居民提供公共产品，并建立起公共精神、公共道德，是社区发展面临的挑战，这使得当前的社区治理被提到前所未有的高度。

在学界，治理是一个具有模糊性、颇多分歧的概念。统治与治理、治理与管理之间存在交叉重叠又有区别的关系。无论统治、治理，还是管理，社会治理的根本的目的在于使社会中各种复杂利益关系得到有序善治，一方面，使社会利益得到相对公平合理的分配，另一方面，需要形成百姓对于国家制度的服从与认同。

从广义上看，社区治理是整个社会公共管理体系的一部分，它既包括政府对社区的管理，也包括社区组织和居民对自身事务的管理。

从狭义上看，社区治理是指社区公共组织或私人机构，依据正式的法律法规与政策制度，以及非正式社区规范、集体公约等协调社区公共关系、管理社区共同事务、解决社区公共问题的过程，以增强社区凝聚力，增进成员社会福利，实现社区整体利益，推进社区发展进步。

社会治理和社区治理相互关联。社区是社会的基本单元，社区治理是社会治理的基本组成部分，是社会治理的基石，是创新社会治理的重要突破口，同时社会治理的优化可以为社区治理提供更好的制度和政策支持。

在党的十八届三中全会提出国家治理能力与治理体系现代化建设的话语背景下，当前我国进行的社区治理，具有主体、客体和目的三个层面的基本内涵。

第一，社区治理的主体主要有三类，即行政组织、经济组织和社会组织。具体包括：一是基层（区、街道）党政机关；二是基层社区党委、居委会—业委会—物业服务公司（三驾马车）；三是专业社会工作组织与各种非营利组织（NGO），如社区慈善组织、基金会等；四是居民自组织，包括居民自发成立的文体娱乐等组织、志愿者组织、社区议事会等；五是各类社区单位，如在社区辖区内与社区有联系的各类企事业单位，包括在社区辖区内有产业及各种联系的市场主体、行政主体、各种社会服务主体等，六是社区居民、专家团队，如高校科研院所的学者、社会有识之士等。

第二，社区治理的客体，即社区治理的内容，它指的是涉及社区成员生活、事关社区成员的切身利益的社区内的公共物品供给与公共事务，包括社区服务与社区照顾；社区安全与综合治理；社区公共卫生与疾病预防；社区环境及物业管理；社区文化和精神文明建设；社区社会保障与社区福利、社区经济等。

第三，社区治理的目的是维护社区的整体利益，推进社区的全方位发展，为社区发展提供全方位的服务。这里提出的社区整体利益与个体利益形成了明显的区别。社区整体利益，是指社区民众都享有的、非独占的、为一个社区（地域范围）生存和发展所必需的利益，合法合理、公众受益。当前在上海的城市社区中，譬如成立业委会、文明养宠倡导、社区老旧房屋加装电梯、社区健身器材维修、规范机动车和电瓶车停车问题、楼道空间治理、社区绿化或空间"微更新"、社区交通安全、治安卫生、各类便民服务等焦点治理议题，它涉及并影响社区群众大多数人的生活，并能够使大多数群众受惠。

子任务 2　社区治理与社区管理的区别

社区治理话语的提出有别于传统意义上的"社区管理"。传统社区管理是以基层政权为主导，主要体现为以街道办事处以及基层群众性自治组织社区居委会为主导，强调社区单位和公民个人参与，以居民自治为依托，采取行政化管理的方式和手段提供社区服务、促进社区发展、对社区事务进行有效调控的过程。与传统的社区管理相比，社区治理被赋予了丰富的创新意涵。

（1）社区治理的主体多元化。在社区管理模式下政府及其相关职能部门起决定性作用，在社区治理模式下，除了政府之外还有其他治理主体，例如上文中提到的各种行政组织、经济组织和社会组织以及公民个体。通过多个主体相互之间的协商与合作，来共同决定和处理社区公共事务。

在社区管理模式下，政府及其相关职能部门是单一社区管理和服务主体，承担社区建设和服务的无限责任，包揽社区一切事务，居民是管理和服务的对象，而社区治理则在政府主导的格局下承认居民是自我管理和服务的主体，尊重社会多元力量的参与，其本质是政府与社会形成社区治理共同体，进行合作治理。

（2）社区治理的目标过程化。过去的社区管理的目的在于规范社会秩序、维护社会稳定，其核心目的是"维稳"；而社区治理除了明确的任务目标之外，过程目标更是其注重的因素，不仅立足于解决社区内部的问题，如基础设施建设、公共服务、环境保护等，以满足社区居民的需求，同时社区治理致力于建设软性的社区社会资本，即居民的信任与凝聚、社区公共意识、社区自治精神、化解社会矛盾和社会风险的集体意识、促进社区和谐等。

（3）社区治理的内容扩大化。社区治理对内容覆盖面进行了极大的拓展，从原来传统社区管理的"政务化"的内容走向群众生活导向的"居务化"内容，即任何涉及群众利益的事情均不是小事，均可以纳入治理的范畴。

（4）社区治理的组织架构扁平化。社区管理的组织架构是纵向科层的，权力运行是上下单向度的；而社区治理的组织架构是灵动扁平的，权力运行是上下左右交互的，侧重横向网络互动结构。

（5）社区治理的机制创新化。社区管理是通过发号施令、制定执行政策等来达到管理目标，但社区治理是通过合作、协商、建立对共同目标的认同等方式，依靠"法治、德治、自治"等治理机制，以"共建共治"作为基本运作方式，实现对社区公共事务进行有序治理。

任务二：　社区治理发展历史脉络

社区治理嵌入社会与国家的宏观治理脉络中。采取何种社区治理模式，以何种方式进行社区治理，既根植于当代社区建设和发展中探索和创造的现实经验，也受我国传统社会治理的历史文化逻辑影响。

自秦统一六国，我国经历两千余年漫长的封建社会，再到近当代以来，伴随着不同时期社会发展的变化，我国的社会治理模式经历了多次深刻变革。

子任务 1　中国古代地方社会治理

古往今来，建立和协调人类社会和社会关系的良好运行秩序，成为治国理政者的基本执政目标，在这个过程中形成了对社会的统治、治理或管理的方式、手段、过程和机制。

在学界，治理是一个具有模糊性、颇多分歧的概念，"统治"与"治理""管理"之间存在交叉重叠又有区别的关系。在提及古代社会时，我们使用最多的是"统治"的概念。

中国古代社会总体上是一个封闭、分散、生产力落后的农耕文明社会，主体人口为数量庞大的文化素质较低的农民，同时社会的地理空间具有地域辽阔、地形多样以及由此衍生出的交通不便、信息闭塞的社会特征。

摆在历代统治者面前的紧要问题是：一个体量巨大的农业、农民大国如何形成稳定和持久的秩序，即统治者们如何维持长治久安的统治。

在漫长的中国历史长河中，统治者们形成了丰富的治国实践智慧和治国的"道"与"术"。

总体上古代中国社会的治理方面，政治体制经历了从分封制到郡县制的演化，形成了相对稳定的中央集权大一统君权体制，君主和世袭与科举制选拔的文官集团、士大夫精英群体成为统治的首领和主体；经济体制上建立了以农业为本、重农抑商的自然经济体制，这种体制使得庞大数量的小农长期依附在土地上，抑制了频繁的社会流动，社会相对静态封闭，为统治者的统御奠定了重要的基础；在思想和社会意识形态方面，以儒家正统思想为根基、糅合释道法等思想的封建礼制与宗法制度、科举制度等为统治者的权力合法性和民众服从提供了重要的思想支撑和教化机制；此外，围绕着君权的稳定和巩固，形成了相应的各类军事制度和刑罚制度。传统社会中，整个国家治理体系是服务于统治者的利益的，在本质上是一种集权统治型国家治理模式。

在封建王朝中央集权的上层社会以外是基层地方社会，类似于我们今天的地方社区。中国帝制时代虽然实行中央集权制度，但碍于中国广土众民的特点，皇帝即使想要完全主导具体的地方事务也会有心无力，因此在最底层的乡村地区，具体地方事务往往由士绅阶层主导，由此形成了迥异于上层社会的社会管理逻辑，即"皇权不下县，县下唯宗族，宗族皆自治，自治靠伦理，伦理靠乡绅"的地方宗族自治体系。这种地方治理制度是一种相对自治、无为而治的制度安排，维持着中国几千年"家国同构"共同体的存续与社会善治，其中：

治理主体是退休官员、宗族长老、受过教育的地方知识分子、开明地主等，他们占据着与皇权这种正式权力相对应的"非正式的民间权力"——绅权，扮演着中央王朝和地方民众之间的中介者、朝廷的代言人和地方民众的代理人的角色，既自上而下延伸皇权，又能自下而上为民请命。

治理对象是地方普通民众，他们受到封建礼教的约束，习惯于社区中的家族伦理的规范和宗法势力的控制。

治理的事务则是地方政治事务和社会生活事务，涵盖地方赋税、徭役、治安、公共工程与土地纠纷、家族事务与民间纠纷以及民生保障等。

古代的宗族自治建立在血缘纽带之上，并通过这一亲情纽带实现同族之间的团结互助，一定程度上维持了地方的和谐稳定，士绅治理也在一定程度上具备贤人政治的特点。

有学者将这种治理模式称为"简约治理"，因为治理投入成本相对最小，无须太多人力、财政负担，王朝只通过依靠地方社会力量自治，无须深度整合和动员基层社会，便可以较少成本实现较大疆域的统治，治理收益相对较高。正是中国社会存在上层社会君权统治和地方社会的宗族自治，才形成了中国社会两条并行的治理路径。

大多时候上层王朝权力更迭、兴衰更替与大多数老百姓无关，底层社会矛盾在基层得到化解，有助于中国古代形成形态超稳定的社会结构。当然王朝末年地方压力过大，底层社会民不聊生，往往揭竿反抗，加速了王朝更迭，历史进入新的轮回。

子任务 2　近代以来的地方社会治理

1840 年鸦片战争后即近代以来，社会出现了"三千年未有之变局"，我国地方自治体系的基础开始走向瓦解。

晚清经历 4 次列强入侵以及面临战争巨额赔款，《辛丑条约》后清政府被迫赔款约 4.5 亿两白银，而据说当时清政府一年财政大约为 3 千万两白银，庞大的赔款使得清政府财政难以为继，朝廷层层挤压百姓，而地主、官僚则不断兼并土地，加上科举制度废除之后，在新思想的冲击下，传统的根植儒家的统治思想遭受到越来越多的质疑，失去了赖以生存的文化土壤的士绅阶层，其民间权力、权威基础、宗族自治开始走向动摇。

北洋军阀与国民政府时期，军阀混战、内外战争等各方因素交织，社会秩序动荡不安，地方势力向乡民索取和掠夺资源过多，丧失治理权力威望，消解着地方自治基础。中国共产党在解放区打土豪、分田地的土地改革运动，以消除地方豪绅、地主群体为目标，加速了农村社会自治传统的瓦解。

晚清以来社会面临着巨大的压力和转型，一些意识觉醒的仁人志士开始了救亡图存之路。知识分子出于救国救民的心态，军阀地方统治者出于维持地方秩序的需要，乡村建设运动应运而生。

20 世纪 20~30 年代，我国社会事业发展史上影响最大的事件莫过于乡村建设运动。乡村建设运动是在中国农村经济日益走向衰落的背景下，以乡村教育为起点，以复兴乡村社会为宗旨，由知识精英推进的一场乡村社会改造运动。它对乡村社会的政治、经济和文化的发展起到了一定促进作用。

据不完全统计，这场乡村建设运动共有 600 多个团体参加。其中比较著名的有晏阳初的定县平民教育试验区、陶行知的南京晓庄试验、梁漱溟等人创立的河南村治学院和山东邹平乡村建设研究院等。这场由社会学者和知识分子推动的乡村建设运动是最初的"乡村振兴"运动，力图通过改造乡村社区促进社会变迁，可以看作是我国现代社区建设和社区服务的一个开端。但最终他们的改造乡村社会的努力并没有逆转几十年来的乡村破坏，也没有改变中国近现代历史的进程。

子任务 3　1949 年至改革开放前的社会管控模式

中华人民共和国成立初期，中国社会面临晚清以来政治解体与社会解组相结合的"总体性危机"，外有强敌伺机而动，内有政治混乱、经济破败、民不聊生，面对国内外复杂的局势，党和国家迫切期望迅速建立国家工业化体系，重建社会秩序，恢复生产，并迅速担负起重建国家体制、经济和社会现代化的重任，以稳固新生政权，摆脱政治、经济和社会落后的被动局面。

在这种背景下，我国社会必须要有强有力的社会动员机制和资源配置机制，社会管理也必须带有强烈的行政化和指令性色彩,因此在中华人民共和国成立到改革开放之前的 30 年时间里,我国在经济上实行严格的计划经济体制,政治上实行高度集中的行政管理模式,在社会领域依据城乡社区属性划分为城乡二元社会体制,并形成二元社会治理结构。

在二元结构的背景下,我国实行了严格的户籍制度和人口流动管理制度。全体社会成员依据城乡身份,被纳入统一的管理体制。

中华人民共和国成立后在城市废除了保甲制度,在 20 世纪 50 年代中期建立了街居制度①,但随着单位制的建立和完善,单位制成为城市社会管理主要模式,街居制则是城市管理的必要补充(比如少量城市人口,如社会闲散人员和无业人员等的管理)。在"文化大革命"时期,城市基层社区组织受到严重冲击和削弱,居民委员会的性质由基层群众性自治组织演变为群众革命组织,并被赋予了政权机关的功能,社区被彻底边缘化了。

在单位体制下,城市主要人口均被纳入各类计划经济体系下的就业和劳动单位,而这些单位成为最主要的社会组织载体,承担了对人口政治动员、经济发展、社会控制的功能,单位严密控制个人的职业、生活、福利等关键资源,按照个人身份和职务、位置进行分配,个体的衣食住行学、生老病死伤等事务高度依附于单位组织。单位既是劳动者进行劳动生产的场所,也是参与政治活动的场所,单位的行政机构和党组织既是劳动者劳动过程的管理者,也是贯彻党和政府意志的执行者和监督者,个体的社会生活(比如结婚离婚、户籍管理、工作调动)等均受到国家权力的全面控制,缺乏自由流动和自主选择的权利,有学者将这一时期称为单位社会或总体性社会。

在农村,政府开展了全面土地改革运动。依据中国共产党关于"依靠贫农、雇农,团结中农,有步骤、有分别地消灭封建土地剥削制度"②的总方针,充分发动广大农民打倒地主,分得土地,从而改变了农村社会原来的权力结构和阶级力量对比,农民实现了从未有过的身份自由和人格平等,社会地位、经济地位和政治地位得到极大提高。

土地改革、减租减息、废除保甲制、剿匪反霸等一系列运动彻底肃清了千百年来长期把持中国农村政治的地方豪绅势力和宗族势力,使国家政权进入地方基层社会成为可能,随着乡镇基层政权的建立,松散的、传统的农村社会被有效地

---

① 1954 年 12 月 31 日,全国人大常委会通过了《城市街道办事处组织条例》(2009 年已废止);1954 年 12 月 31 日,全国人大常委会通过了《中华人民共和国城市居民委员会组织条例》(1990 年已废止)。

② 1950 年 6 月 28 日中央人民政府颁布的《中华人民共和国土地改革法》。

组织起来，政府的政治权威和组织动员能力空前提高，这也为后来我国农村大规模的社会动员和资源整合，比如 1954 年开始的合作化运动奠定了基础。

1958 年 8 月中央政治局通过《中共中央关于在农村建立人民公社问题的决议》，"人民公社化"运动极短时间内在全国范围内兴起。截止到 1958 年 9 月底，全国已基本实现人民公社化，大约有 2.4 万个人民公社和 99% 的农民入社率。① 自此后三十年时间内，人民公社成为中国农村社会最主要的社会组织形式。②

人民公社实行政社合一体制，它既是一个经济组织，也是一级政权机构，既要负责全社的农林牧副渔业生产，也要管理工农商学兵等各方面的工作，推行"组织军事化，行动战斗化，生活集体化"的劳动组织方式和生活方式。

城乡社区的单位制制度和人民公社制度是一种高度政治化的社会管理制度，国家的所有单位、社会的各个领域、不同层次的管理集中于中央政权，中央政权可以对社会的所有阶层、所有领域直接管控，形成个人对国家的全面依附，限制了社会的自主性和活力。有学者将这种国家治理模式称为全能型国家治理模式，尽管有一定的局限，但总体上为迅速恢复社会秩序、维护社会稳定，进而恢复和发展生产、推动社会进步作出了重要的历史性贡献。

子任务4　改革开放后的社会治理变革

1978 年党的十一届三中全会的召开是中华人民共和国成立以来我党历史上具有深远意义的伟大转折，自此党和国家开启了历史的新篇章。从此，围绕探索建设中国特色社会主义的基本任务，对中国农村和城市的政治和经济进行了深入探索和改革，在这种背景下，社会领域经历了波澜壮阔的深刻转型，社会管理模式也开始进入不同阶段的探索和变革。

一、社区服务阶段

（一）1978～1986 年：从"单位制"走向"街居制"

单位制和人民公社制度的集中化管理严重制约了社会自我管理和自我发展的

---

① 1958 年 8 月，中共中央发布《中共中央关于在农村建立人民公社问题的决议》。
② 王立胜. 人民公社化运动与中国农村社会基础再造 [J]. 中共党史研究，2007 (3): 28 - 33.

能力。

20 世纪 80 年代初以来在农村，人民公社制度彻底走向终结，家庭联产承包责任制开启了农村经济体制的变革，农村经济改革后产生了大量剩余劳动力，迫切需要在农村和农业产业之外寻找新的就业机会，从而开始了人口的区域流动和职业流动。

1986 年后，随着经济改革工作的重点由农村向城市转移，城市社区发生了翻天覆地的变化，城市的单位体制持续受到强烈的冲击，一是在过去单一的公有体制之外，萌生了大量体制外经济组织，二是原有持续终身的单位成员身份变得不再稳定，大量单位成员流向体制外经济组织；三是单位组织自身职能持续"去社会化"，同时也有大量单位走向破产、重组、改制，单位制开始走向解体。单位制的式微，使单位剥离的社会福利职能需要新的主体供给，同时城市社区产生了大量的失业无业人员和外来流动人员以及大量贫困弱势群体，也衍生了社区公共安全、环境卫生等服务需求，同时我国城市的住房制度改革启动，社会流动开始频繁，带来的社会稳定和社会秩序问题亟待得到关注和解决。

社会的变迁释放了大量的社会空间，我国经历着重新培育并发展社会领域的过程，这使得在计划经济时代被边缘化的街居制度重新回到社会的主流视野，城市社区的自治组织居民委员会重新得到恢复和调整，并进入全面发展时期。[①]

在 1979 年中国社会学恢复之后，以费孝通为首的社会学者纷纷重新提出"社区"的概念，进而推动了社区研究的繁荣发展，在 20 世纪 80 年代初期到中期，民政部门提出"社会福利社会办"的口号，推动社会福利的主体责任从单位转移到社会。

从"单位"到"社区"的转变，意味着城市社会管理的重心从"单位组织"向"社区场域"的转移，这对社会管理模式带来全新挑战和重塑，构成了中国社会治理深刻转型的起点。

（二）20 世纪 80 年代中后期～90 年代初期：社区服务探索与完善

在 1987 年以前，我国城市的社会服务由政府以及单位组织包办承担。

1986 年，民政部在武汉召开全国城市社区服务工作会议，首次把"社区"

---

① 1980 年，全国人大常委会重新颁布 1954 年的《城市居民委员会组织条例》，恢复居民委员会名称。1982 年现行宪法首次以根本法的形式明确规定了居民委员会的性质、任务和作用。之后全国各地陆续建立了符合现行宪法规定的体现城市居民自我管理、自我教育和自我服务精神的城市居民委员会，健全了城市居民委员会的组织机构和各项规章制度。

概念引入城市管理，提出了社区服务内涵和发展方向①，并在此后多次全国会议中提出要在城市中大力开展社区服务工作②，1989 年通过的《中华人民共和国城市居民委员会组织法》（以下简称《城市居民委员会组织法》）规定居民委员会应当开展社区服务活动，"社区服务"的概念第一次被列入法律条文。从此开启了我国开展社区管理和服务的新篇章，到 1992 年底，全国 70% 以上的街道开展了社区公共服务工作。

在这一阶段，社区服务的对象是民政对象，比如老人、残疾人、优抚对象、困难户、儿童、家庭以及其他便民服务，后期逐步由民政服务对象扩展到全体社区居民。社区服务的供给主体主要为城市街道办事处和社区居委会，社区服务的项目内容围绕社区治安、社区卫生、社区文化、社区就业、社区环境等便民利民服务而展开。

这一时期的社区公共服务突破了以往政府包办的模式，但还处于探索阶段，就社会管理体制来说，这一时期的基层社会管理体制仍然还是传统的街居制体制，但其社会意义比较深远，一是顺应了政府职能改革的进程；二是改变了传统街居"控制"和"管理"社会的导向，社区在承载政治功能的同时也承载了服务功能；三是培育了社区意识和社区精神，也培育了社区志愿机构和志愿者队伍。

二、社区建设阶段

随着社会转型的加深，我国社会结构出现新的变化。一方面，政府职能加快转变，政府机构改革走向简政放权，形成"小政府与大社会"，大量政府职能、控制的资源释放给市场和社会。另一方面，我国于 1992 年正式确定将市场经济作为经济体制改革目标，市场成为资源分配的主要手段，带来了社会分化和各种社会问题与矛盾，同时由于工业化、城市化、市场经济转型和住房商品化带来庞大数量的人口、职业与居住的相互分离，社区人口变得流动化、异质化、多元化、关联松散化，为社区管理与服务带来全新挑战。随着这种经济和社会结构的新变化，社区服务已难以满足社区人口和家庭结构的新变化，迫切需要转换到新的发展阶段。这一阶段可以分为两个时期。

---

① 1987 年，民政部在武汉召开"全国城市社区服务工作会议"。

② 1987 年，民政部原部长崔乃夫在大连市民政工作现场座谈会上第一次提出了"社区服务"的概念；1989 年，民政部在杭州召开全国城市社区服务经验交流会等。

(一) 1991~1999 年：社区建设概念提出与试点阶段

民政部从当时我国国情出发，同时借鉴国外社区发展先进经验，于 1991 年提出了"社区建设"的概念。1992 年 10 月，中国基层政权建设研究在浙江省杭州市召开"全国城市社区建设理论研讨会"，此后"社区服务"进一步扩展为"社区建设"，目的是以社区为基础，培育和发展基层自治，解决社会发展问题。

1998 年的中央机构改革，国务院明确赋予民政部"指导社区服务管理工作，推动社区建设"的职能，民政部原基层政权建设司更名为基层政权和社区建设司，社区建设成为该司的一项重要工作。1999 年，民政部制定了《全国社区建设实验区工作实施方案》，明确了社区建设总体要求、基本原则、工作步骤以及工作内容，同时民政部陆续在全国选择了北京、沈阳、南京、杭州、武汉等城市的 26 个城区作为全国社区建设实验区，初步积累了社区建设经验，研究、总结适合中国国情的社区建设管理体制和运行机制。

在这一阶段的城市管理体制的改革中，城市社区自治得以发育和生长，城市基层管理体制由行政化管理体制向法制保障下的社区自治体制转变，实行了民主选举、民主决策、民主管理、民主监督，实现了居民的自我教育、自我管理、自我服务。

(二) 2000~2010 年：社区建设进入全面深化阶段

在这一阶段，社区建设在全国范围内正式推广，社区建设核心工作为创新社区管理体制、构建新的社区组织体系。2000 年 11 月，中央办公厅、国务院办公厅转发《民政部关于在全国推进城市社区建设的意见》，明确"社区建设是指在党和政府的领导下，依靠社区力量，利用社区资源，强化社区功能，解决社区问题，促进社区政治、经济、文化、环境协调和健康发展，不断提高社区成员生活水平和生活质量的过程"，推动各地区将社区建设纳入国民经济与社会发展计划。2001 年，社区建设被列入国家"十五"计划发展纲要。

政府在不断加深转向"服务型政府"，并提出了构建和谐社会的部署[1]，此外 2006 年国家开始推进农村社区建设。[2] 2007 年党的十七大上提出社会建设与经济建设、政治建设、文化建设"四位一体"总体布局。[3] 2009 年，民政部发

---

[1] 2002 年，党的十六大报告将"社会管理"职能与"经济调节""市场监管""公共服务"职能并列，确立为政府四项主要职能，并提出"全面建设小康社会"的奋斗目标。

[2] 2006 年，党的十六届六中全会第一次提出"农村社区"概念，开始在全国范围内推进农村社区建设。

[3] 2007 年，党的十七大上提出社会建设与经济建设、政治建设、文化建设"四位一体"总体布局。

布《民政部关于进一步推进和谐社区建设工作的意见》，确定"建设管理有序、服务完善、文明祥和的社会生活共同体"目标。

社区建设的基本内容包含社区组织建设、社区服务；社区公共治安、社区环境卫生、社区文化教育等。社会建设的推行推动了我国基层社会管理制度由街居制向社区制的转型，同时也形成了新的条块权力格局，除了街居组织以外，开始出现了大量居民自治组织、志愿者组织、社团组织、企业以及个人等参与社区建设，初步形成了一种协同伙伴关系、社区合作共治的格局，为下一阶段的社区治理现代化奠定了良好基础。

在社区层面上，政府部门、社区组织、各种社会组织、驻区单位、物业服务企业等主体要在社区党组织的领导下，建立起相互依存、分工合作的伙伴关系，确定共同的目标，实施对社区公共事务的共同治理。其中，社区居民委员会发挥主导作用，利用社区协商议事会议等形式，组织发动各方力量，搞好社区共治，并积极反映各方利益诉求，广聚民智民力。对具有社会性、公益性、群众性的社区事务，定期进行议事、协商、监督、评议，加强沟通，增进理解，协调利益，形成共同治理的议事规则、工作制度，以及合法、合适的社区民主组织形式。社区发展的各项规划、社区建设的实施以及社区事务的处理等逐步努力地体现社区居民的广泛参与，与居民的要求相适应。总的来讲，在社区制的管理模式下已经形成了社区内多种组织并存的局面，这些组织开始形成合作共治即治理的结构与机制。

三、社区治理现代化阶段

进入 21 世纪第二个十年以来，随着市场经济的深入发展和经济总量质的上升，我国社会进入新的阶段，就业制度高度自由宽松、户籍制度的全面松动，社会尤其是城市社区开始具备某些西方后工业社会的特征，个体从村集体和单位的固定成员身份、家庭、亲属、宗族等中脱嵌，呈现个体之间联结松散化、原子化的特征，传统价值伦理、道德规范、伦理义务、公共规则等失去对个体的强烈约束力和控制力，大规模人员的空间流动、职业流动以及伴随着互联网信息化和数字技术普及带来的社会交往虚拟化，社会呈现高度流动、开放、复杂、异质的风险社会特性，二十余年的市场经济带来经济繁荣、生活水平提升的同时，也相应地带来了社会人群的贫富差距、阶层分化、社群分化，计划经济时代扁平化的社会阶层今天分化为不同利益、观念的群体，部分公民个体身上个体主义、功利主义、自利主义思潮崛起与弥漫，这些新的变化使得社区管理中往往存在居民响应度与参与度低、共同体意识淡薄、统一的诉求和利益格局很难形成的问题，给基层社区管理中的组织、动员增加了难度。

在这种背景下，要重塑社区公共生活与公共秩序，满足人民群众对美好生活的追求，使分散的、无序的个体化社会形成"善治"局面，社会的管理亟待机制创新，实现历史转变。

2012 年 11 月，党的十八大报告指出："要健全基层党组织领导的充满活力的基层群众自治机制。"报告还指出："在城乡社区治理、基层公共事务和公益事业中实行群众自我管理、自我服务、自我教育、自我监督，是人民依法直接行使民主权利的重要方式。"这是我党第一次系统阐述城乡社区治理的基本思想和理念。①

2013 年，党的十八届三中全会提出"加快形成科学有效的社会治理体制"，这是中国社会管理领域的重要纲领性文件，从此之后，中国的"社会管理"话语开始转向"社会治理"。从"社会管理"转向"社会治理"，进而向"共建共治共享的社会治理"转变，意味着社会治理理念、目标、机制、方式等的全面系统转型，标志着我党对社会主义社会治理规律认识的新飞跃，是党的社会建设理论与实践的重大创新。

此后十年，我国社区建设重点在于构建城乡社区治理体系，提升城乡社区治理能力，打造共建共治共享治理格局。社区治理是社区建设的新阶段，是国家治理的重要组成部分。②

在社会管理、社区管理的话语叙事中，管理与社会控制、社会稳定、社会秩序的政治目标相关，在新的社区治理模式时期，我国社会主要矛盾发生根本性变

---

① 坚定不移沿着中国特色社会主义道路前进 为全面建成小康社会而奋斗——在中国共产党第十八次全国代表大会上的报告［EB/OL］. http：//theory. people. com. cn/n/2013/0403/c359820 – 21013407. html.

② 2015 年 7 月，中共中央办公厅、国务院办公厅印发《关于加强城乡社区协商的意见》，明确要"开展形式多样的基层协商，推进城乡社区协商制度化、规范化和程序化"。2017 年 6 月，《中共中央 国务院关于加强和完善城乡社区治理的意见》指出，"完善城乡社区治理体制，努力把城乡社区建设成为和谐有序、绿色文明、创新包容、共建共享的幸福家园"，对社区治理体系做出了"四大主体""六大能力"的部署。2017 年 10 月，党的十九大报告提出，"加强社区治理体系建设，推动社会治理重心向基层下移，发挥社会组织作用，实现政府治理和社会调节、居民自治良性互动"。2019 年，党的十九届四中全会提出"构建社会治理共同体"的命题，构建"治理体系"成为新时代社区治理的重要目标。2020 年，党的十九届五中全会审议通过《中共中央关于制定国民经济和社会发展第十四个五年规划和二〇三五年远景目标的建议》，提出"社会治理特别是基层治理水平明显提高""完善共建共治共享的社会治理制度，扎实推动共同富裕，不断增强人民群众获得感、幸福感、安全感，促进人的全面发展和社会全面进步"。2021 年，国务院印发《"十四五"城乡社区服务体系建设规划》，提出"到 2025 年末，党建引领社区服务体系建设更加完善，服务主体和服务业态更加丰富，线上线下服务机制更加融合，精准化、精细化、智能化水平持续提升，社区吸纳就业能力不断增强，基本公共服务均等化水平明显提升"。

化，表现为人民日益增长的美好生活需要和不平衡不充分的发展之间的矛盾，加强和创新社会治理和社区治理的根本目标除了要夯实党和国家的执政基础、巩固基层政权之外，更是"完善公共服务体系，保障群众基本生活，不断满足人民日益增长的美好生活需要，不断促进社会公平正义"，要"使人民获得感、幸福感、安全感，更加充实、更有保障、更可持续"。[①]

随着社会治理中治理体系的不断完善，治理能力的不断优化，如何实现政府治理和社会调节、居民自治良性互动，如何从外在制度、技术治理转向内在精神文化、情感心理治理等，都将成为下一步社区治理深化探索和实践的方向。

任务三： 社区治理的基本理论

一般认为，随着社会演进，现代意义上的社区治理理论兴起于 20 世纪 70 ~ 80 年代，主要受国家与社会理论和新公共管理理论影响较大，逐步形成了一个涉及政治学、社会学、公共管理学等多个学科知识、结构较为松散的治理理论。值得指出的是，社区研究中常见的诸如类型学理论、区位学理论、社会互动理论、结构功能主义理论、社会冲突理论和社会资本理论等等，同样为社区治理研究与实践提供了指导和有益启示。囿于篇幅，以下重点介绍国家与社会理论、新公共管理理论和治理理论。

子任务1 国家与社会理论

在政治学与社会学研究中，有着影响至深的国家与社会二分法传统。该传统的核心在于关注和考察国家与社会的关系，因不同取向而形成了国家中心和公民社会两种具有代表性的理论观点。

一、国家中心论

所谓国家中心论，也有称之为国家统合主义，它将宏观意识引领和制度设计

---

① 习近平：决胜全面建成小康社会 夺取新时代中国特色社会主义伟大胜利——在中国共产党第十九次全国代表大会上的报告 [EB/OL]. https://www.gov.cn/zhuanti/2017 – 10/27/content_5234876.htm.

视为社会得以产生和发展的决定性依据，社会成为宏观主导下的产物。① 第二次
世界大战以后，东欧、苏联、中国和东亚地区的丰富实践，为这一理论提供了实
证研究基础。国家中心论强调，国家应该对社会进行全面干预，通过掌握资源的
配置权，实施计划经济体制，进行单位化、集体化的管理模式，辅以城乡户籍制
度等，从而实现自上而下的社会秩序构建。故而，国家统合之下，政府往往扮演
着"全能保姆"角色，深涉国家经济社会方方面面。国家中心论在不同国家和
文化背景之下，其社区治理效果表现出很大差异。也有学者认为，当下社区治理
中，国家中心论表现在公权力以现代国家建设为目的，对社区进行渗透，从而成
为社区治理的重要行动者，并主导社区治理的大部分结构、机制与过程，导致社
区居民、社会组织对公权力的合作与服从，这本质上强化了国家对基层社会的控
制，是国家原有治理模式的延续而非转型。② 亦如从公共产品供给维度而言，国
家统合因其效率低下和易于滋生腐败而备受诟病，但国家中心论视角强调国家在
现代治理体系建设中的作用依然不容忽视。因此，我们既需要警惕国家权力对社
会的过度、全面干预，也要避免把国家在社区治理中的作用一概排斥掉。

二、公民社会论

公民社会理论孕生、复兴和演进于西方社会，并受到当代西方自由主义的影
响。尽管批评不断，却不能否认，我国改革开放四十余年的前二十年，公民社会
理论在中国滥觞。

认识公民社会论，首先要弄清楚"公民社会"的概念。一般认为，在中国
学术界，公民社会常常又被称为市民社会和民间社会，它们是同一个英文术语
"civil society"的三个不同中文译名。"公民社会"是改革开放后对"civil society"
的新译名。越来越多的年轻学者喜欢使用这一新的译名，它强调"civil society"
的政治学意义，即公民的公共参与和公民对国家权力的制约。③ 周国文对"公民
社会"概念进行了溯源工作，他认为，"公民社会"概念引起中国学术界的重
视，缘于自1978年以来的改革开放与社会主义市场经济的建设进程，它使得在
高度政治化的中国社会外部开始渐渐地生长出一个相对独立的非政治领域，这也

---

① 纪莺莺，治理取向与制度环境：近期社会组织研究的国家中心转向 [J]. 浙江学刊，2016 (3)：
196 - 203.

② WONG L, POON B. From Serving Neighbors to Recon-trolling Urban Society：The Transformation of
China's Community Policy [J]. China Information，2005，19 (3)：413 - 442.

③ 俞可平. 中国公民社会：概念、分类与制度环境 [J]. 中国社会科学，2006 (1)：109 - 122 + 207 - 208.

正是实证意义上客观认识到的"公民社会"雏形。① 在政治学意涵上，不同于国家中心论，公民社会论强调的是国家与社会关系的疏离乃至对抗。

俞可平认为，公民社会是相对独立于政治国家的民间公共领域，其基础和主体是各种各样的民间组织。② 换而言之，公民社会试图回应的是现代国家中"政府失灵"和"市场失灵"现象，具有自治性、志愿性和公益性的民间组织介入社会生活，成为现代社会一种自下而上的社会力量。公民社会将使国家更加负责任地行动，并对公民的需要更快地作出反应，因此公民社会的成长壮大已经成为民主化的一个重要动力，可以极大地弥补国家能力的不足，并促进以官民合作为特征的治理和善治。③ 公民社会论中的公民参与、自治精神、公益观念、法制原则等基本精神与理念在现代社区治理实践中有着积极意义。

然而，我们必须看到，对于一个从西方政治学引入且充满争议又内部分化的理论，公民社会论对于中国社区治理议题，其解释力和有效性必然有限。

子任务 2　新公共管理理论

新公共管理理论是 20 世纪 70 年代在西方重塑政府运动改革中形成的一种新的公共管理模式。它回应了全球日益严重的经济问题和西方国家不断加剧的财政危机。

新公共管理理论主要特征是普遍采用商业管理理论、方法和技术，强调国家治理而非统治，将官僚体系转换为服务者，鼓吹政府应以公民为中心而非自己为中心，旨在提高公共管理水平。事实上，新公共管理聚焦在改革政府管理体制，通过公共管理主体的多元化和公共管理手段的企业化乃至市场化，使政府发挥新的、不同的作用，政府不再作为唯一的公共产品和服务的提供者，而是作为促进者和管理者，从而提高政府公共管理有效性和社会公共福利最大化的根本目标，实现社会的可持续发展。④

具体而言，新公共管理理论的思想主要集中在两个进路：

一是奥斯本的"政府再造"进路。其强调对公民、社团组织、社区组织授权，建议从官僚层级制政府改革为参与及团队合作的分权的政府，建立通过市场

① 周国文. "公民社会"概念溯源及研究述评 [J]. 哲学动态，2006（3）：58 – 66.
② 俞可平. 中国公民社会：概念、分类与制度环境 [J]. 中国社会科学，2006（1）：109 – 122 + 207 – 208.
③ 何增科. 公民社会与第三部门研究引论 [J]. 马克思主义与现实，2000（1）：27 – 32.
④ 徐雪梅. 老工业基地改造中的社区建设研究：以辽宁为个案 [M]. 北京：中国社会科学出版社，2008：42.

杠杆进行改革的市场导向的政府等。

二是登哈特夫妇提出的"新公共服务"进路。他们强调政府的职能是服务而非"掌舵",政府应该追求公共利益,政府思想上要具有战略性、行动上要具有民主性,政府应该服务于公民而不是服务于"顾客",政府责任并不是单一的,公务员不应当仅仅关注市场,他们也应该关注宪法和法令、社会价值观、政治行为准则、职业标准和公民利益,应重视人而不只是生产率,对公民权的重视程度要胜过对企业家精神的重视程度。这种新公共服务理论更加关注民主价值、公共利益和公民的积极参与,提倡实行"以公民为导向"的政府管理。①

尽管以上两种进路略有差别,但都强调以社会公共利益为导向。事实上,社区治理中常见的"社区授权""参与决策""协作管理"等理念与价值构想都与新公共管理理论有关。组织目标、绩效管理、激励机制等技术术语也常见于当下社区治理实践中。也是基于此,有学者认为新公共管理理论为社区治理提供了操作指引。而批评者则认为,社区治理沾染了新公共管理"习气",过于关注"技术理性"而忽视推动宏观改变。

子任务 3　治 理 理 论

如前文所言,治理理论是一个尚未完全形成统一认识和结构松散的理论。为简便起见,我们可以从治理概念、治理体系、治理主体、治理方式四方面加以简单介绍。

一、治理概念

"治理"原来是一个社会学术语,自从党的十八届三中全会将"推进国家治理体系和治理能力现代化"作为全面深化改革的总目标后,它便成为中国政治的热门话语。对其含义解读仁者见仁智者见智。中国知名学者俞可平认为,"治理"就其字面意义而言,就是"治国理政",然而作为政治学的一个重要新概念,它则是当代的产物。治理不同于统治,它指的是政府组织和民间组织在一个既定范围内运用公共权威管理社会政治事务,维护社会公共秩序,满足公众需

---

① 王菁. 社区治理模式改革探索——基于新公共管理理论 [J]. 南京审计学院学报, 2011 (4):
22 – 26.

要。治理的理想目标是善治，即公共利益最大化的管理活动和过程。①

俞可平还具体区分了"统治"和"治理"两个概念。统治是一个价值性的概念，主要维护阶级的利益；治理则是一个工具性的概念，主要维护社会的公共利益。两者的区别主要在以下五个方面：一是权威主体不同，统治的主体是单一的，即国家公共权力机关，治理的主体是多元的；二是权威的性质不同，统治是强制性的，治理则是以同意和自愿为主的；三是权威来源不同，统治的权威源于国家的法律，治理除了国家法律以外大量的是来自社会的各种契约，如社会组织的自治章程等；四是权力运行向度不同，统治的权威是自上而下的、命令型的，治理除了自下而上的以外更多的是横向的，大家相互协商；五是作用范围不同，治理的范围大于统治的范围。②

除此之外，也有学者将"治理"与"管理"进行了概念辨析，认为二者在目的、主体、理念和方式等维度均有着差异。

二、治理体系

纵向而言，治理体系包含全球治理体系、国家治理体系和地方治理体系，由于治理本质上是讨论如何维持秩序、供给服务，也就是说，它更多是聚焦具体政策实践问题，因此，社区治理成为治理体系中至关重要的内容。

就单一现代国家而言，治理体系就是规范社会权力运行和维护公共秩序的一系列制度和程序，包括规范行政行为、市场行为和社会行为的一系列制度和程序。③ 由此可见，国家治理体系实际是一个纵横交错的复杂治理体系。

三、治理主体

相对于管理理论，治理理论均强调主体的多元性。就国家治理主体而言，它包含了政党、政府、市场中的企业、非营利组织、自治组织与团体和个人等。就社区治理主体而言，它一般包含了政府的派出机构、居民自治组织、社会组织、志愿组织、企业、团体以及个人等。治理主体的多元性观点，根植于"政府失灵"与"市场失灵"论，它更加强调社会不同系统之间的协同与合作。

---

① 俞可平. 走向善治 [M]. 北京：中国文史出版社，2017：57 - 58.
② 俞可平. 走向善治 [M]. 北京：中国文史出版社，2017：61.
③ 俞可平. 走向善治 [M]. 北京：中国文史出版社，2017：58.

四、治理方式

我国学者夏建中认为，现代意义上的治理所要创造的结构或秩序不能由外部强加，它发挥作用是要依靠多种进行统治的以及互相影响的行为者的互动。在这样一种互动中，参与治理的行为主体并不追求形成一种等级隶属关系而是结成一种平等的合作关系或伙伴关系，它们通过多元互动找到共同的利益和目标。① 就治理理论要义而言，它更加强调自下而上参与民主协商过程。俞可平则提出国家治理现代化的制度化、民主化、法制、效率和协调五个标准，对于治理方式亦有启示。

尽管治理理论目前较为松散，依然有学者总结提炼了治理理论的共同特点②：

一是去中心化。在公共行政中，政府甚至国家的主权核心地位被动摇，治理对传统国家和政府权威提出挑战，向基层赋权，向各种社会组织分权成为一种发展趋势。

二是多中心化。除了政府组织，其他治理主体参与到社会公共事务之中，政府与社会组织并非互斥关系，两者共治与社会组织自治成为社区治理常态。

三是多层次治理和多种工具并存使用。治理可以横跨不同国家、不同地方等多层次进行，在具体实践中则可以通过规则、契约、回应利益的联合、发展忠诚和信任的纽带等不同工具进行治理。

四是国家和公民的角色都要发生改变，国家能力主要体现在整合、动员、把握进程和管治等宏观方面，公民不再是消极被动的消费者，而是决策参与者、公共事务的管理者和社会政策的执行者。

应当说，当下治理理论方兴未艾，保持理论的开放性与对话，并注重实践经验总结，将有利于知识生产和理论建设。

任务四： 社区治理的模式

所谓社区治理模式，主要是指在不同治理理论指导下的社区治理实践类型。一般认为，社区治理模式有传统形态与创新形态之分，为便于理解，以下介绍其

---

① 夏建中. 治理理论的特点与社区治理研究 [J]. 黑龙江社会科学，2010 (2)：125 – 130 + 4.
② 张燕国. 论我国社区治理的原则、理念取向 [J]. 西部学刊，2015 (1)：5 – 8.

典型模式。

子任务1　传统形态的社区治理模式

从国家与社会视角出发，根据国家和社会力量在社区治理中的作用大小、地位高低，我们所熟悉的社区治理传统形态主要包含政府主导型、自治型和混合型。在国外的实践中，政府主导型社区治理模式以新加坡为代表，自治型社区治理模式以美国为代表，混合型社区治理模式以日本为代表。以下分别介绍之。

一、以新加坡为代表的政府主导型社区治理模式

新加坡是亚洲发达且年轻的城市国家，曾被誉为"亚洲四小龙"之一。政府在推动社区发展过程中扮演着关键角色，同时，政府充分放权，社会组织高度参与，政府与社会力量良性互动，是以新加坡为代表的政府主导型社区治理的基本特征。在新加坡，各类社区组织发挥着重要作用。有学者考察了新加坡建国前期的"同乡会"，认为其对于多种族的新加坡实现建国和稳固均有积极意义。以新加坡的更生人士（即刑满释放人员）社会服务制度架构为例，新加坡政府出资建设社区居民服务设施（如清洗维修、回收利用等站点），更生人士可以依托"官办社营"的社区服务设施获得落脚之处以及工作机会，由此便于其更好回归社会，而社区居民也在社会合作网络中获得了物美价廉的公共服务产品。新加坡政府对社区治理的指导和管理也有其特殊之处，主要体现在：一是政府组织构建了分工明确的社区综合管理体系；二是政府积极培育基层社会服务组织拓展社区功能；三是政府整合精英人才资源培育基层组织领袖；四是政府鼓励社区成员多形式积极参与社区治理。[1] 尽管新加坡政府在基层治理中有浓重的集权色彩，但其在回应居民住房、社区养老、综合服务等需求中均表现出了高效。

二、以美国为代表的自治型社区治理模式

美国往往被认为具有社区自治的传统，既有特定的文化因素影响，也有相应制度架构。首先，美国的社区并非政府的基层行政单元，也就是说政府决策在社区中不具有合法性。在社区中，美国政府与社会可谓分工明确：政府主要负责规

---

① 马占亚.政府主导多元参与——新加坡社区治理的经验与启示 [J].广东经济，2015 (12)：36 – 40.

划和资助，社区社会组织负责具体实施。也就是说，在美国政府宏观法律框架下，政府不直接干预社区具体事务，而是交由各类社区社会组织进行管理。其次，美国自由主义和个人主义盛行，社区居民的权利意识与参与意识强烈，他们愿意并积极广泛地参与社区事务。结合两者，政府似乎在"社区"中离席，使得社区呈现所谓的"自治"形态。

然而，美国社会学家帕特南在《独自打保龄球：美国社区的衰落与复兴》一书中认为，今天的美国人，似乎不再愿意把闲暇时间用在与邻居一起喝咖啡聊天，一起走进俱乐部去从事集体行动，而是宁愿一个人在家看电视，或者独自去打保龄球，这意味着美国社会资本在流失，其后果是公民参与意识的衰落。

三、以日本为代表的混合型社区治理模式

所谓混合型社区治理模式，既不是政府主导型，也不是完全意义上的自治型，而是介于两者之间的形态。日本之所以形成混合型社区治理模式，与其现代化转型任务和阶段有关。二战结束后，日本的行政体制采取中央政府、地方政府和基层政府三级管理，这一架构有明显的集权色彩，也帮助日本快速恢复了经济。进入 20 世纪 70 年代以后，日本经济发展更为迅速，同时也出现了许多新的社会问题，诸如城市化、低生育率和人口老龄化严重等，这些问题与环境污染等老问题交织，日本政府亟须整合多方力量参与社区治理。于是，20 世纪 90 年代，日本在国家宏观法律上明确了社区基层治理中最重要的组织——町内会的性质为非政府组织，并出台了《特定 NPO 法案》和配套管理制度，从而实现政府逐步权力下放，更多赋权社区社会组织和居民。而町内会作为一个核心社区治理机构，它由政府官员、地方精英和社区代表共同组成，从而呈现出"半官半民"的特点，淡化了政府在社区治理中原有的力量和影响力。

子任务 2　创新形态的社区治理模式

在子任务一中，我们分别介绍了以新加坡、美国和日本为代表的三种传统形态社区治理模式。它有助于我们了解国外国家与地区的基本实践。学者李友梅认为，中国社会治理转型的实践经验及其内涵的理性与逻辑都远远超出了基于西方经验的传统社会理论的基本想象和认知框架。① 作为印证，自改革开放以来，中

---

① 李友梅. 当代中国社会治理转型的经验逻辑 [J]. 中国社会科学，2018 (11)：58 - 73.

国衍生了众多社区治理创新模式。青年学者葛天任依照社会学关于政府、市场和社会关系形态的常用分析框架，将这些创新模式分为政府主导型、市场主导型、社会自治型和专家参与型四种理想类型。[①] 以下分别介绍之。

一、政府主导型

政府主导型模式是指政府行政力量在社区治理中发挥着决定性作用的一种模式。政府主导型模式在中国有着强大的制度优势，基层政府依靠行政层级和命令快速有效地动员与整合资源，推进社区治理创新实践。例如上海市奉贤区庄行镇政府借助老旧街区改造，重点打造"冷江雨巷"古镇风格，从而实现对社区物理空间、文化机理和运行模式等多维形塑。类似地方实践，犹如雨后春笋般出现，但都有一个共同特点，那就是高度依赖政府的资源与公共服务投入。一般而言，这种创新模式除了带有浓厚的地方特色之外，也深受地方政府领导个人意志与价值偏好影响，较为容易出现"政绩景观"、"人走茶凉"乃至"政随人废"。事实上，政府主导型社区治理创新模式过度依赖政府投入，而社区居民参与意识和社区归属感培育不充分，导致社会自治能力发育不良，最终可能反而不利于社区自治的形成。

二、市场主导型

市场主导型模式是指充分发挥市场（其主体为企业，如物业服务公司）在资源配置和公共服务供给中的作用的一种模式。该模式以商品房社区为基础，物业服务公司运营超脱于传统物业管理范围，兼顾部分社区公共产品供给，它表现出市场与社会两重性，对所属社区治理产生重大影响。如深圳市的桃源居社区是国内较早的由开发商主导建立的社区治理创新典型。著名企业家李爱君女士所主导经营的桃源居社区在全国率先成立社区公益基金会，并大力支持社区服务中心建设，促进社区整体的发展建设以及社区公共参与程度的提高。该社区公益基金会给社区组织提供资金支持和具体指导，有力推动了所在社区养老、妇女儿童教育、体育健身和志愿服务等方面的发展；社区服务中心的建设，使得社区便民服务、居家养老、老年大学、社区救助等服务得以落地。事实上，市场主导型治理

---

　　① 葛天任，李强．我国城市社区治理创新的四种模式 [J]．西北师大学报（社会科学版），2016，53 (6)：5－13.

模式创新，是在特殊背景下衍生的产物，即政府投入不足而社会组织发育不充分。当然，单一运用市场手段回应社会公共服务产品供给不足问题，其有效性也受到质疑。换言之，市场主导型的社区治理模式虽然长于资源配置，能够较为快速有效地解决物业服务和基本公共服务问题，但依然面临市场失灵风险，需要政府规范引导和社会力量的参与。值得一提的是，深圳市桃源居成立社区公益基金会的做法越来越被广泛使用，社区公益基金会成为助推社区治理创新的重要角色之一。

三、社会自治型

相比较政府与市场机制，发轫于社会领域的社会力量主导地方社区治理创新模式尚未完全凸显，但它更具有所谓鲜明的"自下而上"特征。在社会自治型实践案例中，社区成员依靠自己、依靠社会资源，建立了社区自治组织，推动社区社会组织的发育，处理社区公共事务，推动社区参与和社区服务的完善。以南京市翠竹园社区为例，社区居民、建筑师吴楠和另一位社区居民林先生在2010年创建了社区自治组织——社区互助会，从而推动了翠竹园公共事务自治模式的形成。南京市翠竹园社区在南京花神湖畔，由玉兰山庄、翠竹园两处高档住宅小区组成，居民3036户，8000余人，其中以知识分子居多，来自全国各地以及全球24个国家。同时，社区本身拥有完备的娱乐活动设施和大型运动场馆，包括健身房、棋牌室、乒乓球室、儿童乐园等，室外还配备了网球场、篮球场等。在社区居委会的支持下，社区互助会逐渐"孵化"了43个社区社会组织与机构，从体育健身到妇女儿童教育，从社区图书馆到社区志愿者队伍，从社区养老到网络虚拟社区建设，覆盖了社区居民生活的方方面面。该社区在社区互助会成立之前，社区事务主要是依赖政府、物业公司来解决，社区居民往往是被动参与；而社区互助会成立以后，社区居民的民主参与意识得到了培养，社区居民的公共参与程度得到大幅度提升。南京市翠竹园社区的社区治理创新实践依然在继续，就早期而言，其至少面临着三个方面的困难和问题：一是社区自治的基本条件薄弱、政策支持较少；二是社会资源紧缺，可持续运行能力较弱；三是居民初始参与意识普遍不强，依赖社区"能人"推动。作为社会自治型的主要特征，通过内生型的社区枢纽型组织推动社区治理创新这一做法得到了普遍认可。

四、专家参与型

该模式最主要的特征是专家作为社区外部力量介入社区，从而参与和推动社区治理。该模式实际存在两种亚型：一种是专家占据主导地位，通过对社区进行"顶层设计"，并直接参与实施具体方案，重在社区实验和社区改造；另一种则是专家在社区治理中长期担任咨询或顾问，通过专业权威影响社区治理，重在政策建议和决策咨询。

前者如清华大学社会学系专家团队在海淀区清河街道开展的"清河实验"。遵循社区策划模式的一般程序，专家团队首先对清河街道28个社区开展深入调查和分析，发现社区核心问题和需求，在此基础上提出"社会再组织实验"和"社区提升实验"，即通过社会再组织来激发社会活力，通过激发社会活力来实现社区提升。具体实施方案中，围绕"社会再组织实验"，专家团队选择了3个社区作为试点，建立"社区议事委员会"，通过选举议事委员来增进社区居民与居委会、基层政府之间的沟通和信任，进而促进社区事务的解决；围绕"社区提升实验"，专家团队对老旧小区、缺乏物业服务的社区进行社会环境综合提升。目前"清河实验"在清河街道部分社区取得了较好社会效益。但由于其主要依赖专家团队做出决策并实施行动，故而社区居民动力不足，社区居民较易产生依赖心理，待专家团队撤出，可能面临诸多后续运行问题。

后者主要以上海作为代表。如从2022年开始，上海全面推进"美好社区　先锋行动"项目，探索中国式现代化超大城市基层治理新路。上海市委党建办集结街镇骨干力量、居村"两委"工作人员，组成"行动团队"，汇集沪上高校智库及党建智库理论专家、实践专家，组成"赋能团队"，一对一匹配赋能、把脉支招。赋能团队通过共建治理智库、社区干部培训、研发工具包、提炼总结案例等各种方式为赋能的街镇社区基层治理提供专业支持。在此过程中，芷江西路街道提出了依托党建"同心圆"工作法，由党总支书记、老书记、网格党组织书记、居民党员等组成"内圆"，由华东理工大学赋能团队、人大代表、律师、设计团队等组成"外圆"共同参与，全力保障社区成套改造工作有序推进。[①] 这一模式效果值得深入观察和研究。

诚然，以上关于社区治理的四种创新形态划分，仅仅是从学理上的认识与理解，在具体实践中，不同模式的特点与特征可能出现共性与叠加，从而使得现实中的创新模式呈现更为复杂的图景。整体而言，目前我国社区治理还处于初期发展阶段，社会力量相对较为薄弱，政府在经济社会生活中依然发挥着很重要的角

---

① 美好社区　先锋行动｜行动团队＋赋能团队，来看上海社区治理新玩法！［EB/OL］. https：// www. jingan. gov. cn/rmtzx/003008/003008003/20230829/32344c4c－92e5－4b5b－af20－27a2405ea385. html? type＝2.

色，构建政府与社会之间的良性互动关系，对政府权力进行有效规制和监督，积极培育和完善社会合作网络，于中国社区治理实践而言具有重要意义。

练一练

一、单选题

1. 晏阳初在( )开展了平民教育运动。

A. 河北廊坊

B. 河北定县

C. 山东邹平

D. 河北沧州

2. 1986年，民政部首次把( )概念引入城市管理。

A. "社区"   B. "社会"

C. "街区"   D. "治理"

3. 2019年，党的十九届四中全会提出"构建社会治理共同体"的命题，构建"治理体系"成为新时代( )方面的重要目标。

A. 社会治理

B. 街区治理

C. 社区治理

D. 社会建设

二、多选题

1. 当前，我国进行的社区治理的主体有哪几类？( )。

A. 行政组织

B. 经济组织

C. 社会组织

D. 专业社会工作组织

E. 志愿者组织

2. 治理理论的共同特点有哪些？( )

A. 去中心化

B. 多中心化

C. 多层次治理和多种工具并存使用

D. 国家和公民的角色都要发生改变

E. 聚焦改革政府管理体制

三、判断题

1. 乡村建设运动可以看作是我国现代社区建设和社区服务的一个开端。
（　　）

2. 社区治理是社区建设新阶段，是国家治理的重要组成部分。（　　）

3. 城乡社区治理体系需要处理好社区建设政治化和社区治理社会化的辩证关系。（　　）

4. 社区治理是社区管理的新提法。（　　）

5. 社区在人的社会化方面起的作用不大。（　　）

四、名词解释

社区治理

五、论述题

论述社区治理与社区管理的区别。

项目二

城乡社区服务

【学习导引】

大家好！欢迎来到《社区治理》课程项目二，本部分的主要内容有社区服务的内涵、类型、原则与功能，城市社区服务、农村社区服务、社区服务项目策划等内容。

【思维导图】

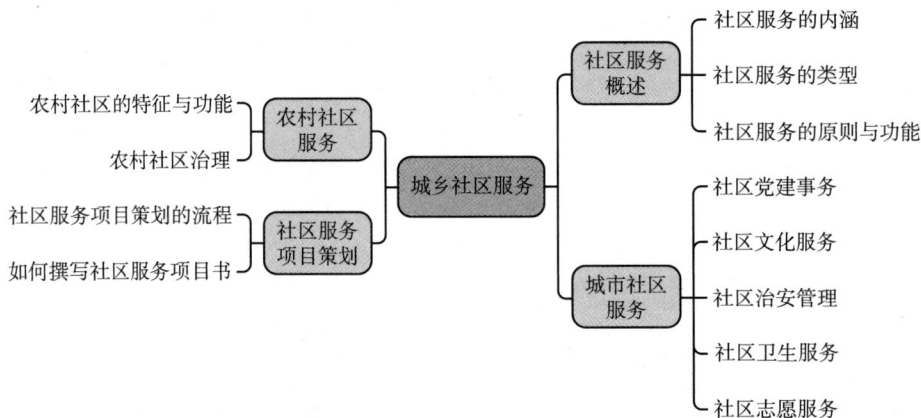

【教学目标】

1. 通过学习城市社区服务，你将掌握城市社区服务的基本特征和主要功能，理解城市社区在推动社会主义核心价值体系中的作用。提升解决城市社区问题的能力，内化以人为本的发展思想。

2. 通过学习农村社区服务，你将了解农村社区服务的现状与挑战，认识农村社区服务对乡村振兴战略的支撑作用，掌握如何将农村社区服务与村民自治、乡风文明建设相结合，深化社会主义核心价值观。

3. 通过学习社区服务项目策划，你将掌握社区服务项目策划的基本原则和方法，提高策划实施项目的能力。培养创新思维，设计符合社区实际需要并能解决具体社会问题的服务项目。

任务一： 社区服务概述

子任务 1　社区服务的内涵

一、社区服务的定义

在社会学意义上，社区服务是指一个社区为满足其成员的物质与精神生活需求而开展的社会性福利服务。具体到现实场域中，社区服务是指在政府的引导和扶持下，依托社区社会组织，动员社会力量，利用社会资源，直接为社区成员提供的公共服务和其他物质、文化、生活的服务。这些服务既包括无偿提供的福利性、公益性服务，又包括低偿和有偿提供的便民利民服务。

二、社区服务的特点

（一）非营利性

社区服务的对象主要是老年人、残疾人、优抚对象、困难家庭等急需得到帮助的弱势群体。从这一意义上说，社区服务是一种公益性服务，是为增进社区福利而开展的服务。因此，社区服务不以营利为目的，始终把公益性放在首位，呈现出较强的福利性和非营利性。

（二）地域性

社区是人们日常进行社会活动的场所，是一个地域性社会。在我国城市，社区服务依托街道、社区来开展；在广大农村，社区服务则以村、镇为依托来展开。从服务的场所可以看出，它具有明显的地域性特征。

（三）专业性

随着社会物质文化水平的提升，社区服务逐渐从早期的单一性服务转变为专业性服务。社区服务工作者通常需要接受系统的培训，掌握相关的专业知识和技能，包括社会工作、心理学、社会学等方面的知识，为社区居民提供包括家庭援助、就业指导、心理支持、法律咨询、卫生保健等在内的专业性服务。专业性服务既能解决居民面临的迫切的现实问题，又能促进社区参与和社区发展。

（四）综合性

社区综合功能决定了社区服务具有综合性的特点。社区服务内容包括社区居民的日常生活与工作的各个方面，其服务对象涵盖社区中不同职业、不同生活境况的居民，其服务主体涉及社区中的政治、经济、文化、社会等多方面的单位与个人，其执行主体包含社区工作人员、专业社会工作者、志愿者等。

子任务2 社区服务的类型

社区服务的类型按照不同的分类标准，可以分成不同的类别。

一、面向社区特殊群体的社区服务

（一）为老服务

为老年人提供的社区服务包括：日间照料服务，为老年人提供白天的照料服务，包括就餐、康复训练、社交活动等；健康咨询服务，提供如疾病防治、药物管理、健康饮食等方面的建议；心理支持服务，提供心理支持、心理疏导和心理咨询服务；医疗卫生服务，组织定期的健康体检，为老年人提供疾病预防和健康管理方面的指导；居家护理和生活援助服务，提供家政服务、药物管理、身体护理等。这些社区服务保障了老年人的身心健康，提升了老年人的生活品质和幸福感。

（二）助残服务

为残疾人提供的社区服务包括：康复训练，帮助残疾人提升生活自理能力；社交支持和心理辅导，组织社交活动、心理辅导小组等活动，促进残疾人之间的交流与支持；就业援助，开展职业技能培训、岗位适配和就业指导；法律权益保护，提供法律援助和法律咨询服务。这些社区服务对保障残疾人的生活质量、强化社会支持、促进社会融合起着重要作用。

（三）优抚服务

为优抚对象提供的社区服务主要包括：协助政府落实优抚政策，做好退伍人员安置工作，如退役军人建档立卡、优待证申领和优抚对象服务管理等工作；开展拥军优属服务，为军人家属和伤残人员的生活提供便利。

（四）青少年服务

为青少年提供的社区服务包括：教育培训服务，如学习辅导、职业规划、技能培训等，帮助青少年提升学业水平和就业能力；青少年心理健康服务，如心理咨询服务，关注青少年的心理健康问题，帮助他们应对学业压力、人际关系困扰等挑战；健康教育服务，开展健康教育宣传、健康体检等，增强青少年的健康意识和身体素质。

二、面向全体居民的便民利民社区服务

（一）社区卫生保健服务

建立健全社区卫生服务网络，以社区卫生服务中心（站）为主体，涵盖妇女、儿童、老年人、慢性病人、残疾人、贫困居民等重点群体，提供预防保健、健康教育、康复、计划生育技术服务以及常见病、多发病、慢性病的诊疗服务。

（二）社区文体娱乐服务

开展社区文化、教育和体育服务，促进公益性文化事业向基层延伸，建立便利的社区文体娱乐场所，包括阅读室、健身中心、文艺活动场所等，加强对文化场所的管理监督，调动社区资源和力量，为社区居民提供优质服务。

（三）社区安全服务

加强社区警务室建设，建立人防、物防、技防相结合的社区防范机制和防控网络。加强群防群治队伍建设，普及社区防灾减灾知识。深入开展法制宣传教育和咨询服务活动，建立健全反映社情民意信息的工作机制，组织巡逻和看楼护院活动，确保社区安全稳定。

（四）社区环境管理服务

完善社区环境保护管理制度，鼓励社区居民积极参与环保活动，倡导居民义务植树护草，文明饲养家禽和宠物，节约能源资源，共同创造整洁、和谐的社区环境。

三、面向辖区企事业单位的社会化社区服务

面向辖区企事业单位的社会化社区服务是指社区和企事业单位充分利用资源开展的双向共建服务。主要包括：社区为辖区单位提供的后勤服务、环境管理服务、治安管理服务；辖区单位为社区提供的服务设施开放服务和就业岗位服务等。

子任务3　社区服务的原则与功能

一、社区服务的原则

（一）坚持以人为本原则

社区服务应聚焦于社区居民最关心、最迫切的问题，及时提供服务解决居民困扰。确保社区服务覆盖社区所有群体，保证社区流动人口也能够获得相应服务。

（二）坚持"三化"原则

社区服务中的"三化"，即服务供给社会化、服务主体多元化、服务内容专业化。在社区服务的供给上应采取社会化方式，整合各方资源，提高服务的灵活性和多样性。社区服务主体多元化是指要鼓励和引导除政府部门以外的社会力量和组织参与提供服务，包括非营利组织、社会企业、志愿者团体、居民自组织等，促进社区服务的创新，增强社区凝聚力。社区服务内容越来越专业化，服务质量不断提升，涵盖如医疗护理、教育培训、咨询娱乐、法律援助、就业创业等多个方面。

（三）坚持全面与重点结合原则

社区服务的全面性是要确保服务满足不同居民的需求，让每个人都能从社区服务中受益。同时，要特别关注社区的薄弱环节、重点人群和关键问题。因此，

社区服务既要全面发展，又要突出重点，不仅要全面普及常规服务，还要有针对性地解决社区存在的矛盾和问题，确保服务的全面性和有效性。

（四）坚持规划与整合统筹原则

社区服务中要制定科学合理的服务规划和发展计划，整合各类公共资源，包括财政资金、人力物力以及社会力量，充分利用现有公共设施，综合考虑各方面的利益和需求，确保社区服务能够全面、协调地可持续发展。

（五）坚持因地制宜原则

社区服务要从各地的实际情况出发，结合社区的规模和类型、社区所在地区的经济发展水平、自然条件、文化背景和居民需求等特点，确定差异化的服务策略，实现社区服务的个性化和针对性。

二、社区服务的功能

社区既对接着各类组织，又关联着千家万户，社区服务在改善社区居民的生活质量和增强社区的凝聚力方面起到了重要作用。社区服务的功能在不同社区和地区可能各有侧重，但总体目标是为居民提供全方位、多层次的支持和服务，提高居民的生活品质和社区整体发展水平。具体来说，社区服务的功能有以下几个方面的表现。

（一）满足社区居民生活需求

社区服务主体可以为社区居民提供老年人照顾、儿童托管、康乐文娱等各种服务，让居民在忙碌的生活中得到放松和娱乐，满足社区各成员日常衣食住行以及文化生活等需求，促进居民生活质量提升。

（二）增强社区居民凝聚力

提供多样化、全面化的社区服务，鼓励居民积极参与合作，增强社区居民之间的交流共融，能够有效增强社区的凝聚力，促进社区的和谐稳定发展。居民参与社区服务活动时，可以加强居民之间相互交流、建立友谊，同时建立居民对社区的认同感和归属感；在社区服务的决策和计划制定过程中邀请社区居民参与，可以增加居民对社区事务的关注度和参与度，形成共同利益和目标；在多元文化社区中，社区服务还可以促进居民之间对彼此文化背景的了解和尊重，增强社区多样性的接受度和融合程度。

（三）促进社区居民参与

通过开展社区服务活动，可以为居民搭建参与平台，提供为社区贡献力量的机会，在社区服务主体的带动下，引导与鼓励居民广泛参与社会交往和社会服务活动，共同推动社区发展。可以开展的服务形式有：社区活动，如文化节庆、体育健身、志愿者服务、互帮互助等，激发居民的参与热情；居民议事会，让居民参与社区事务决策和管理，增强居民的自治意识和责任感；社区信息资源平台，方便居民获取社区信息、表达意见。

（四）维护社区安定和谐

社区服务能够使社区居民得到必要的保障和支持，在社区居民之间建立起一种互相依托、相互帮助的关系，提高居民的幸福感和认同感，促进社区的安定和谐。通过社区治安防控相关服务，建立社区防范机制，形成群防群治的社区治安网络，保护居民的人身财产安全；开展安全宣传活动，提高社区居民的安全意识；通过资源分配提供均等的公共服务，倡导社会公平正义，维护社区成员的权益与福祉；通过组织居民参与志愿者活动、邻里互助、共同经营等活动，培养居民的团结互助精神，促进社区邻里关系的和谐与融洽；通过解决社区居民之间的矛盾和纠纷，缓和社区矛盾，维护社区和谐。

任务二： 城市社区服务

子任务1 社区党建事务

一、社区党建的基本内涵

社区是治国安邦的根基，也是当今时代落实国家政策的"最后一公里"。在社区工作中，党建逐渐成为各项工作的核心和引领，社区党建也成为一个全新概念而进入公众视野。社区党建是伴随社区的出现而产生的，它既属于党的建设的组成部分，也是社区治理的重要内容，是以街镇党工委为领导，以社区党组织为核心，带领社区全体党员，推动社区内各类组织共同为社区居民提供服务的区域性党建工作。

二、社区党建的主要作用

社区党建已融入日常的社区建设之中，其所具有的作用主要体现在以下方面。

（一）"轴心"作用

参与社区治理的主体日益呈现出多元化趋势，无疑增加了社区治理活力，但多元主体之间不可避免地存在着协同性差、凝聚力弱等问题。党建工作引领有助于协调各领域党组织互联互通，有利于不同领域党组织消除障碍、打破壁垒，形成共建、共享、共治合力，全方位满足城市居民多层次需求。

（二）"示范"作用

社区基层党组织是延伸到社区层面的"末梢神经"，是我党团结各族人民、发挥战斗堡垒作用的基础。在社区中，社区党组织的示范作用有利于统一广大社区居民的思想认识，可以使基层党组织成为凝聚社区群众的主心骨；社区党组织的引领作用有利于发挥党员干部的示范带动效应，可以使他们成为助推社会发展的领头羊；社区党组织的动员作用有利于团结社区群众，使他们积极参与社区治理。

（三）"纽带"作用

社区党组织是党联系社区居民的桥梁，这种纽带有利于调动各方的积极性，带动更多党员干部参与到社区治理中。基层社区党组织的党员是社区居民的普通一员，他们最接地气、知民心、懂民意，通过他们可以带动志愿者、社区群众参与社区治理活动，有利于整合各方资源、调动各方力量，形成党建引领社区治理的联动效应，增强社区党组织的凝聚力。

（四）"安全阀"作用

社区党组织是社区矛盾化解的"稳定器"和社区问题解决的"安全阀"。社区治理中的不同主体，其利益诉求各有差异，不同利益群体由于需求不同，会基于自己的立场解决问题，必然会产生各种各样的社区矛盾。社区党组织是超脱于不同利益群体的主体，可以通过制度规章治理社区，为社会主体搭建沟通平台、协调各方利益、化解各类矛盾。

【案例】2-1：

莆田市构建"1+6+X"邻里中心养老新模式

莆田市自2020年以来开始推进"党建+"社区邻里中心建设，探索建立"1+6+X"工作模式。以党建引领为主线，完善社区幼有所育、老有所养、病有所医、食有所安、居有所乐、事有所办6项服务功能，拓展其他X项服务功能，实现社会治理服务和居民幸福指数的同步提升。

全市成立了8个街道"大工委"和73个社区"大党委"，组建376个小区党支部，组织邻里中心与34家机关企事业单位签订共建协议。同时，以居民需求为导向，采取政府购买服务、市场化运作、公益性扶持等方式，引进居家养老服务日间照料中心，建设"四点半"学校和托幼托教中心，推动公立医院医疗资源下沉社区分级诊疗；推进政府职能部门、群团组织的服务事项统一纳入社区邻里中心集成管理、一体服务，设置党员活动室、"两代表一委员"工作室、志愿服务台等，打造了15分钟便民利民惠民服务圈。

资料来源：莆田：构建"1+6+X"邻里中心养老新模式［EB/OL］．（2020-10-09）．http：//www. mzt. fujian. gov. cn/yw/mzdt/202010/t20201012-5409984. htm？vk_sa=1024320u.

三、社区党建的工作范围

党的建设是一个系统工程，要注重以点带线、以线成面，形成社区党建工作全覆盖。严格来说，每一个社区都应该建立党组织，对于条件不成熟的、党员不足三人的，可以并入其他支部或者由上级党组织下派党建工作指导员，以保证社区党建不留空白。具体措施如下。

（一）网格化党建队伍

按照"网格化设置、标准化组建"的原则，建立社区"党建网格员"队伍，将党建工作深入到居民楼院，形成成熟的"社区党工委—基层党组织—党建网格员"三级联动网络体系。

（二）四级精细化网络

建立以社区"大党委"为核心、网格党支部为重点、楼院党小组为骨干、党员楼院长为基础的四级精细化网络，实现社区党建网格全覆盖，确保每个居民楼院都有党建工作的支持与指导。

（三）智能化党建管理

运用大数据智能化理念，建设基层党建智慧云服务平台，通过技术、制度和人力的有机结合，逐步实现对社区组织、机构、人员、事务、信息等方面的全覆盖智能化管理，"一张网"管理所有社区党建相关信息，提高工作效率和协同性。

四、强化社区党组织队伍建设

社区党建工作应注重多措并举、持续发力，强化社区党组织领导班子的责任意识和身份意识，努力打造一支能战斗、敢担当的基层党组织队伍。强化社区党组织队伍建设的具体措施有以下四个。

（一）选配优秀的社区党组织领导班子

选人用人始终是关系党和人民事业的关键性、根本性问题。做好基层党建工作，关键在于选配优秀社区党组织领导班子，特别是党支部书记，可以通过公开选拔、跟踪培养、大胆运用、科学管理的方式选配优秀的社区党组织领导班子，为社区高质量发展提供强有力的组织保障。

（二）加强社区党员干部培训

具体做法有：第一，走出去"学"，就是组织社区党员干部走出去参观学习先进经验；第二，请进来"教"，就是邀请专家老师、业务负责人、资深党支部书记进行授课；第三，找专人"带"，比如形成社区老书记结对新书记的模式。通过以上做法打造高素质党员干部队伍，提升服务群众水平。

（三）发展壮大党员队伍

历经百年风雨，中国共产党从小到大、由弱到强，从建党时 50 多名党员，发展成为今天已经拥有近 1 亿名党员、在 14 亿多人口的大国长期执政的党。社区党建应把发展壮大党员队伍作为一项基础性工作，积极依托社区发展党员，加强对入党积极分子的考察培养和培训，不断壮大社区党组织的队伍。

（四）严格党员教育管理机制

党员管理是党员队伍建设的一项重要的基础性工作，要坚持严管与厚爱相结合，持续加强党员教育管理工作。具体措施有：第一，狠抓源头，强化教育，坚持"两学一做"学习教育常态化、制度化，规范党内组织生活；第二，加强监管制度，通过考勤、公示、民主评议党员制度、评优评先等方式形成党员教育管理的良好氛围；第三，因地制宜，形成特色，在借鉴先进管理模式的基础上形成自我特色。

五、党建引领基层民主

基层民主协商作为我国社会主义协商民主的重要组成部分，既是党的群众路线在基层的具体体现，也是实现社区自治的重要方式。它推动社区居民广泛参与、合作协商，增强社区的凝聚力和自治能力，推动了社区的和谐发展。我们可以通过以下途径将协商民主从理论变为现实，使协商民主扎根基层。

（一）加强社区自治组织建设

加强社区自治组织建设，包括：第一，进一步明确社区自治组织的权力、地位和义务，建立起健康、高效的社区自治机制。第二，注重完善社区常设议事机构，如社区居民代表大会、社区议事会等，确保它们能够真正发挥作用。第三，注重培育和发现社区居民中的居民骨干，以推动社区的自治发展。第四，除了常设议事机构外，不断探索和完善其他形式的社区自治，如社区小组自治、院落自治、楼栋自治、商户自治、兴趣共同体自治等"微自治"形式。第五，依法依规协助和监督成立业主委员会，发挥不同主体在社区自治中的积极作用。

（二）规范社区民主选举

社区民主选举制度是保证社区自治的重要基础，规范的社区民主选举制度能够增强社区居民的参与度和依法治理的能力，建立健全的机制也有助于实现社区自治的透明度和公正性。为确保这一制度的有效性，需要注意几个关键方面：第一，结合社区居民居住、工作、生活等实际情况制定选举程序，确保选举过程公正、公开、透明，使得真正有能力、有热情、群众信任、组织放心的社区居民进入社区自治组织。第二，建立健全社区选举、议事、公开、述职、问责等机制，依法推进社区居民自治制度建设，避免出现无章可循、混乱无序的情况。

（三）丰富社区协商民主的内容和形式

社区协商是社区自治的重要内容，根据《关于加强城乡社区协商的意见》的要求，要不断拓展和丰富社区协商民主形式和范围，增强其实效性，充分保障社区居民参与社区治理的基本权利。面对新时代出现的新形势和新要求，我们应当以社区居民会议、社区协商会、议事会、联席会、恳谈会、听证会等传统的"线下协商"形式为主要载体和平台。同时，根据时代发展特点和社区年轻居民的需求，丰富和开发社区公众号、社区 QQ 群、微信群等信息平台，进行"线上协商"，让更多的社区居民通过不同形式参与到社区治理中。

子任务 2　社区文化服务

社区文化建设作为增强城市和国家"文化力"的重要基础，对于加强社区居民的认同感和归属感、提高社区凝聚力、提升居民生活质量和整体素质，促进社区全面发展具有重要价值。

一、社区文化与社区文化服务

（一）社区文化的定义

如果把人类文化比作一棵大树，各国各民族文化就是它的树干，而社区文化就是它的枝叶。社区文化，顾名思义，它的本质是文化，而社区是它的属性。

社区文化是社区的历史和现实生活的反映，包括有形的和无形的两种形式。有形的社区文化是社区的物质文化，具体表现为社区文化设施、社区环境、社区文化活动场所等。无形的社区文化是指社区居民在长期生活中形成的精神活动、生活方式和行为规范。它涵盖了居民的价值观念、思维方式、风俗习惯等思想形态，以及学习、娱乐、健身、交往等日常活动。社区文化活动是以社区为单位开展的文化活动。

（二） 社区文化的特点

社区文化是一种综合性的地域文化现象，主要具有地域性、群众性、和谐性和实用性的特点。

1. 地域性

社区文化是一定地理环境、生产方式、社会形态等因素相互作用的产物。人们在共同的地域进行生产和生活时，必然会形成某种共同的社会心理、语言与思维方式、生活方式、价值观念、习俗、社会规范等。不同的社区开展的文化活动可能有很大的差别。

不同地区的语言习惯、口音、俚语等会影响到社区居民之间的沟通和交流方式，不同社区可能有着截然不同的传统习俗和庆典方式，一些社区可能有着特殊的教育传统和知识体系，由于气候、地貌等不同，人的体格、性格、心理和生活方式有着很大不同，社区文化也有着明显的差异，我国的南北方社区文化差异就是如此。

2. 群众性

社区文化归根到底是普通百姓的文化，因此它具有群众性。居民组织并参与社区文化活动，很多群众喜闻乐见的社区文化活动都是由社区居民自主创意的，反映了群众自身的生活，符合群众的实际需要。

社区居民是社区文化的主要受益者，社区居民既是进行活动的主体，又是社区文化服务的对象。社区居民在各种文化活动中受益颇多，他们既锻炼了身体，增进了友谊，又提高了品德修养和文化艺术修养。而政府、社会团体和企事业单位组织社区文化活动，其目的也是尽可能使群众普遍受益，使大多数群众满意。

3. 和谐性

社区文化虽然具有一定的地域性，但它是社区成员共同建设起来的一种群体文化，一旦形成便会成为全社区成员所遵守的一种文化范式，体现出和谐性的特征。

4. 实用性

社区文化中的许多活动都是社区居民日常生活的内容，有些是历史传统、风俗习惯，如节日庆典、邻里关爱互助，有些是社区居民的生活爱好，如读书看报、唱歌跳舞、下棋弹琴、跑步打拳、养花养鱼等活动。这些居民消遣休闲、自娱自乐的活动，就表现了社区文化的实用性。

（三）社区文化服务的内涵

社区文化服务则是为满足社区居民的文化需求而提供的相关服务。社区文化服务包括：文化设施的建设和管理，如图书馆、艺术中心、娱乐场所等；文化活动，如文化宣传、文化教育、文艺演出等。社区文化服务通过提供文化设施和文化活动，可以满足居民对于知识、艺术和娱乐等方面的需求。

二、开展社区文化服务的意义

社区作为群众文化建设的重要阵地，文化在社区建设与治理中扮演着关键角色，加强社区文化建设不仅有助于树立文化自信、丰富居民文化生活、提升居民幸福感，更能增强社区凝聚力、促进社区建设，也是社会进步的重要标志。

（一）丰富居民的文化生活

娱乐活动是社区居民生活中不可缺少的内容，社区已经不仅仅是居民居住工作和学习的地方，而且是居民休闲娱乐的主要场所。社区文化服务提供了多样化的文化体验和娱乐选择，丰富了居民的日常生活，提升了生活品质，满足了居民的精神需求。

（二）促进居民的心理健康

现代社会生活节奏较快，多数居民的精神压力较大，社区文化服务有助于缓解居民的压力，为居民提供宣泄、放松、娱乐的渠道，促进心理健康。

（三）培养居民的文化素养

参与社区文化服务活动可以增强居民的文化素养和审美能力，提升个人的综合素质，同时也有助于激发居民的创造力和想象力。

（四）增强社区凝聚力

社区文化服务与人们的日常生活紧密相连，在活动过程中可以加强社区居民之间的沟通交流，有助于增进社区居民之间的感情、构建社区支持网络，还可以化解邻里之间的矛盾，形成友善和谐互助的人际关系，从而促进社区凝聚力、增强社会和谐稳定。

（五） 促进文化传承与创新

社区文化服务有利于传承和弘扬优秀传统文化以及社区的核心价值观和行为规范，提倡公德心、社会责任感等，引导居民遵守社区规范，营造良好的社会风尚。同时，社区文化服务也为新文化形式和创新活动提供平台，促进地方文化的不断发展和进步。

（六） 提升社区形象与文化软实力

社区文化服务能够丰富社区的文化内涵，增强社区的文化软实力。通过举办各类文化活动，可以提升社区形象和知名度，增强社区的吸引力和竞争力，吸引更多人来到社区生活、旅行和投资，促进社区经济的繁荣。

（七） 促进社区建设

社区文化服务为居民提供了交流互动的平台，通过丰富多彩的文化活动吸引居民积极参与其中，增强他们的社区责任感和参与意识。通过参与文化活动，居民更加深入了解社区的历史、传统和文化，从而培养出对社区的认同感和归属感，促进他们投身社区事务、推动社区发展。开展社区文化服务时，要特别注重发掘和培养社区骨干力量，成立一批真正能够发挥作用的社区社会组织，促进居民自治行为的形成，促进社区的建设和发展。

【案例】2-2：

文化建设与社区治理融合发展的玉景实践

玉景社区隶属于山东省东营市东营区黄河路街道，成立于2019年5月，辖区总面积0.53平方千米，居民3827户、7778人，是一个典型的油地融合城市社区。玉景社区面临着与其他社区较为相近的普遍性问题。一方面，社区文化建设及其居民组织的泛娱乐化，文化内涵往往被遗弃，且公益文化、志愿精神作为社区文化的构成在行动上体现很不足，居民主动参与社区治理热情不高；另一方面，各个文艺队伍之间联动较少，犹如一盘散沙，相对松散，整体性不足；再一方面，社区能够动员的居民相对有限，且大都在文体类社区社会组织中，但是其在社区治理和发展中的作用微乎其微，参与社区公共事务很有限。

玉景社区紧紧围绕居民需求开展工作，注重文化建设与社区治理融合发展，依托社区文艺队伍多元、文化资源丰富的优势，以文聚人、以文化人、以文育人，以此增强居民的认同感和归属感。同时，以此为基础，将重心放在引导社区文化带头人、骨干力量带领社区居民参与社区建设上，发挥带头人和骨干力量的示范引领作用，增强文艺类社区社会组织的公益属性和转型升级，共同为建设"油地共兴"和谐共融社区贡献力量。

（一）以文化建设作为切入点，用多彩活动和社区教育凝聚人心，形成了社区文化品牌，提升了社区文艺类社会组织的参与感和社区居民的获得感

为发挥文化惠民、文化育民作用，引领形成社区居民共同价值观，玉景社区打造了文化活动阵地"六艺馆"，以儒家传统六艺（礼、乐、射、御、书、数）延伸出适合社区居民需求的"新六艺"（书、琴、戏、舞、乐、健），打造了"文润玉景"社区文化品牌。2021年以来引导文艺类社区社会组织发挥积极作用，开展了50余场次丰富多彩的各类文化活动，以活动为载体开展了社区教育，凝聚了社区人心，提升了社区居民的获得感和归属感。

（二）依托文化活动，挖掘和壮大文化带头人，培育枢纽型社区社会组织，增强了不同团队之间的互动学习，储备和带动了一批内生性骨干力量和组织力量

为了凝聚不同文艺团队的力量，发挥其各自优势和抓住关键人物，在社区党委统筹引领下，成立了"文化带头人工作小组"，做好人才汇聚、孵化培养、活动组织等支持工作。

按照民政部、山东省民政厅、东营市民政局等有关"大力培育发展社区社会组织"的具体要求，玉景社区通过不断努力，挖掘能人骨干200余人，孵化培育社区文艺自组织32支队伍，培育发展了枢纽型社区社会组织"社区文艺委员会"，增强了各队伍之间的联系互动和共同发展，逐步实现了社区文艺队伍的自我组织、自我管理、自我发展。

（三）建立沟通协调机制，开展社区议事协商，拓展了社区文化带头人和骨干参与社区建设的便利途径，渐进式地引导和推动其参与社区公共事务

依托"玉景文化超市"和"社区文化达人工作室"等平台组织，不断引导组织社区文化带头人参与社区公共事务，而切入点从较为容易的参与形式开始，即对社区公共事务表达意见和建议，这样就开始不断地培养其社区公共精神，使其关心社区公共事务，在不影响其兴趣爱好的基础上，引导其参与社区建设和治理发展。通过多种形式的议事协商会议，协调解决了物业服务纠纷、公共环境卫生等难点痛点问题，切实化解了社区治理和居民服务的急难愁盼问题，搭建起了良好的社区沟通与议事协商机制，不断引导居民从被动参加到主动参与，自治意

识逐步提升。

（四）推动文艺组织公益化，回应社区公共议题，积极助推了社区难点痛点问题的解决，提升了社区自治共治水平

针对文艺类社区社会组织开展社区发展治理微项目，引入竞争机制和激励机制，开展了竞技拉练和社区发展治理优秀达人评选活动，有效激发了文艺类社区社会组织参与社区治理的动力，提升了社区自治能力和公益氛围。

引入专业社会组织并引导社区文艺带头人及其队伍参与公益服务。玉景社区积极引进专业社会组织，开展社区社会组织培育，从群众身边"关键小事"做起，策划运作高质量的服务项目，包括"初心逐梦"合唱团认领小区红色楼栋长、"红柳地"管弦乐团认领小区义务巡逻队、"黄河佳人"女性文化交流中心认领绿植看护、雅韵女子学堂认领小微志愿调解、京戏班认领健身器材维护保护、钩织班认领社区食堂、太极拳班认领物业监督等。

依托这些小微公益项目，玉景社区还在持续开展社区社会组织培育支持，促进文艺类社区社会组织的公益转化，辐射更多居民关注和参与社区公共事务，在提供社区服务、反映群众诉求、化解基层矛盾等方面发挥重要作用，营造浓厚的社区互助氛围和公益文化。

资料来源：文化建设与社区治理融合发展的玉景实践［EB/OL］.（2021 - 11 - 10）. https：//baijiahao. baidu. com/s？id = 1716003520537927085&wfr = spider&for = pc.

三、社区文化活动的内容

社区文化服务的内容多种多样，各个社区需从本地实际出发，根据社区特点有选择性和针对性地开展。具体来说，社区文化服务的内容主要包括（不限于）以下几种类型（见表2－1）。

开展多样化的社区文化服务具有重要意义，通过满足多样化需求，社区文化服务具有促进文化交流与融合、丰富社区生活、增强社区凝聚力、促进文化传承与创新以及提升社区形象与文化软实力等方面的作用，多样化的文化活动为社区居民提供了丰富多彩的文化体验和娱乐选择，增强了社区的凝聚力与归属感，促进了文化的传承与发展。同时，多样化的文化活动也能够提升社区的形象和知名度，增强其文化软实力，促进社区的发展与繁荣。

表 2 - 1　　　　　　　　　　　常见的社区文化服务内容

艺术表演类	音乐表演	歌曲表演、乐曲演奏等	
	舞蹈表演	现代舞、民间舞、古典舞等	
	戏剧表演	话剧、京剧、越剧等	
	曲艺表演	相声、小品、评书、快板、杂技等	
传统文化类	传统手工艺活动	剪纸、刺绣、陶艺等工艺制作活动	
	传统美食制作	传统美食烹饪活动	
	传统节日庆祝	春节联欢活动、包饺子、龙舟比赛等	
教育培训类	教育宣讲	生活、教育、法律等领域的宣传和讲座等	
	技能培训	教育、摄影、绘画、书法、舞蹈等各类课程	
体育健身类	运动比赛	篮球、足球、羽毛球等比赛	
	健身活动	广场舞、瑜伽、太极拳等健身活动	
公益互助类	弱势群体关爱活动	生活帮扶、心理关怀、政策宣传、法律援助、技能培训等	
	志愿服务活动	社区环境整治、老人陪伴、儿童辅导等	
	公益募捐活动	为灾区、福利机构或慈善组织筹集善款和捐赠物品	
	邻里互助活动	互换闲置物品、邻里共享资源等	
	公益宣传活动	健康、法律、环保知识宣传活动	
社区营造类	环境整治活动	清理垃圾、修剪植被、美化公共空间等	
	艺术装饰活动	壁画创作、涂鸦、废物艺术品制作等	
	文化景点打造	雕塑园、文化长廊、历史文化墙等	
	活动中心建设	阅览室、舞蹈练习室、健身房、多功能厅等	
……	……	……	

四、社区文化服务的实施

随着经济的发展，居民对社区文化的需求和参与意愿不断增强，社区文化服务已成为社会主义精神文明建设、打造和谐社区的核心工作。社区可从以下五个方面着手开展和组织社区文化服务。

（一）科学定位社区文化服务

社区文化服务是由社区居民以自身活动为主要内容，以娱乐方式为主要形式，以满足精神生活需求为目的的文化活动。通过积极参与社区文化服务，居民可以进行自我教育，感受情感陶冶，并在健康的审美享受中培养高尚的审美趣味，提升个人文化修养。社区文化服务的广泛开展不仅打造了城市的文化氛围，还提升了城市的温度和品位。

近年来，我国许多城市都举办了"邻居节"活动，以此为契机，引导居民走出"小家"融入"大家"，在相识、互助的过程中，营造和睦融洽的邻里氛围，这对于提升居民素质、增进城区和谐发挥了积极的作用。比如，北京市东城区拥有丰富的戏剧资源，每年上半年的南锣鼓巷戏剧展演季是东城区文化建设的重要品牌活动之一。从2010年首届北京南锣鼓巷戏剧节开始，2013年戏剧节拓展为展演季。历经数年，展演季"服务群众，办成百姓戏剧节"的定位更加清晰，也成为和中国儿童戏剧节、北京青年戏剧节、北京国际戏剧艺术节并列的重要戏剧品牌活动。

（二）制定切实可行的发展规划

为了做好社区文化建设工作，必须确立清晰明确的总目标，并施行具体目标责任制，避免社区文化建设工作陷入盲目发展或停滞状态。一般而言，社区文化建设的总目标是通过多方措施提升居民的道德、文化和身体素质，推动精神文明水平不断提高。现实中，我们必须要结合社区实际情况，制定有针对性的差异化社区发展规划，并据此制定实施方案。

（三）活动要符合群众的文化需求

传统的社区文化服务形式相对单一、缺乏吸引力，已不能满足人们多样化的文化需求。因此，我们要认真分析居民对社区文化服务的需求，针对多元主体的不同"口味"，创新开展社区文化服务，让居民享受到丰富多样的"文化盛宴"。例如，组织儿童阅读活动，激发孩子们的阅读兴趣；举办妇女创意手工、开展反家暴知识讲座等活动；为中老年群体举办"隔代教育"讲座、智能手机应用培训；开展社区晚会、法律讲堂、文明礼仪、居家安全等主题活动。

（四）建立和完善文化设施

社区文化设施是开展社区文化服务的基础，社区可以以街道和社区文化服务站为主要活动场所兴建阅览室、多功能活动室等文化设施，将辖区内的教育机构、文化场馆、运动场馆、公园、广场等公共设施作为活动的重要阵地进行完善，形成较为固定的居民文化活动场所，在社区范围内创造文化生活环境。建立和完善文化设施时，应根据各社区的实际条件，优先考虑活动的适宜性和实用性，不必过于追求形式。对于新建的城市小区，应尽可能考虑兴建文化设施，使之合理布局。

（五）建立社区文化建设工作队伍

开展高质量的社区文化服务，应选聘专业的工作人员，他们应具备丰富的策划和组织能力、较强的资源整合和联络沟通能力以及问题解决和协调能力，能够设计并实施多样化、具有吸引力的文化活动，整合社会资源和人力资源，与相关机构和团体进行有效的联络沟通，促进社区文化资源的共享和交流。他们的专业知识、技能和经验有助于推动社区文化建设的持续发展，提升居民的文化素养和生活质量。要积极发挥各类居民文艺骨干的带头作用，并对辖区的文艺、书法、体育等人才情况进行调查，分类建档，及时更新，建立居民文化人才库，并对骨干人才进行能力培养。

子任务3　社区治安管理

社区治安是社区居民安居乐业的根本，它既是社区治理的重要内容，又是社区治理和发展的前提条件。社区治安关系到居民的生命财产安全，关系到一方社会的平安稳定，关系到一个城市的外界形象。维护社区治安稳定是保持整个社会稳定的基础。

一、社区治安管理概述

在中国古代，治安一词是指政治清明和社会安定。社区治安管理，也被称为社区治安，是特定地域内的社区治安管理主体依靠社区居民，协同公安、司法机关，依法治理社会治安问题，以维护人民生命财产安全、促进社区秩序安定有序的过程。

狭义的社区治安管理主体包括隶属上级公安机关的派出所、治安队、特警队、消防队等。广义的社区治安管理主体除了上述主体外，还包括与治安管理工作密切相关的基层政府组织，如街道办事处、居民自治组织以及物业保卫部门。

二、社区治安管理的任务

社区治安管理的基本任务是党和国家规定的社会治安总任务的组成部分，从根本上说，社区治安管理的目的是保障国家的法律法规、党的路线方针在社区得以实现。具体而言，社区治安管理的任务主要包括以下八个方面。

（一）协助公安机关打击违法犯罪活动

依法严厉打击各种违法犯罪活动，是社区治安的首要环节和重要保障。社区组织要经常开展调查研究，熟悉和掌握社区内的人员情况，发现疑点及时向公安机关反映，配合公安部门依法打击破坏社会治安的犯罪分子，维护社区秩序，保障社区的稳定和安全。比如，各个社区开展的扫黑除恶、反邪教、反诈骗等活动，形成了创建平安社区的良好氛围，同时提高了居民对扫黑除恶专项斗争的知晓率和参与度。

（二）居民治安防范工作

做好居民的治安防范工作，是社区治安综合治理的一项重要内容。从各地的经验来看，居民区的治安防范工作主要有以下做法可供参考。

1. 开展有针对性的治安防范宣传活动，提高居民的防范意识

编印发放"家庭防盗十要""治安防范须知"等宣传材料、开展防诈骗讲座等。

2. 组织各种形式的群防队伍

为了使社区治安始终处于有效的监控之下，把违法犯罪活动遏制在萌芽之中，有些居民区以社区为单位建立社区保安队或联防队，以楼院为单位组成居民治安小组，以离退休职工为主组建专职或义务巡逻队，并聘请社区居民做治安信息员，及时反馈社区的治安信息。

3. 鼓励居民群众自觉维护社区秩序，以适当方式同违法犯罪行为作斗争

居民群众是维护社区治安的主力军，发动群众同违法犯罪行为作斗争，才能弘扬社会正气，使犯罪分子无处遁形。

（三）人民调解工作

人民调解制度是通过非诉讼手段化解社会矛盾、提升社会治理能力的重要制度，被西方国家誉为"东方一枝花"和"东方经验"，它发挥着维护基层社会和谐稳定的"第一道防线"的作用。为了更好地营造安全、稳定、和谐的社区环境，矛盾化解工作尤为重要，只有家庭邻里和谐，才能更好地建设和谐社区。社区要在接待居民来访及日常入户走访中，及时了解信息，帮助居民解决实际困难的同时及时化解邻里矛盾。

（四）流动人口服务工作

流动人口是跨越一定地域范围而不改变户籍的移动人群。流动人口在城市经济的发展、市政建设等方面都发挥了积极的作用。然而，流动人口数量的增长给治安管理带来了许多不稳定因素。社区可以通过强化组织保障、信息登记、宣传教育、管理服务，确保流动人口"不漏管、不失管"，切实保障流动人口合法权益，有效回应流动人口服务需求。

（五）社区矫正和安置帮教工作

做好安置帮教工作，预防重新犯罪，对维护社区治安具有重要意义。要发挥基层社区组织贴近矫正和帮教对象日常工作生活的优势和作用，积极协助做好矫正和帮教对象监督教育、社会适应性帮扶等工作。首先，可以通过走访、调查和个别谈话等形式，摸清本社区矫正和帮教对象的家庭状况、现实表现、社会关系和犯罪原因等，为进行矫正和帮教打下基础。其次，重点选聘经过专业院校培养具有相应法律素养和专业知识的专业人员，对矫正和帮教对象进行定期心理咨询和行为辅导，使他们重新融入社会，防止重新违法犯罪。

（六）社区青少年犯罪预防工作

青少年是国家的希望和民族的未来，减少和预防青少年犯罪是全社会的责任，社区是青少年生活和教育的重要场所。一方面，社区可以通过对辖区内娱乐场所的管理，为青少年的健康成长创造良好的社会环境；另一方面，可以通过加强社区教育，针对家庭和社会教育中存在的薄弱环节，结合青少年的心理特点开展宣传教育等活动，增强青少年法制观念，提高其辨别是非和自我保护的能力。

（七）社区消防工作

消防工作是社区治安的一项重要工作，它直接关系到社区居民的生命财产安全。因此，在思想认识上，一定要重视消防工作，遵循"预防为主，防消结合"的工作方针，本着防患于未然的精神，认真开展火灾的预防工作。首先，要合理布局社区内的建筑，配备完备的市政消防设施；其次，加强防火检查及火灾隐患的整改工作；再次，加大消防宣传力度；最后，制订详尽的工作计划，确定消防工作的责任目标。

（八）社区交通安全管理

社区交通安全的影响因素主要有三个：一是驾驶员；二是交通设施；三是交通管理。因此，要想预防交通事故，确保交通安全，必须从以下三方面入手。

1. 驾驶员的管理

具体可以采取如下措施：一是组织驾驶员认真学习交通法规，严格规范驾驶行为；二是鼓励驾驶员努力学习驾修知识，不断提高驾修技术；三是提醒驾驶员按时维修保养车辆，确保车况良好；四是协助驾驶员熟悉道路，及时掌握气候变化。

2. 交通设施建设

交通设施主要包括道路、停车场、交通岗、进出口、人行道护栏、分隔设施等，这些设施建设的好坏不仅直接关系到社区居民的安全，也直接关系到物业服务公司开展交通管理工作的难易。只有保持交通设施的良好运转，才可能预防社区交通事故。

3. 交通管理方法

有了良好的社区交通设施，还应采取科学、合理、高效的交通管理方法。常用的交通管理方法主要有以下几种：一是限速，这是最基本的社区交通管理办法，社区内车辆一般限速在 5～20 千米/小时；二是设置各种标志、标线、人行道护栏和分隔设施；三是加强交通值勤管理，包括实行社区保安巡逻制度、定点值勤制度和义务协管员制度。

三、社区治安综合治理

社区治安综合治理是指在党委和政府的领导下，依靠广大人民群众，运用政治的、经济的、法律的、行政的、文化的、教育的等多种手段从根本上预防和减少违法犯罪，维护社区秩序，保障社区稳定，为社区居民创造一个安定有序的社会环境的管理活动。

（一）社区治安综合治理的指导原则

1. 依法治理

依法治理是社区治安工作总的指导原则。依法治理社区是对依法治国方略的深化和实践。依法治国不仅要求把其思想内涵贯彻到立法、执法和普法的全过程，逐步建立起完备的法制体系，强化执法机关的建设，完善各种法律法规，同时，也要求各级党委、政府在管理一切社会事务中依法行政、依法管理、依法办事，保障社会、经济活动在法治的基础上健康有序地运行。社区作为国家和社会的构成细胞，必须通过自身的具体行动把上述依法治国的方略贯彻到实际工作中去。

2. 群防群治

社区治安中的群防群治原则，是指发动和依靠群众做好犯罪预防和治理工作。这一原则就其本质而言是坚持党的群众路线的问题。群众路线的核心思想是"一切为了群众，一切依靠群众，从群众中来到群众中去"。可见，社区治安的群防群治体现了党的群众路线。如果不坚持群众路线，不采取群防群治的工作方法，就会失去同群众的联系。离开了群众的积极支持与配合，就难以做好社区治安工作。

3. 专群结合

"专群结合"中的"专"是指专门机关，确切地说是具有执法权的公安机关；"群"是指人民群众。专群结合是指在保卫国家安全和维护社会秩序稳定方面，把公安机关的职能与广大人民群众的主动精神结合起来，做好各项防范工作。专群结合是我国公安工作的基本方针，也是社区治理的指导原则。

社区治安的任务具有多样性和复杂性的特点。因此，维护社区治安的稳定，一方面需要有专门机关的技术装备和警察的战斗力作依托和后盾，另一方面需要社区居民的支持和配合，充分发挥他们的主观能动性。公安机关在打击刑事犯罪活动中离不开居民的支持和帮助，居民在迅速报案、保护现场、提供线索、辨认犯罪嫌疑人等方面，发挥着重要作用。

4. 打防结合

打防结合，是社会治安综合治理的一条基本原则，也是实现社区治安基本目标的指导性原则。这里的"打"是指"打击"，具体地说是指各级政法机关利用国家赋予的特殊权力，通过刑事司法程序揭露、证实、惩治各类犯罪的执法活动。所谓"防"是指"防范"，具体地说是指以政法机关为骨干，机关团体、社会各界与人民群众广泛参与，运用多种手段消除产生犯罪的原因和条件，防止和减少犯罪行为的发生。

打与防是维护社会治安的重要手段，二者是相互依存的辩证统一关系。打击是维护治安的首要环节，是落实社会治安综合治理其他措施的前提条件；预防和减少违法犯罪是综合治理所要实现的目标。对犯罪行为如不依法实施严厉的打击，就不能达到有力地威慑和遏制犯罪的目的，就不能鼓舞教育群众，就不能增强群众的安全感，就不能实现长治久安。同时，打击的出发点和落脚点又是为了促进预防。打击只是维护社会治安的一种手段，仅凭打击这一手段是远远不够的。它还需要采取多种手段进行防范。如果没有强有力的防范措施，打击的效果就难以巩固。需要指出的是，打击与防范在社区治安综合治理中的作用是不一样的，应以防范为主，消除违法犯罪赖以生存的土壤。

5. 标本兼治

同打防结合一样，标本兼治不仅是社会治安综合治理的一条基本原则，也是实现社区治安基本目标的指导原则。社会治安问题是各种社会矛盾的综合反映，维护社区的治安秩序，既要治标，又要治本，而且应该把重点放在治本上。重在治本是综合治理的中心思想，也是社区治安的根本。无论是打击、防范，还是其他治理措施，都应把重点放在治本上，要围绕消除产生犯罪和治安问题的土壤和条件下功夫，从根本上预防和减少犯罪。

"标"是指发生在社区内的各种违法犯罪现象，"本"是指产生这些现象的根源。治标是对已发生的犯罪案件和治安事件的处理，解决面临的各种社会治安问题和违法犯罪问题；治本是指从产生案件和事件的本源入手去解决问题。二者互为补充，互相依存，不可偏废。对已发生的治安问题如不及时处理就不足以维护法律的尊严，不能有效遏制违法犯罪问题的蔓延和扩大。但是，如果"头痛医头、脚痛医脚"，工作的深度和广度仅限于解决表层问题，就不能解决本质问题。因此，在社区治安工作中必须立足于治本，从已经发生的问题入手，深入调查研究，追根溯源，找出工作中的漏洞和薄弱环节，采取有效的治本措施。

（二）社区治安综合治理的实践经验

综合治理在地区实践过程中积累了一些行之有效的实践经验，包括创建安全小区活动、建立治安联防队、加强社区治安巡逻、完善综合治理网络。

1. 创建安全小区活动

安全小区是指在新的历史条件下，认真贯彻"两手抓、两手都要硬"方针，依靠广大人民群众参与社区综合治理，创建达到"发案少、秩序好、群众满意"要求的先进居民区。它是社区治安工作取得优异成绩的标志。北京、上海等城市创建安全小区活动的实践表明，开展这一活动的形式是多种多样的，有的社区实施了"细胞工程"，使"维护社区治安"成为每个家庭成员的自觉行动；有的开展了"送法进万家"活动，举办了"家政学校"，强化了社区法制宣传；有的建立了"联防联户"机制，推行了"居民公约"，以便对楼院治安实行相互监督，协同行动。这些不同形式的活动推动了综合治理的各项措施落实到户。

2. 建立治安联防队

治安联防是维护社区治安、强化社区综合治理的重心。它要求社区有关单位联合起来，共同采取行动，防范违法犯罪活动，维护社区治安秩序。有固定组织的治安联防是适应新的历史时期治安工作的需要而出现的新事物。改革开放以来，随着人、财、物的大量流动，治安案件和刑事案件逐渐增多，这使得现有警力与客观形势不适应。因此，建立群众性的治安联防组织就非常必要。

治安联防队是社区范围内协助公安部门维护社会秩序、加强对外来人口综合管理的社会公益性的辅助管理组织。它由街道党工委和办事处统一领导，由公安派出所负责其日常管理和使用，并在市、区社会治安综合治理委员会办公室的协调和指导下开展工作。治安联防队不是国家的行政组织，其成员来自企业、机关、学校的人员以及社区居民。社区治安联防队已经成为维护社区治安的重要力量。

3. 加强社区治安巡逻

社区治安巡逻是指公安部门为了维护社区治安秩序，维护广大人民群众的合法权益，限制和查处违法行为，防范和打击犯罪活动而组织和实施的一种巡查警戒活动。这是一种以公安民警为主，联防队和保安队积极参与的巡逻活动，它是城市社区治安管理工作的重要内容。

多年来，城市治安管理主要有两种形式：一是专业治安管理；二是区域治安管理。前者是指对特种行业、危险物品、交通、消防等按专业而实施的自上而下的管理，也就是我们通常所说的"条条"管理；后者是指按照行政区域划分进行的管理，通常称为"块块"管理。相对于传统的"条""块"管理而言，治安巡逻弥补了传统治安管理的"条块分割"，成为联系"条"与"块"的中间环节，因此，它增强了治安管理的系统性：首先，治安巡逻的主体组成跨越了专业和行政区域的界限，它可以组织协调各专业、区域的治安民警、交通民警、武警、群众治安联防人员，对整个城市的治安秩序实施巡查和警戒；其次，治安巡逻的功能也突破了那种单一、分割的局限，具有打击犯罪、发现犯罪、安全防范、快速处理治安问题的功能。

4. 完善综合治理网络

目前，全国各地在完善综合治理网络方面积累了许多宝贵经验。

（1）"110报警服务电话"已经成为居民依赖的综合性紧急求助系统，全国统一的公共法律服务热线"12348"也正在发挥越来越大的作用。

（2）理顺公安派出所和街道办事处的关系，由公安派出所的负责人兼任办事处主管政法工作的副主任或党委副书记，建立起由居委会、派出所、驻区单位、群众代表组成的社会治安综合治理委员会，使其作为责任主体，全权负责社区治安工作。

（3）推行社区警务工作，在社区建立警务室，实行社区民警轮班制，发挥社区楼长、巡逻队长、小片区长和路长的作用。

（4）技防、人防和物防相结合，建立由电话对讲系统、电子监视系统和治安警卫系统构成的社区（小区）保安系统，保证楼道明亮化，做到技防严密可靠、人防到位有力、物防扎实有效。

四、社区治安组织机构

社区治安是社会治安的基础。从表面上看，搞好社区治安似乎是公安部门的事情；实际上，作为一项涉及所有社会主体切身利益的系统工程，需要社区内的有关机构齐抓共管，共同治理。目前在城市社区中，同社区治安有直接关系的机构主要有公安派出所、街道办事处、居民委员会以及物业服务公司。

（一）公安派出所的社区治安责任

公安派出所是我国公安机关的一个重要组成部分，它是市、县公安局管理治安工作的派出机关，是公安部门的基层组织。公安派出所处在同违法犯罪行为作斗争、维护社会治安的第一线，它在公安机关中所处的地位决定了它的工作性质。

公安派出所的基本任务是管理辖区的社会治安，维护公共秩序，预防和制止违法犯罪行为与治安灾害事故的发生，保障公民合法权益，保卫现代化建设的安全。具体而言，公安派出所的社区治安任务可归纳为治安管理，预防违法犯罪行为、治安灾害事故和群众性治安事件的发生，打击犯罪。

（二）街道办事处的社区治安责任

街道办事处是区政府的派出机关，对辖区的城市管理负总责，要依据法律、法规、规章和上级政府的授权，行使相应的政府管理职能。街道办事处对辖区内的区域性、社会性、群众性工作全面负责，对辖区内的城市管理、社区服务、社会治安综合治理、精神文明建设等工作行使组织领导、综合协调、监督检查的行政管理职能。街道办事处在社区治安中的责任主要包括以下几个方面。

（1）加强宣传。对城市管理的法律、法规进行宣传和贯彻执行，制定社区治安管理计划并组织实施，创造文明的社区生活环境，减少治安案件和刑事案件的发生。

（2）加强社会治安综合治理。维护社区的政治稳定和社会安定，推动社区服务发展，方便居民生活，维护市场秩序，为区域经济发展提供良好的市场环境。

（3）推行综合执法与监督。对辖区内各管理机构的工作行使监督权，确保街道对社区治安工作的统一领导和综合管理。

（4）组建社区治安志愿者队伍。广泛动员和组织社区居民参与社区治安活动，特别是发动社区离退休干部职工开展各种社区治安志愿服务，不断扩大志愿者队伍，实行群防群治。

（三）居民委员会的社区治安责任

居委会作为基层群众性自治组织，在社区治安和社会稳定方面具有重要作用。尽管居委会不是一级行政机关，没有国家行政职权，但其在社区治安工作中肩负着重要责任，且具备其他组织无法替代的独特作用。居委会在社区治安方面的责任主要包括以下几个方面。

（1）宣传法律和政策。宣传法律、法规和国家政策，维护居民的合法权益。教育社区居民认真学习法律知识、增强法律意识和法治观念，坚决对抗违法行为，鼓励居民举报违法行为。

（2）社区调解工作。及时调解社区居民纠纷，化解社区矛盾，促进邻里之间的和睦团结。根据社区实际需要设立人民调解、治安保卫等机构，指定专人负责有关社区治安工作。

（3）协助政府工作。协助人民政府及其派出机关做好社会治安、治安联防、流动人口管理、拥军优属、社会救济、青少年教育、公共卫生等各项工作。及时向人民政府或者其派出机关反映居民关于社区治安方面的意见、要求和建议。

（4）监督执行人员。做好社区内被人民法院判处管制、缓刑、假释、监外执行、保外就医等服刑人员的监督和教育工作，使其积极接受改造；做好社区内刑满释放人员的监督和教育工作，防止他们再次犯罪。

（5）开展社区教育。教育社区居民遵守居民公约，组织居民参与社区公共事务和公益事业，开展便民利民的社区服务活动，为社区居民创造安居乐业的工作和生活环境。

（四） 物业服务公司的社区治安责任

物业服务公司是经合法程序成立并具备相应资质的经营物业管理业务的企业性经济实体。在物业管理中，治安保卫工作至关重要，是旨在保障所管辖物业区域内财物安全和人身安全，确保居民的工作、生活秩序不受干扰而开展的治安管理活动，包括防盗、防破坏、防爆炸、防自然灾害等。物业服务公司在社区治安方面的责任主要包括以下内容。

（1）建立健全保卫组织机构。我国社区（居民小区）治安主要由物业服务公司自行负责。因此，物业服务公司应建立健全安全保卫组织，加强对保安人员的领导和管理，配备充足的保安人员。

（2）制定和完善治安管理制度。物业服务公司应根据企业和社区的实际情况，建立并完善保安员岗位责任制和各项治安保卫制度、出入登记管理制度、大件物品出入管理制度、保安员交接班制度、保安员值班岗位责任制等。

（3）负责维护辖区内部的治安，预防和查处治安事件。开展定期巡逻，确保辖区安全稳定。通过宣传教育提高居民安全意识，预防治安事件发生。对于已发生的治安事件，及时调查取证、处理涉案人员。与相关部门紧密合作，共同维护治安秩序。

（4）打击违法犯罪活动。物业服务公司应贯彻执行公安部门有关安全保卫工作的方针、政策，积极配合公安部门打击辖区内部及周围的违法犯罪活动。

（5）制定巡视值班制度。根据辖区内的实际情况，物业服务公司应每天24小时安排保安员巡视值班，具体工作可从门卫、守护和巡逻三个方面来实施。

（6）加强社区内的车辆管理。物业服务公司应该加强辖区内车辆的安全管理，做好车辆停放和保管工作，确保车辆按规定行驶和停放，保证辖区内道路畅通、路面平坦、无交通事故发生、无车辆乱停乱放现象。

（7）完善辖区内安全防范设施。物业的治安管理除了靠人防力量以外，还应注重治安硬件设施的技术防范。如在商住小区四周修建围墙或护栏，在综合性商业大厦内安装闭路电视监控系统，在物业内的一些重要部位、重点单位安装防盗门、防盗报警系统。

（8）密切联系辖区内的居民，做好群防群治工作。物业治安管理是一项综合性的系统工程。通常，物业服务公司只负责所管理物业公共场所的安全工作，要保证物业的安全使用和居民的人身财产安全，仅靠物业服务公司的保安力量是不够的，必须把辖区居民发动起来，提升居民的安全防范意识，学习安全防范知识。

子任务4　社区卫生服务

社区卫生服务是社区治理的重要组成部分，随着我国国民经济水平的提高，居民收入不断增加，生活质量日益提升，居民对卫生服务的需求也发生了很大的变化。社区卫生服务以社区、社区居民及其家庭为服务对象，是一种全程式的服务，即从未出生的胎儿到其出生、成长、衰老，直到去世的整个生命过程的全程卫生服务。社区卫生服务从专业的角度体现了医疗模式由单纯医学生物模式向生物心理、社会医学模式的转变，既方便了居民生活，又符合以预防为主的现代医疗卫生服务理念。

社区卫生服务的优势在于能够提供贴近居民的服务，方便就医，减少就医成本，并且能够更好地了解社区居民的健康需求和健康状况，实现个体化、全程化的医疗服务。此外，社区卫生服务还能够促进社区居民的健康意识提高，推动健康生活方式的形成，从而提升整体社区的健康水平。

一、社区卫生服务概述

（一）社区卫生服务的含义

社区卫生服务是指在政府领导、社区参与、上级卫生机构指导下，基层医疗卫生服务机构通过全方位的医疗服务手段为社区居民提供从身体、精神到心理的综合性基层医疗服务。社区卫生服务以基层卫生机构为主体，以全科医师为骨干，合理使用社区资源和适宜技术，以人的健康为核心，以家庭为单位，以社区为服务范围，以需求为引导，整合了包括预防、保健、康复、健康教育、计划生育技术服务和一般常见病、多发病的诊疗服务等在内的服务，其目标是解决社区主要卫生问题，满足基本卫生服务需求。

（二）社区卫生服务的产生和发展

社区卫生服务起源于18世纪的全科医疗。所谓全科医疗是指受过一般医学训练且不分科的基层医生所提供的医疗服务，提供这种卫生服务的基层医生被称为全科医生。全科医生大多数生活、工作在社区，为社区居民患者解决一般健康问题。

第二次世界大战后，为了应对医疗卫生费用的迅速增长所带来的巨大压力，各国政府都在试图寻求降低和控制卫生费用过高的有效办法。20世纪60年代，社区卫生服务的开展和实施为西方国家解决这个问题提供了基本思路。1978年，世界卫生组织要求世界各国大力发展社区卫生服务。经过几十年的实践，这种医疗模式已经逐渐地显示出其优越性，得到越来越多国家的承认和接受。

我国的社区卫生服务在20世纪五六十年代就开始起步，原有计划经济体制下实行三级医疗预防保健制度，较为有效地解决了城乡居民的基本卫生问题，但社区卫生服务发展非常缓慢。

20世纪90年代以后，随着我国市场经济体制的确立和城市社区建设在全国范围内的推进，原有的医疗卫生体制已不能适应新时期的经济社会的发展需要，不能满足城市居民对卫生服务多样化的需求，积极开展社区卫生服务已成为我国政府和社会关注的焦点。在这种背景下，我国制定了一系列的政策法规，不断改革和完善社区卫生服务。

【阅读材料】2-1:

我国社区卫生服务的相关政策

我国在1997年的《中共中央、国务院关于卫生改革与发展的决定》中，第一次正式把开展社区卫生服务作为社区建设的工作之一，并在一些省市开展了试点。1999年7月，卫生部等10部委联合印发《关于发展城市社区卫生服务的若干意见》，在全国范围内初步形成了以初级卫生保健为基础、以全科医疗为内容的基层社区卫生服务体系框架。2006年国务院办公厅印发《国务院关于发展城市社区卫生服务的指导意见》，文件要求大力发展城市社区卫生服务，构建新型城市卫生服务体系。2010年《中共中央关于制定国民经济和社会发展第十二个五年规划的建议》中提出"加强城乡医疗服务体系建设，新增医疗卫生资源重点向农村和城市社区倾斜"。2019年，为贯彻落实党的十九大精神和健康中国战略部署，满足人民群众对基本医疗卫生服务的需求，国家卫生健康委办公厅发布《国家卫生健康委办公厅关于开展社区医院建设试点工作的通知》，在有条件的地区开展社区医院建设试点工作。2023年，国务院办公厅印发《关于进一步完善医疗卫生服务体系的意见》，要求深入贯彻党中央关于实施健康中国战略的决策部署，推动全面建立中国特色优质高效的医疗卫生服务体系，为人民群众提供全方位全周期健康服务。

（三）社区卫生服务的对象

社区卫生服务的目标是覆盖所有社区居民，不分年龄、性别、经济状况或健康状况，为每一个人提供全面、连续、便捷的医疗服务。社区卫生服务的对象主要是服务中心所辖社区及周边的居民及其家庭，包括病人、健康人群、亚健康人群、高危人群和妇女、儿童、老年人、慢性病患者、残障人士等重点保护人群。

（1）社区居民。社区内的所有居民，无论年龄、性别、职业或健康状况，都是社区卫生服务的对象。

（2）儿童和青少年。为这一年龄段的居民提供生长发育监测、预防接种、健康教育等服务。

（3）孕产妇。为孕妇提供孕期保健、产前检查、产后访视等服务，确保母婴安全。

（4）老年人。为老年人提供针对性的健康管理、慢性病防治、心理慰藉等服务。

（5）慢性病患者。为患有高血压、糖尿病、心脏病等慢性疾病的居民提供疾病管理和健康指导。

（6）残障人士。为身体或智力有残疾的居民提供康复治疗和生活辅助服务。

（7）特殊人群。对低保户、五保户、孤寡老人、孤儿等社会弱势群体，为他们提供特别的关怀和支持。

（8）流动人口。为外来人员及其家属提供与常住人口同等的卫生服务。

（9）疾病高危人群。为有特定健康风险的人群提供针对性的预防和干预措施。

二、社区卫生服务的主要内容

社区卫生服务是以居民的卫生服务需求为导向、以人的健康为目的、以社区为范围，集预防、医疗、康复、保健、健康教育、计划生育为一体的综合连续性卫生服务。概括起来，社区卫生服务包括以下服务内容。

（一）社区预防

中国有句古语叫"防患于未然"。社区预防是指在政府领导、社区参与、上级卫生机构指导下，社区卫生服务机构通过广泛宣传动员社区居民，并采取综合措施，预防和控制疾病，从而保障和提高社区居民的健康水平。

1. 社区预防的内容

社区预防工作主要包括以下七个方面的内容：

（1）广泛深入地开展卫生宣传，提高居民的健康意识和卫生习惯。

（2）开展计划免疫，按规定程序实施免疫预防接种。

（3）疾病监测与控制，对传染病和非传染性疾病进行监测，采取预防措施，控制疾病的发生和传播。

（4）开展防疫保健工作和爱国卫生运动，通过公众健身、环境卫生整治等方式增强社区居民的健康素养。

（5）协助卫生执法部门实施卫生监督、监测，确保社区的卫生安全。

（6）开展社区居民健康检查和社区居民健康状况评价，及时发现和干预潜在健康问题，提供个性化的健康管理服务。

（7）控制社区不良行为因素和不良生活方式，通过教育和宣传，引导居民养成良好的生活习惯，减少各种慢性病的发生风险。

2. 社区预防的工作重点

社区预防工作的重点是确保疾病预防工作在基层单位得以有效开展。社区作为关键力量，承担着疫情报告、预防接种和计划免疫、疾病监测等重要职责。疫情报告是至关重要的一环，及时准确地通报疫情，有助于迅速采取相应措施，遏制疾病的传播。预防接种和计划免疫是通过提供必要的疫苗接种服务，使社区能够大幅减少疾病的发生，并有效保护群众的健康。疾病监测指通过对疾病数据的监测和分析，可以及早发现疾病并采取相应防控措施，确保公众的安全。我们必须高度重视社区预防的重点工作，加强社区层面的组织和协调，共同筑牢疾病防控的第一道防线。

（二）社区医疗

社区医疗服务是社区卫生服务的核心任务。大约有80%的常见健康问题可以通过社区卫生服务机构的全科医师直接解决，只有少部分疑难病例需要专科医师介入。根据国家相关政策文件规定和我国开展社区卫生服务的实践，社区医疗的主要内容包括以下五个方面。

（1）开展常见病、多发病及诊断明确的慢性病的治疗，并根据患者的病情需要，及时进行转诊、会诊等协调性服务。

（2）建立居民档案，及时了解居民及其家庭的健康信息，以签订家庭服务合同等形式，为家庭提供健康咨询和保健服务，指导慢性病患者的康复工作。

（3）提供急诊服务和院前紧急救援。在居民病情紧急的情况下，开展院前现场抢救和急诊治疗。

（4）开展家庭卫生服务，包括上门就诊、家庭护理、家庭病床等。

（5）开展姑息医疗服务，为临终患者及其家属提供温暖、人性化的服务和关怀。

（三）社区保健

社区保健是社区卫生服务机构协同有关机构，根据社区人群的特点以及健康需求，制订和实施社区保健计划，并进行检查和评估的过程。

1. 社区保健的内容

具体来说，社区保健的内容包括以下五项：

（1）开展妇幼保健，如孕前咨询、产前检查、产后访视、儿童生长发育监测、妇科病防治、妇幼卫生政策宣传等。

（2）开展老年人健康管理，为老年人提供定期的健康检查、慢性病防治、心理慰藉等服务。

（3）环境卫生管理，确保社区环境的清洁卫生，包括饮用水安全、垃圾处理、病媒生物控制等。

（4）心理健康服务，提供心理咨询、心理治疗等服务，帮助社区居民处理压力、焦虑、抑郁等心理问题。

（5）慢性病管理，对高血压、糖尿病、心脏病等慢性疾病患者进行持续的疾病管理和健康教育。

2. 社区保健的工作重点

在具体工作中，社区保健的重点是关注社区内的弱势群体，特别是儿童、妇女和老年人。这些群体由于生理、心理上的特殊需求，更需要社区保健的关注和支持。因此，社区保健的工作重点主要是儿童保健、妇女保健和老年保健。

（四）社区康复

社区康复是社区服务卫生机构利用社区资源，为残障人士、慢性病患者、老年人以及其他需要康复服务的群体提供的服务，旨在帮助此类人群恢复或提高其日常生活能力，实现自我照顾，提升社会参与能力和生活质量，促进社会融合。社区康复服务能够减少服务对象在医院进行康复治疗的不便，降低康复医疗费用。

1. 社区康复的内容

社区康复的内容主要包括：

（1）医疗服务。医疗服务包括对患者的健康状况、功能障碍和社会需求进行全面评估，确定患者的康复需求和制订个性化的康复计划。医疗服务还包括对患者进行药物管理、病情监测以及必要的医疗治疗。

（2）康复治疗。康复治疗包括物理治疗、职业治疗、语言治疗等多种治疗手段，通过特定的运动、训练和技术咨询等方式，促进患者肌肉力量的增强、关节灵活性的恢复，以及协调能力的加强。物理治疗是通过运动疗法、热疗、电疗等物理治疗方法，帮助患者改善肌肉力量、关节活动度和身体功能。职业治疗是通过日常生活技能训练、工作适应训练等，帮助患者提高独立生活和工作能力。语言治疗是为有语言障碍的患者提供语言训练和沟通技巧指导，改善其沟通能力。

（3）辅助器具训练。辅助器具训练指为患者提供各种辅助器具，如轮椅、假肢、助视器等，帮助患者使用器具，增强患者的独立性。

（4）社会支持。社会支持包括家庭、朋友、社区组织等各种资源的整合，帮助患者实现社交参与、就业、教育等方面的目标，同时为患者的家庭成员提供教育和培训。社会支持不仅为患者提供了情感上的支持，也为他们提供了获取信息和资源的渠道。

（5）社会融入。通过社会技能训练、社区活动参与等，促进患者的社会融入和参与。

（6）转介服务。根据患者的需要，协调和转介至其他专业服务，如专科医疗、社会工作服务、心理健康服务等。

2. 社区康复的工作重点

社区康复中必须根据每个患者的具体情况和需求，制定个性化的康复计划，确保服务能够满足患者的实际需求，并且要注重与医生、护士、物理治疗师、职业治疗师、社会工作者、心理咨询师等多学科专业人员的合作，以提供全面的康复服务。

（五）社区健康教育

社区健康教育是在社区层面上开展的健康知识普及和行为干预活动，旨在提高居民的健康意识、增进健康知识、改善健康行为和生活方式，从而预防疾病、促进健康和提高生活质量。

1. 社区健康教育的内容

社区健康教育的内容十分广泛，这取决于社区健康教育的对象和健康的概念。社区健康教育主要包括以下七个方面的内容。

（1）疾病预防和管理，如高血压、糖尿病、心脏病等慢性病的自我监测和控制。

（2）营养与饮食指导，通过营养教育，使社区居民了解合理膳食的重要性，学会如何选择和准备健康的食物。

（3）妇幼保健，如孕前咨询、产后访视、儿童生长发育监测等。

（4）心理健康教育，如压力管理、心理疏导、抑郁症的识别和处理等。

（5）传染病防控，如疫苗接种、手卫生、艾滋病预防等。

（6）培养健康生活方式，如戒烟、限酒、均衡饮食、适量运动等。

（7）环境健康，如饮用水安全、垃圾分类、空气污染防护等。

2. 社区健康教育的实践

社区卫生服务工作者在长期实践的基础上，积累了丰富的经验并总结出一系列行之有效的方法。这些方法包括语言教育法、文字教育法、形象教育法和现代技术教育法，为了有效向居民传达信息和知识，可采用座谈、讲座、标语、宣传册页、示范演示、多媒体渠道等途径。

（六）社区计划生育服务

计划生育是按照人口政策有计划地生育，并根据我国人口数量和人口结构的变化不断调整具体要求，以促进人口与经济社会协调发展和实现可持续发展的目标。社区计划生育服务不仅关注人口数量的控制，还注重提高人口素质，保障公民的生殖健康，其主要包括以下几方面的内容。

（1）宣传教育。普及计划生育相关知识，包括生育政策、避孕方法、生殖健康等知识，开展遗传咨询。

（2）生育指导。包括产前检查，并给予饮食、用药、劳动等方面的指导；实行上环、取环、结扎、人工流产手术服务，并进行手术后回访；宣传讲解避孕药具的使用方法，帮助有需要的人选择安全有效的避孕措施；进行计划外怀孕检查，如发现计划外怀孕者，应及早采取补救措施；为不孕症夫妇提供治疗信息，或提供转诊服务。

（3）健康咨询。提供专业的健康咨询，通过与社区居民的面对面交流和个性化咨询，为他们解答疑惑、消除恐惧。

除此之外，社区卫生服务还要开展社区卫生服务信息的收集、整理、统计、分析与上报工作。并根据居民需求、社区卫生服务功能和条件，提供其他适宜的基层卫生服务和相关服务。

三、社区卫生服务的工作方法

社区动员、社区诊断、社区计划是社区卫生服务工作开展过程中经常使用的三大方法。

（一）社区动员

社区动员是一项社区居民广泛参与，并依靠自己的力量来实现特定社会发展目标的群众活动，是一个寻求社会改革与发展的过程。

社区动员离不开各级政府的重视和支持，离不开有关部门的合作。社区卫生服务的宗旨是维护人的健康，单靠卫生部门不能解决与健康有关的各种问题。因此，社区卫生服务必须同工商、教育、民政、人事、建设、环保、财政、计划、传媒等部门加强合作，共同保障人民健康。各级政府的重视和支持是社区卫生服务能否顺利开展和持续发展的重要保证。社区动员要通过多种方式和途径，向各级政府领导宣传社区卫生服务在保护人民健康和发展社会经济中的重要意义，争取使各级政府将发展社区卫生服务、改善人民健康和生活质量作为其职责列入议事日程。

社区卫生服务离不开社区居民的广泛参与。社区是促进健康的基本场所，社区卫生服务离不开社区居民的广泛参与。街道办事处和居委会是社区动员的重要力量，应积极协助社区卫生服务机构开展社区动员，使社区内的家庭及其成员积极参与，充分了解开展社区卫生服务的重要意义。

社区卫生服务离不开非政府组织的参与。非政府组织（如妇联、共青团、老龄委、宗教团体、学会、协会、志愿组织等）在社会中发挥着重要作用，应通过各种形式发挥非政府组织在社区卫生服务中的作用。

社区卫生服务离不开医生与动员对象的有效互动。社区动员成功与否在很大程度上取决于社区医生与动员对象是否建立了良好的人际关系。因此，社区医生应该学会人际交流技巧、传播艺术和公关技能。

（二）社区诊断

社区诊断是参照临床诊断思维，对社区居民的需要和需求进行调查研究，掌握有关信息，分析社区健康问题产生的原因，了解解决社区问题的资源，提供适应社区需要与需求的资料，制定社区卫生计划的过程。我们可以看出，社区诊断的步骤是：确定需要的信息→收集信息→分析信息→作出诊断。

（1）确定需要的信息。社区诊断需要收集的关键信息包括背景、人口和卫生方面的数据。其中，背景信息涵盖了社区的地理位置、地形地貌、自然资源状况、经济发展水平、社会风俗习惯、交通通信网络、政府机构、民间组织、学校和企业等方面。人口信息包括社区人口的性别构成、年龄构成、职业分布、教育水平、残障人群比例、人口流动情况以及高风险群体等情况。卫生信息包括卫生服务机构、人员、服务范围、服务对象、服务内容，以及各类疾病的发病率、死亡率、就诊率、转诊率、参保率、安全饮水普及率、健康教育普及率、卫生经费在社区财政开支中的占比等指标。

（2）收集信息。在收集信息的过程中，我们需要利用现存的资料，即各政府部门的统计年报资料、疫苗接种数据、出生死亡资料、发病率和患病率等。此外，还需要收集有关健康检查、医院病历记录、卫生监测等方面的数据。收集信息的具体方式包括访谈、问卷调查、专题讨论、民意调查等，为了确保数据的准确性，还要对调查人员进行培训，规范调查行为，尽量减少资料的误差。

（3）分析信息。在进行信息分析时，我们较常使用统计学方法进行比较分析、分布分析和发展分析。比较分析可以根据目标进行比较，例如安全用水普及率的比较；也可以根据平均水平进行比较，如每人每年门诊次数的平均值；还可以对条件相似的社区进行比较，比如传染病发病率。分布分析指按时间、人群和地理位置进行划分，如社区高血压人群的分布。发展分析是从时间维度对社区卫生服务现象进行分析，如历年来婴儿死亡率的变化情况。此外，收集的信息大多是绝对数，往往要通过相对数、平均数等的计算来说明问题。

（4）作出诊断。作出诊断是社区诊断的终极目的，工作要点包括：发现社区主要卫生问题；确定高危人群；估计社区卫生服务的可行性；制定社区干预措施。社区诊断的结果应该形成社区诊断报告，以便向政府有关部门反映存在的卫生问题。报告的内容主要包括基本情况、调查的内容和方法、调查的结果和分析、发现的问题和原因、解决问题的方法和策略。报告的内容要有针对性，要突出重点；问题的描述尽可能具体化，并采用生动的实例和形象的图表；提出的建议和对策应具有可行性。

（三）社区计划

社区计划是在社区动员、社区诊断的基础上，针对社区存在的健康问题，根据社区卫生资源等条件，决定未来社区卫生服务工作的过程。社区卫生服务计划应当征求社区领导、居民代表、群众团体代表、医务人员和有关专业部门代表的意见和建议，这样做不仅有助于集思广益，也有助于同心协力实现计划。

社区计划一般要经过以下步骤：

（1）明确现存的问题。现存问题是从社区诊断结果或监测评价中发现的问题，如安全用水普及率低、就医距离远、高血压病人多等。明确现存问题后，就要确定优先解决哪些问题。确定优先解决的问题时，应考虑问题的重要性、问题牵涉范围的大小、问题的性质及严重程度。

（2）确定解决问题的目标。社区卫生服务的目标不能过高，也不能过低，它应该是经过努力后可以实现的目标。此外，目标还可以分解到每个部门、每个单位甚至每个成员，以便起到自我控制和激发潜能的作用。

（3）制定实现目标的策略。制定策略时，应着重分析社区卫生问题产生的原因，这有助于制定解决问题的策略。产生社区卫生服务问题的原因多种多样，如资源短缺、地理位置偏僻、技术落后、人员不足、时间不够、文化习俗限制等。把这些原因按主次排列后，就能找出实现目标的策略。

（4）提出解决问题的办法。办法是落实策略的措施，它应是详细可操作的。内容应包括制订计划的理由（why）、具体工作（what）、实施计划的地点（where）、实施计划的时间（when）、实施计划的主体（who）以及实施计划的方法（how）。

（5）确定工作进度计划。落实工作计划指要具体落实每项活动的具体内容、所需资源（人员、资金、设备、交通）、活动及其完成时间与进度等。要保证工作的稳步推进，最好采用分工负责制，确认每项工作的负责人、执行人和检查人。

四、社区卫生服务的组织管理

（一）社区卫生服务机构

截至2022年末，我国共建有社区卫生服务中心（站）36448个。社区卫生服务机构是社区卫生服务工作的主要载体，是面向社区居民提供多种方式的卫生服务的基层卫生机构，它是非营利性、公益性的医疗卫生机构。目前我国的社区卫生服务机构分为社区卫生服务中心与社区卫生服务站。社区卫生服务站是社区卫生服务中心下一个分支。社区卫生服务中心是某某医院的别名，卫生服务站就是这个医院下的一个定点医疗机构，是方便附近的社区居民看病的诊所。

【阅读材料】2－2：

《北京市社区卫生服务机构规划与建设标准》

2022年3月29日，北京市卫生健康委员会等5局委联合印发了《北京市社区卫生服务机构规划与建设标准》。并同时制定了《北京市社区卫生服务机构设施设备配置指导标准》，对社区卫生服务机构设施设备配置进行统一规定。

文件要求新建社区卫生服务中心至少设置30张床位。到2030年，本市社区卫生服务机构基本达到标准化建设要求。原则上，每个街道（乡镇）设1所社区卫生服务中心，服务人口超过10万的街道（乡镇），应扩大中心规模面积或增加中心数量，每增加5万至10万人口增设1所社区卫生服务中心或分中心。社区卫生服务中心和服务站的规划设置需满足城镇地区居民步行15分钟以内、远郊平原地区居民步行20分钟以内、山区居民步行30分钟以内可及社区卫生服务的目标。

社区卫生服务中心应根据区域卫生规划、居民服务需求加强住院病房建设，合理设置床位。新建社区卫生服务中心按照1~1.5张/千人口的标准适当配置床位，至少设置30张床位。鼓励社区卫生服务机构将床位用于康复、护理、安宁疗护等服务。

社区卫生服务中心应设置基本医疗服务区、公共卫生服务区、辅助诊疗服务区、综合管理服务区四个区域。社区卫生服务站根据规模和承担的功能选择性设置科室，至少设置全科医疗科、治疗室、药房等。

社区卫生服务机构主要任务有：开展门诊常见病、多发病、慢性病等的诊疗服务，开展住院服务，提供日间观察、急性期治疗服务；开展基本公共卫生服务、社区公共卫生应急预防与管理，协同实施公共卫生应急事件处置；开展家庭医生签约服务，针对不同人群提供包括常见病多发病诊疗、健康咨询、用药指导、居家护理、家庭病床等在内的综合性、连续性的健康管理服务；向上级医院或专科医院转诊超出自身诊疗能力的患者，接受上级医院下转的符合条件的患者，提供后续康复治疗、康复护理服务；加强社区临床药学服务，开展对居民合理用药的教育与指导；有条件的可开展远程医疗服务，提供部分常见病、慢性病的在线诊疗等。

（二）社区卫生服务的组织管理

社区卫生服务的组织管理归根到底是要适应社区卫生的发展，社区卫生服务组织管理包括以下几方面内容。

1. 政府管理

社区卫生服务是政府领导下的基层卫生服务，积极推进社区卫生服务是政府的重要职责。作为社区建设和发展的一项重要内容，社区卫生服务已被列入政府的工作目标，纳入当地经济与社会发展总体规划和城市社区建设规划，作出全面统筹和组织实施。

各级政府要成立社区卫生服务协调组织，有关部门按照各自的职能完善有关配套政策与措施，为社区卫生服务工作提供良好的环境，及时协调解决社区卫生服务工作中所遇到的具体问题和困难。

街道办事处要积极协调辖区内各方力量，在卫生行政部门指导下，支持和帮助社区卫生服务机构解决必需的业务用房和工作中遇到的困难，支持发展社区卫生服务。

2. 组织结构

目前大多数城市社区卫生服务机构由一级医院、部分二级医院和门诊部转制而来，组织机构的结构模式、科室的布局是以满足医疗的需求为主，在特定的条件下对医疗的发展发挥了积极作用。但是这种组织结构不能适应社区卫生发展的需要，对于社区卫生服务机构的组织结构，卫生行政部门有明确的要求，各个基层社区卫生服务机构可以在此基础上结合自己的实际情况进行改造和调整。

3. 服务模式

在实际操作中，各地区形成了社区卫生服务的不同模式，主要有以下几种。

（1）四级网络模式。这是当前许多大城市社区卫生服务的主要模式，是指在拥有完善的三级医疗网络的城市中，区域医院成立医疗中心（如上海）或社区卫生服务临床指导中心（如天津），一级医疗机构转型为社区卫生服务中心，根据需要在居委会下设社区卫生服务站，通过站点进入家庭开展服务，形成"区医疗中心—街道社区卫生服务中心—居民委员会社区卫生服务站—家庭"的四级网络模式。

（2）三级网络模式。三级网络模式又称医院派出模式，目前是中等城市社区卫生服务的主要模式。该模式以二级、三级医院或企业医院为主体，达到标准的卫生所为补充。一般来说，一个医疗卫生单位会在其所负责的范围内设立一个社区卫生服务中心，根据需要在多个居委会设立服务站，形成"二级、三级医院社区卫生服务科—社区卫生服务站—家庭"的三级网络模式。该模式有利于医院专家进入社区，易于实现双向转诊，居民更容易得到更好的医疗服务。

（3）二级网络模式。二级网络模式又称家庭病床模式，该模式由二级、三级医疗机构开设家庭病床科，制定家庭病床患者准入标准，由家庭医生建立家庭病床并制定治疗方案。家庭医生和护士会定期看护家庭病床患者，根据具体需求制定和调整医护方案。该模式也有利于实现双向转诊，加强家庭保健但对社区居民可及性差。

（4）资源互补模式。该模式主要依托有条件的企事业单位卫生机构，并与地方卫生资源进行互补，共同承担辖区内的卫生服务。企事业单位医疗机构被纳入区域卫生规划，企事业单位卫生资源与当地资源整合后成立社区卫生服务中心（站），为单位职工和当地居民提供服务。该模式适合在企事业卫生资源丰富的地区实行，避免了重复建设。

（5）联合服务模式。联合服务模式又称集团模式，在卫生资源较为丰富、机构种类较为多样的地区成立医疗集团，以一家机构为核心，多家机构联合组建社区卫生服务网络，共同承担辖区内的社区卫生服务。集团成员可以包括综合医院、专科医院、基层医院、急救中心等，机构之间实行双向转诊、会诊、医生推荐、业务指导，根据各自特点，为社区居民提供全方位社区卫生服务。

子任务5　社区志愿服务

《中共中央　国务院关于加强和完善城乡社区治理的意见》提出："发展社区志愿服务，倡导移风易俗，形成与邻为善、以邻为伴、守望相助的良好社区氛围。"社区志愿服务是社区治理中的一支重要力量，在创新社区治理格局、满足社区服务需求、增强社区自治能力、引领社区文明实践及维护社区和谐稳定等方面发挥着重要作用。

一、社区志愿服务概述

（一）社区志愿服务的定义

关于社区志愿服务，民政部于2005年发布的《关于进一步做好新形势下社区志愿服务工作的意见》是这样界定的：社区志愿服务是"社会组织和个人自愿用自身的时间、技能等资源，在社区为居民和社区慈善事业、公益事业提供帮助或服务的行为"。志愿服务领域的第一部国家层面政策法规是国务院 2017 年发布的《志愿服务条例》，其中将志愿服务定义为"志愿者、志愿服务组织和其他组织自愿、无偿向社会或者他人提供的公益服务"。

官方给出的定义在学者的研究中得到了响应，于海强调了志愿服务的社区属性，认为社区志愿服务是"在不计物质报酬的情况下，自愿贡献自己的时间、精力、知识、技能、财物，或其他任何自己可支配的资源，为社区内有需要的居民提供公益性、非营利性的服务，以增进社区福利，改善社区问题"①。邓国胜、魏冰玲认为"志愿服务不仅包括通过志愿组织提供的正式志愿服务，也应该包括邻里互助等不借助志愿组织而自发提供的非正式志愿服务，受我国守望相助等传统慈善文化的影响，后者的价值贡献比前者更大"②。

综上我们可以认为，社区志愿服务是社区与志愿服务二者的有机结合，是以社区为平台的志愿服务，它以社区居民与社会服务组织为主体，以面向社区全体居民、推动社区发展为目标，满足居民利益需要、回应社会合理诉求，具有互动利他性、自愿性与非营利性特征。

（二）社区志愿服务的特征

社区志愿服务是当代志愿服务体系的有机组成部分，彰显着我国公民主体性与社会自主性的增强。社区志愿服务除具有传统志愿服务的自愿性、无偿性、公益性、组织性、活动性、服务性等共性特点外，还具有以下几个独特的个性特征。

1. 地域性

在我国，社区主要是指城市街道、居民委员会所管辖的区域。虽然农村也谓之以"农村社区"称谓，但相对而言，农村社区的纽带靠血缘关系，社会结构简单，社会化与阶层区分、分化程度低，不像城市社区那样具有随处可见的科层组织，主要以家庭为单位。因此，研究社区志愿服务主要侧重于城市社区，社区志愿服务集中在城市社区这一特定地域范围内的具体实践。20 世纪 80 年代以来，伴随着单位体制弱化与城市化进程的加快，社区作为新型人口聚居空间逐渐演化为志愿服务发展的重要阵地。依托社区自治优势与公共资源，志愿服务组织

① 于海. 志愿运动、志愿行为和志愿组织 [J]. 学术月刊, 1998 (1)：56 - 62.
② 邓国胜，魏冰玲. 志愿服务在第三次分配中的作用及其价值测量 [J]. 社会政策研究, 2021 (4)：78 - 94.

及个体可为社区居民提供直接、便利的志愿服务活动。

2. 公共性

社区志愿服务是社区服务的重要内容，其服务范畴为提供具有无偿性、福利性的准公共服务。社区志愿服务以服务社区为根本出发点，立足居民所需，致力于增强社区公益服务能力，构建和谐社区。凭借此特性，社区志愿服务与公共服务及商业性服务形成有机衔接，在政府职能空缺与市场失灵领域发挥着不可替代的作用。它是社区居民为社区内其他居民提供服务的行为，具有明显的社区共同体意识。

3. 参与性

不同于其他类型志愿服务，社区志愿服务倡导居民群众的自我管理与自我服务，充分激发民众服务热情，号召民众在社区空间内传承志愿服务精神，利用自身优势、技能、资源等，无偿为社区及有需要的居民提供相关服务、践行志愿服务。高度参与的社区志愿服务能够有效增强居民对社区的认同感与归属感，促进社区邻里关系重塑，营造互帮互助的社区氛围。

（三）社区志愿服务的类型

社区志愿服务内容丰富，其服务范围覆盖应急救援、医疗卫生、城市运行、关爱服务、助老助残、社区治安、文明实践、文化教育、交通出行、环境治理、绿色环保、宣传教育社区服务等主题，对社区志愿服务的分类可以按照不同的标准来进行，具体来说：

1. 按组织性能进行划分

按组织性能进行划分，社区志愿服务可以分为统筹型志愿服务组织、支持型志愿服务组织和实施型志愿服务组织。

（1）统筹型志愿服务组织。此类组织是指以整合、统筹本区志愿服务力量与资源，协调各类志愿服务组织的发展，并为其提供支持和帮助的组织。统筹型志愿服务组织经过民政局注册登记，具有法人资格，能够独立开展志愿服务。这类组织具有明确的目标和发展规划，管理相对规范，有专职的工作人员和固定的办公场所。同时，该类组织还具有很强的号召力和公信力（通过3A认证），吸纳当地社区活跃的志愿服务团体为会员单位，通过搭建平台，为其提供合作交流和资源对接等支持，协助开展社区志愿服务活动。

（2）支持型志愿服务组织。此类组织是指以提供智力、资金、资源、信息和技术等来促进社区志愿服务组织及其服务发展的组织。支持型志愿服务组织通过开展研究、调查、培训、辅导和评估等活动，为各类志愿服务组织提供多样化的帮助。

（3）实施型志愿组织。此类组织是指针对社区群众的需求，设计和实施具体服务项目，帮助社区群众，促进民生改善的服务社团。这类志愿服务组织是依托地方镇街办、社区（村）等机构而发起成立的。组织成员主要由地方区域内的社区志愿居民组成，熟悉社区基本情况。对基于"熟人社会"的社区开展志愿服务具有较强的针对性。[①]

2. 按服务内容进行划分

按照服务内容，社区志愿服务可分为文体娱乐类、救济关爱类、绿色环保类、专业技能类志愿服务。

（1）文体娱乐类志愿服务。此类服务是指为满足社区居民精神文化需求，依托社区群众活动中心，由志愿者自发策划而开展的各类文体活动，如社区成立的舞蹈队、合唱团、秧歌队，设立的书法班、剪纸班等，这类志愿服务可以为居民提供多样化文体服务，为他们提供免费学习及交流的平台，增进社区居民的归属感。

（2）救济关爱类志愿服务。现代城市的居住环境使得邻里关系面临较大挑战。社区志愿服务活动针对老、弱、病、残等弱势群体，通过志愿服务活动为他们提供生活关怀、精神慰藉、心理辅导，解决他们的生活困境，强化邻里关系、增进邻里情感。

（3）绿色环保类志愿服务。生态环境恶化迫切需要提升居民环保意识。在社区层面开展以环保为主题的志愿服务活动更能提升居民的文明素养，如垃圾分类、环保出行、控烟禁烟等多种形式的志愿服务活动，有助于规劝引导各类不文明行为，提升社区环境质量，推进生态社区建设。

（4）专业技能类志愿服务。传统意义上的志愿服务活动只解决了社区居民外在的、浅层次的需求，而社区志愿服务要满足居民更深层次的需求就要开展专业技能类志愿服务，需要吸纳专业技能人才进入核心志愿团队，开展安全防范、金融知识、健康医疗、法律援助以及艺术设计等服务，通过专业性服务，满足居民对美好生活的追求。

3. 按组织过程进行划分

按照组织过程，志愿服务体系可分为"志愿组织组成方式、志愿服务经费

---

① 李瑾凡. 城市大型社区志愿服务组织建设研究 [D]. 北京：中央民族大学，2021：13.

来源、志愿服务开展、社会支持网络、志愿服务项目以及志愿服务价值实现"六个方面,学者高和荣以此为依据,针对福建三个不同类型的社区志愿组织及其志愿服务的内容,把社区志愿服务分为行政主导型、社会主导型和混合型社区志愿服务。①

（1）行政主导型社区志愿服务。这种组织形式主要采取自上而下的方式,按照行政体系建立起来,志愿组织领导者通过社区干部指派,社区志愿者依靠政府有关单位安排与社区动员进行招募,志愿服务围绕着政府下达的"各项任务"进行。社区居民志愿参与意识与参与程度低,往往依赖于居委会反复动员,志愿服务活动持续性较差。

（2）社会主导型社区志愿服务。这类组织中既有个人志愿者又有单位志愿者,还包括本社区以及外来志愿者,志愿服务活动会吸引社区居民主动加入到志愿组织。这是一种自组织服务,社区成立志愿服务站,围绕社区求助、优抚、助残、就业、敬老、社区生活等方面开展志愿服务,做到尽力而为与量力而行的统一,志愿服务活动得到了社区居民的广泛支持。

（3）混合型社区志愿服务。这种组织形式采取行政与社会动员相结合的混合型方式而建立,其动员方式既能招募到具有志愿精神的真正志愿者,也能找到有某种需要的志愿者。社区利用社会关系网招募志愿者,可以发挥居民小组长及驻地单位领导作用来挖掘志愿者;社区还可以采用物质奖励、精神激励相结合的方法开展志愿服务工作。此类组织形式还可以获得经费支持。

以上社区志愿服务类型的划分,只是现实生活中较为常见的分类方式,还有依据广义、狭义视角进行分类的,如从广义视角,可分为个人生活类与公共生活类社区志愿服务;从狭义视角分,社区志愿服务包括就业服务、治安服务、环境服务、宣传教育、公益服务、咨询服务等内容。这里不再一一列举。

（四）社区志愿服务的要素体系

社区志愿服务对于社区治理的推进和社会建设的促进具有重要作用。若要使社区志愿服务持续进行,就要厘清它所蕴涵的要素。社区志愿服务的要素可从内、外部两个层面进行分析。

1. 社区志愿服务的内在动力

社区志愿服务的内在动力包括三个方面,即需求与意愿、激励与志愿

---

① 高和荣.论社区志愿组织与志愿服务的完善——以福建三个社区为例［J］.福建论坛·人文社会科学版,2011（4）:150－154.

文化。①

（1）需求与意愿是社区志愿服务的源动力。社区志愿服务的出发点与动机是满足社区居民需求，弥补政府公共服务的不足。传统志愿服务强调"利他主义"，基于自身理念向受助者进行单向度的服务提供，对社区居民需求的了解与吸收则未予充分考虑。若使社区志愿服务长期持续，则既需要尊重志愿者的意愿，又应该分析社区需求，以此为基础设计出合理的志愿服务对接模式，维持社区志愿服务长期稳定运行。

（2）激励是社区志愿服务的持续动力。对志愿者进行激励的因素有许多方面，成就感、自尊、社会地位的承认等需求满足感会使志愿者产生较强的内驱力，志愿者在参与活动的过程中，也会产生人际互动的激励。"良性的激励机制既能促进社区整体治理，又能促进社区资源流动"。② 不少地方推行的时间银行、积分制既体现了跨时空交流，又激发了社区志愿者热情，为社区志愿服务带来新的活力。

（3）志愿文化是社区志愿服务的价值动力。志愿文化是推进社区志愿服务可持续发展的价值动力，培育和传承价值动力离不开各方的努力。这其中，需要志愿服务组织营造开展志愿服务的文化氛围，志愿者需要秉持高度的责任感和奉献精神，社区应激发志愿者服务热情，引导志愿服务活动。

2. 社区志愿服务的外部要素

社区志愿服务的外部要素有政府、枢纽型社会组织、社区居委会。

（1）政府是社区志愿服务的外部依托。政府是社区治理的方向标，引导社区志愿服务的发展与规划。在政策制定上，政府的政策支持有助于推动社区志愿服务问题的解决；在资金拨付上，政府负责志愿服务专项资金的审批与拨付，是社区志愿服务的推动者与支持者；在资源整合上，政府推动着信息资源的汇集、人才资源的汇聚、组织资源的汇合。从政策、资金再到资源，离开政府的推动，社区志愿服务工作将面临巨大挑战。

（2）枢纽型社会组织是社区志愿服务的技术支持。枢纽型社会组织所具有的技术优势是可以制定一系列运行规则，用以满足社区居民多元化的需求、动员居民参加志愿活动、吸纳外部力量支持志愿服务、运用积分兑换技术促进志愿活动。这类组织既能带来新的社区服务与治理理念，还能促进志愿服务组织之间的资源共享，提升社区志愿服务水平，培育社区志愿者队伍，拓宽社区志愿者服务

①② 赵伯艳，豆亚芳. 社区志愿服务"志愿失灵"及其破解 [J]. 三晋基层治理，2022（5）：80 - 85.

广度。

（3）社区居委会是社区志愿服务的统筹要素。社区居委会作为社区志愿服务的组织者、协调者和监督者，可以高效统筹志愿活动的运作。社区居委会对上承接政府，向下对接居民，可以为社区志愿者提供精细化、精准化的服务基础。在吸纳资源方面，居委会兼具"官民"双重身份，是链接资源的天然承担者，既有独特的群众性与自治性，又有官方的权威性与公信力；既要完成行政任务，又要回应居民诉求，可以有力促进社区志愿活动的开展。

二、社区志愿者

（一）社区志愿者的主体作用

1. 社会志愿者能为社区增强凝聚力

社区志愿者提供的服务有助于增强社区团结，提高社区凝聚力，培养居民归属感。志愿者通过无私的服务促进社区成员之间的交流与沟通，增进居民间的了解与信任，营造和谐的社区环境。社区志愿者的服务精神最终会转化为社区文化，这种精神符合当代社区治理理念，也是充满正能量的主流价值观，代表着积极、健康的新型生活方式，体现了多元化的社会治理与社会认同价值。志愿服务组织往往在社会上扮演着某种理念的倡导者等多重角色。志愿服务有着更大的灵活性和便捷性，它在维护社会发展与和谐稳定中发挥着有效的调节功能。[①]

2. 社区志愿者能为社区统筹各种资源

社区志愿者的服务可以为社区提供各种资源，包括时间、技能、物质资源等。他们可以利用自己的技能和经验帮助社区中需要帮助的人，也可以向社区捐赠物资等。志愿者行为既可为社区带来实际利益，又能为居民提供示范，影响居民行动。志愿者的活动和气氛感染着社区居民，一方面吸引着居民加入志愿者组织，另一方面增强着社区居民的归属感和安全感，[②] 志愿者在日常频繁的工作和接触中相互了解，建立信任，逐步形成社区中的一个初级群体，既能扩大居民的交友圈，又可以建立人际互惠机制。志愿者在培育社区社会资本的同时，也能提高社区的整体满意度。

---

① 李姗姗. 社区治理中志愿者服务发展分析——以百步亭社区志愿者服务为例 [J]. 法制与社会，2018，11（中）：143–145.
② 孙博宁. 城市社区治理体系中的志愿者功能分析 [J]. 美与时代（城市版），2016（4）：106–107.

3. 社区志愿者能为社区分担压力

在社区治理体系中，社区志愿者的压力分担作用是其日益壮大的主要动力。压力分担表明居民会承担着千头万绪的工作。居委会层面工作繁重，需要志愿者队伍帮助其减轻工作压力，分担工作任务，如安全、卫生、文体、为老等工作可以让志愿者承包。居委会只需要做好引领工作，而不用亲力亲为。社区居委会在外部资源难以扩充的背景下，志愿者是其缓解繁重工作压力的重要力量，他们的出现缓和了居委会的困境。志愿者以免费的方式分担了居委会的工作和压力，为居委会节省了难以估量的社区治理成本。①

（二）社区志愿者的基本条件

1. 志愿者的年龄条件

根据《中国注册志愿者管理办法》，志愿者具备的年龄条件是：

（1）年满十八周岁或十六至十八周岁以自己劳动收入为主要生活来源者。

（2）十四至十八周岁者，须经其法定代理人同意。

（3）未满十八周岁的在校学生申请注册的，按所在学校有关规定办理。

（4）志愿者无最大年龄限制。因为志愿活动可网上进行，比如有网上自愿捐赠组织及服务、手语线上交流等。

2. 志愿者的健康条件

依据《中国注册志愿者管理办法》，志愿者的健康条件是：

（1）具备参加志愿服务相应的基本能力和身体素质；

（2）遵守国家法律法规和注册机构的相关规定。

此外，残疾人助残志愿服务组织的发起人大多为残疾人，但目前注册难；且残疾人志愿者服务保险未在制度上保障，难以享受人身意外伤害保险。因此仅有少数残疾人参与志愿行动，未来会打开残疾人志愿者通道。

以上内容即是放宽志愿者健康条件，不同机构、不同体系、不同工作要求下的志愿者在不违法的前提下按注册机构的相关规定执行。

3. 志愿者的承诺条件

（1）自愿。成为志愿者是主观自觉选择，没有强制性。参与志愿工作既是"助人"，亦是"自助"，既是"乐人"，同时也"乐己"。

---

① 孙博宁. 城市社区治理体系中的志愿者功能分析 [J]. 美与时代（城市版），2016（4）：106–107.

（2）不追求物质回报。开展志愿服务的动机不在于物质报酬，但开展志愿服务需要相应的物质条件。

（3）面向社会公益事业。志愿服务内容是社会公共的利益与困难群体的利益，而非小团体的利益；对于政府履职范围的事务以及可通过市场行为获得的服务（困难群体除外），一般情况下不列入志愿服务内容。

（4）奉献自己的力所能及。奉献自己的时间、精力、智力、经验的人是志愿者，出于自愿的献血、捐献骨髓、捐款捐物的人，也是志愿者。

（5）非本职职责范围内。比如供电局职工，在工作岗位为用户提供了优质服务，是本职工作，而非志愿服务；如果他利用业余时间自愿且不取报酬地为他人提供了电力维修，他就是志愿者。

因此，志愿者填表时需抄写"我愿意成为一名光荣的志愿者。我承诺：尽己所能，不计报酬，帮助他人，服务社会，践行志愿精神，传播先进文化，为社会进步奉献力量"这样的承诺书。这是成为志愿者需要履行的必备手续。

（三）社区志愿者的参与动机

在社区层面开展的各类服务活动中，可以经常看到志愿者身影，他们充当着服务提供者、信息传递者、资源链接者等多种角色，成为利他主义精神的重要代言人。不熟悉社会工作的居民将社会工作者的专业服务视为志愿者服务。志愿者的参与动机，就是由某种目标所引导的、激发志愿者选择志愿服务的内在心理活动，是维持志愿者持续参与志愿服务的内在动力。社区志愿者参与志愿服务活动时的动机具有多样性，归纳起来有以下几种类型。

（1）实现价值的威信性动机。参与志愿活动可以实现个人价值与人文关怀，从参与志愿活动中获得满足感，在帮助他人与社区的过程中，感到自身价值对他人产生了积极影响，获得了他人的肯定，实现了个人价值，得到了心理满足。

（2）关心集体的社会责任动机。志愿帮助某一特定群体，使得志愿者的社会责任感更加强烈，具有无私、奉献的使命感，希望通过帮助别人、回报社会。如果缺乏社会责任感，提供服务时会较为被动和随意，服务质量也会差强人意。

（3）增强自尊的成就性动机。参加志愿活动让人对自己更满意，达到解压的效果，通过志愿工作缓解消极情绪，寻求心理上的成长与发展，体验自我价值感。

（4）体验快乐的情感性动机。志愿者通过参加活动可以增强对不同的人群、文化、地域的理解，获得新的认识，增强实践知识，锻炼个人技能。通过从事志愿活动获得不同的情感体验和主观感受。

（5）发展个人的交往性动机。从事志愿活动可以挑战自我、结交新朋友、深化职业生涯。通过参与志愿者工作，个人可以提升领导能力、沟通能力，改善人际关系。志愿工作也为个人提供了研究与发展的平台。

（四）社区居民志愿者的动员

动员社区居民志愿者参与志愿服务，可以与当前各地开展的"五社联动"融入在一起。从现实情况看，这种融入可以从五个方面展开。

一是政府主导的动员驱动。现实生活中从两方面进行：第一种是制度上政策法规的推动。在政府层面成立社区治理工作领导小组，将志愿服务纳入社区治理体系，出台社区志愿服务实施方案，扶持社区志愿服务组织。第二种是项目上政府发起推动，整合社区多方资源，吸引志愿者参与服务，通过多种方式提升社区志愿者积极性。

二是企业资源的优势驱动。企业本身具有相应的资源与优势，可以推动企业志愿者参与到社区活动中，可以专门为企业建立服务社区的平台，也可以在社区层面开展相应的服务项目，充分利用企业资源开展社区服务。如企业组织各类社团活动，动员企业志愿者参与其中，有助于形成常态化服务活动。

三是社会组织的平台驱动。扎根于社区的社会组织，面对居民的突出需求，可以动员居民发挥主人翁意识，参与到社区治理活动中去。通过挖掘社区领袖、孵化项目、培育团队等多项活动，发展本土社区社会组织，更好地服务社区、帮助居民、助力弱势群体。

四是志愿者主导的自我驱动。社区居民组成的志愿者团队扎根社区、熟悉社区，在服务社区时可以武汉百步亭为学习典范，从"建组织、抓制度、树文化、做活动"做起，具体来说就是建立横到边、纵到底的志愿服务体系，第一时间了解居民需求，就近就便服务居民；建立完善的志愿服务制度、家门口注册制度、线上注册的"三级负责"制度；传播社区志愿服务工作，宣传志愿者感人事迹，让榜样看得见、摸得着、学得到；通过成长激励、保障激励、嘉许激励、回馈激励等多项活动措施形成良性循环的激励机制。

五是多元主体的共同驱动。发挥政府、社会组织、志愿者、企业等多元主体的作用，促进志愿服务融入"五社联动"。政府制定政策，为志愿服务活动保驾护航；社会组织为社区居民开展特色服务，常态化服务社区居民；志愿者则依托社区中心、社会组织自发成立各类活动小组，营造互帮互助的氛围；企业则运用自身资源为社区提供资源支持。

任务三： 农村社区服务

习近平总书记强调："实施乡村振兴战略，是党的十九大作出的重大决策部署，是新时代做好'三农'工作的总抓手。"农村社区治理对于加强社区治理、创新社会管理体制、构建和谐社会有着重要的作用，农村社区服务也是国家治理体系不可缺少的重要组成部分。2018 年，党的十九大首次提出了实施乡村振兴战略。中央农村工作会议就如何实施乡村振兴战略作出了具体部署。

【阅读材料】2－3：

国家促进农村社区治理的相关政策

2015 年，中共中央、国务院印发首个推进农村社区建设的政策文件《关于深入推进农村社区建设试点工作的指导意见》，明确农村社区建设要在党和政府领导下，整合各类资源，强化村民自治，促进农村社区经济、政治、文化、社会、生态全面协调可持续发展，提升农村居民生活质量和文明素养，健全村民自我服务与政府公共服务、社会公益服务有效衔接的农村基层综合服务管理平台，形成乡土文化和现代文明融合发展的文化纽带，打造一批管理有序、服务完善、文明祥和的新型农村社区。

2017 年，中共中央、国务院印发《中共中央　国务院关于加强和完善城乡社区治理的意见》，突出强调要加快城乡社区公共服务体系建设，促进城乡社区服务项目、标准相衔接，逐步实现均等化。开展以生产互助、养老互助、救济互助等为主要形式的农村社区互助活动。开展农村幸福社区建设示范创建活动和城乡社区结对共建活动。

2021 年，中共中央、国务院印发《中共中央　国务院关于加强基层治理体系和治理能力现代化建设的意见》指出，要建立起党组织统一领导、政府依法履责、各类组织积极协同、群众广泛参与，自治、法治、德治相结合的基层治理体系，健全常态化管理和应急管理动态衔接的基层治理机制，构建网格化管理、精细化服务、信息化支撑、开放共享的基层管理服务平台；党建引领基层治理机制全面完善，基层政权坚强有力，基层群众自治充满活力，基层公共服务精准高效，党的执政基础更加坚实，基层治理体系和治理能力现代化水平明显提高。

2022 年，国务院办公厅印发《"十四五"城乡社区服务体系建设规划》，明确了"十四五"时期推进城乡社区服务体系建设的指导思想、主要目标、重点任务、组织保障等。

2022 年，民政部等 16 部委《关于健全完善村级综合服务功能的意见》指出，到 2025 年基本形成党组织统一领导、政府政策支持、村级组织积极作为、社会多方参与的服务机制，村级综合服务设施覆盖率达到 80% 以上，农村地区村级综合服务保障持续改善，农民生产生活需求进一步满足，获得感、幸福感和安全感不断增强。

2023 年，国务院办公厅印发《中共中央 国务院关于做好 2023 年全面推进乡村振兴重点工作的意见》指出，要提升基本公共服务能力，推动基本公共服务资源下沉、提高农村传染病防控和应急处置能力、深化农村社会工作服务。加快乡镇区域养老服务中心建设，推广日间照料、互助养老、探访关爱、老年食堂等养老服务。实施农村妇女素质提升计划，加强农村未成年人保护工作，健全农村残疾人社会保障制度和关爱服务体系，关心关爱精神障碍人员。

子任务1　农村社区的特征与功能

一、农村社区的定义

基于社区的空间特征，我们可以将社区分为农村社区、城市社区两种基本类型。农村社区与城市社区有着巨大的差异。因此，要想更好地开展农村社区治理，就必须要对农村社区有清晰的认识和了解。

农村社区是人类社会最早出现的社区形式，又被称作传统农村社区，是以农业活动为基础，由一定数量和质量的农村人口构成的相对完整的区域社会共同体。它主要由一个或多个地域联系紧密的自然村或行政村构成，是具有相对稳定的人群结构、利益诉求及文化认同感的社会空间。

一些城郊型的农村社区，虽然仍是以土地为主要的生产资本，但第一产业的重要性和比重已大大降低；居民普遍身兼多业多职，社区内有数量不等的流动人口；辖区内有了外来的企业、单位等。还有部分农村社区，在一体化进程中受城市化或城镇化影响较大，正在向涉农街道转变，向基础设施齐备、公共服务完善、生态环境良好、人口规模和密度减少的新型农村社区发展。因此，新型农村社区既有别于传统的行政村，又不同于城市社区，是指在统一规划和要求下，将两个或两个以上的自然村或行政村进行合并，建设新的居民住房和服务设施，统一规划和调整产业布局，形成新的农民生产生活共同体。

二、农村社区的特征

（一）传统农村社区

在我国，农村社区具有以下几个方面的特征。

第一，地域特征。农村社区地域比较广阔，人口密度比较低，同质性强，流动性比较小。

第二，经济特征。农村经济是以农业生产劳动为主的自给自足的经济，经济活动比较简单。其简单性表现在许多方面：经济活动的内容比较简单、经济活动的方式比较简单、经济活动的组织比较简单、经济活动水平比较低等。

第三，社会特征。农村社区通常是以血缘和地缘关系为基础建立起来的，家庭在社区中起着非常重要的作用。

第四，文化特征。农村社区的经济特征和社会特征决定了农村社区的文化特征，农村社区的文化主要表现为区域性、封闭性、经验性等具体特性，并且具有鲜明的地方特色。农村社区的价值观念和行为规范比较保守，传统观念和习俗发挥着调整成员关系的重要作用，因此农村社区思想观念的变化比较缓慢。

第五，心理特征。农村社区居民心理较为保守且重感情，主要表现出地方观念重、乡土观念浓厚、重亲情、家庭至上以及祖先崇拜等心理特征，保留了较多的传统观念。同质性和单元性是传统农村社区的显著特征。

（二）新型农村社区

新型农村社区除了表现出传统农村社区的一般特征外，还出现了自己的新特征。综合来说，表现在以下六个方面。

第一，不依赖农业生产。与传统农村社区侧重于农业生产和生活方式不同，新型农村社区不单纯以农业耕种为生计之道，第二和第三产业部门已经逐步成为至关重要的支柱，发挥着重要的作用。

第二，人口构成多元化。与传统农村社区以农民为主要构成人口不同，新型农村社区的人口构成呈现出多样化的特点。除了农民之外，工人等不同职业的人群共同构成了新型农村社区的人口结构，多元人口结构是推动农村社区发展和建设的重要因素之一。

第三，规模相对较小，人口密度较低，村民居住分散。这是由现今农村的经济水平和现有的土地产出能力所决定的，农村社区无法容纳大量劳动力，也无法支撑过多人口的生活需求。同时，受地理条件和农业种植便利性的制约，村民通常会选择较为分散的居住方式。

第四，人际关系紧密，同质性较高。相对而言，农村社区与外界交流较少，村民流动性较小，村民更多地在社区内部交往。再加上农村社区人口规模较小，村民间的人际关系相对较为密切，彼此之间较为了解。在农村社区，血缘和地理位置因素对人与人之间的关系具有重要影响，同一社区的村民在生活方式、心理情感和宗教信仰方面的差异不大，呈现出明显的同质性特征。

第五，生产力较低。这一特征与农村地区现代化水平较低、人口知识水平有限以及农业技术水平不高等因素有关。在生产力水平较为滞后的情况下，许多农村社区主要依靠手工或半机械化方式进行农业生产。

第六，乡土文化浓厚。在农村社区中，血缘关系和亲缘关系是村民联系的纽带，在此基础上形成的文化塑造了一种带有家族特征的文化。这种文化特点虽然有利于传承传统文化、促进经济繁荣，但也限制了人们思想观念的更新，在一定程度上阻碍了农村社区的现代化进程。

三、农村社区的功能

农村社区在促进农村社区经济建设和社会发展方面扮演着极为重要的角色，它不仅是农民的精神家园，更是实现乡村振兴的重要基石。总的来说，农村社区的功能主要体现在以下几个方面。

1. 经济功能

农村社区的经济功能是促进农民收入增加和农村经济发展的重要动力。农村社区的经济功能多元而丰富，首先，农村社区作为农业生产的基础和中心，承担着粮食、蔬菜、水果等农产品的生产和供应任务，为城市提供了重要的食物来源。此外，农村社区还承载着农村居民的生活和就业需求，提供丰富的就业机会，促进了当地经济的发展。同时，农村社区还保留着传统的手工艺和农耕文化，为当地经济注入独特的文化气息。最重要的是，农村社区作为乡村旅游的重要组成部分，能够吸引大量游客，促进当地经济的繁荣和发展。政府和社会应加大对农村社区的支持力度，为其提供更多的政策支持和资源保障，进一步激发农村社区的发展潜力，实现乡村振兴的目标。

2. 政治功能

农村社区的政治功能主要是由村民委员会来实现的。首先，农村社区的政治功能体现在促进居民自治和参与决策和提高基层民主意识方面。村民通过村民代表大会等形式参与决策、讨论公共事务，并共同推动农村社区的发展。其次，农村社区的政治功能还体现在维护社会和谐稳定、解决矛盾纠纷、促进共同发展方面。作为基层治理的重要组成部分，农村社区可以及时化解纠纷、调解矛盾，确保社区的和谐稳定。最后，农村社区的政治功能还包括传承乡土文化、弘扬社会主义核心价值观、培育家国情怀。农村社区作为文化传承的重要阵地，应当积极弘扬优秀传统文化，传播正面价值观念。

3. 文化功能

首先，农村社区的文化功能在于保护和传承传统文化。农村社区通过举办各种文化活动和节日庆典，传承了许多古老的习俗和传统技艺。这有助于加强村民对传统文化的认同感，传承和弘扬民族优秀传统文化。其次，农村社区的文化功能还在于提供娱乐活动和精神寄托。在农村社区可建设活动广场、健身器材等硬件设施，通过开展各种学习班、讲座，组织文艺演出为村民提供文化娱乐活动。

4. 管理功能

农村社区的管理确保了社区内的秩序和稳定。加强农村社区民主管理时要全面强化农村基层组织建设，必须用制度规范工作、约束行为。要健全并不断完善公推直选村干部制度，确保民主选举真正落实；要健全和不断完善村民会议和村民代表会议制度，确保民主决策有效进行；要健全和不断完善村民自治章程等规章制度，确保民主管理真正落实；完善"一事一议"民主协商制度，确保农村社区各项公共服务工作真正落实；健全和不断完善村务公开制度，实现民主监督。

5. 服务功能

农村社区作为基层治理的"最后一米"承担着重要的服务功能，对老年人、儿童、妇女、困难家庭等弱势群体及正常人群提供多种服务。如提供基本医疗卫生服务、开展健康宣教，促进农民增强健康意识和科学保健知识；策划文化活动，传承和弘扬优秀传统文化，提升乡村文化氛围；组织职业技能培训，提高农民就业技能水平，促进农村经济发展与就业改善等。

6. 社会保障功能

农村社区的社会保障功能涉及养老、医疗、教育、住房等方方面面。首先，农村社区整合和传递政府的相关政策，协助居民享受各项社会保障待遇。其次，农村社区为贫困和弱势群体提供基本生活保障和照料服务，通过开展精准帮扶和社会支持，为需要帮助的居民提供温暖和关爱。最后，农村社区促进居民之间的互助合作，也是农村社会保障的重要辅助。

子任务 2　农村社区治理

农村社区治理是农村治理体系中的重要一环，国家治理体系和治理能力现代化的基石，事关执政党根基的巩固、农民切身利益、社会和谐稳定。2015 年，中共中央办公厅、国务院办公厅印发《关于深入推进农村社区建设试点工作的指导意见》。2017 年，《中共中央　国务院关于加强和完善城乡社区治理的意见》正式实施。2022 年，中央"一号文件"《中共中央　国务院关于做好 2022 年全面推进乡村振兴重点工作的意见》对扎实有序做好乡村发展、乡村建设、乡村治理重点工作，推动乡村振兴取得新进展、农业农村现代化迈出新步伐作出重要部署。农村社区治理必须始终坚持"以人民为中心"的发展思想，打造共建共治共享的治理新格局，保障农民安居乐业、社会安定有序，实现乡村善治、夯实国家治理根基。

农村社区治理是一种管理模式，是指在农村社区地理区域范围内，由村党组织、村委会及其他组织或团体，通过制度制定、规划实施、资源分配、公共服务等多种手段，促进农村社区的全面发展、提高农民生活质量和文明素质、维护农村社会稳定。农村社区治理的根本目的在于满足农村社区群众日益增长的物质和精神文化需求，以扩大基层民主、完善村民自治、健全农村社区管理和服务体制为重点，大力推动政府公共服务向农村社区覆盖延伸。

一、农村社区治理的组织

在传统农业社会向现代工业社会的变迁中，我国农村社区治理组织也正在发生着巨大的转变，村民自治在农村社区治理与发展中的地位与作用越来越明显。

(一) 农村社区政治管理组织

1. 农村社区政党管理组织——村党支部

村党支部是党在农村最基层的组织。根据《中国共产党章程》规定，在村一级设立村党支部，村党支部领导本村的工作，支持和保证本村行政组织、经济组织和群众自治组织充分行使职权。

2. 农村社区行政管理组织——乡镇政府

在我国现行的行政管理体制中，乡镇政府被定位为县级政府的下级政府，乡镇是处于县级政府与乡村社会之间的中间组织，在管理过程中，几乎所有的县级政府的农村管理职能都必须通过乡镇来履行或配合。

（二）农村社区自治管理组织

1. 村民委员会

农村村民委员会是与城市社区居民委员会相对应的农村村民自治管理组织。《中华人民共和国村民委员会组织法》规定，村民委员会是村民自我管理、自我教育、自我服务的基层群众性自治组织，实行民主选举、民主决策、民主管理、民主监督。

2. 农村互助合作组织

农村互助合作组织主要体现在经济合作方面，因此也可以称为农村经济合作组织，是指以家庭经营为主的农业小生产者，为了维护和改善各自的生产和生活条件，在自愿互助和平等互利的基础上，联合起来在技术、资金、购买、销售、加工、储运等环节开展互助合作的经济和技术组织。它的本质是农村劳动者在经济上的联合。相对于村集体经济组织来说，农村经济互助合作组织不受行政区划的限制，可以在更大范围内组建，并在自愿互利基础上自由加入。

3. 农村宗族组织

宗族组织的兴起源于早期传统社会中男耕女织、自给自足的小农经济模式，是按血缘辈分划分等级，由族长、家长制定规范，对族内公共事务进行管理，维护本族共同利益。农村宗族组织虽然有一定的负面作用，但是也起到了发扬传统文化、稳定农村社会等作用。

二、农村社区治理的内容

农村社区治理的内容主要包括人口管理、文化管理、环境管理、卫生服务管理、财务管理、土地管理、治安管理、社区服务和社会保障。我们将重点学习农村社区文化建设、环境治理和社区服务。

（一）农村社区文化建设

农村社区文化建设在推动社区和谐发展中发挥着文明的传承与弘扬、价值观的传播、乡土情怀的培育等重要作用。农村社区文化建设是农村社区治理的核心内容之一，如果说社区是一座大厦，那么文化便是其根基，乡村振兴之路必须立足于文化建设之上。

1. 农村社区文化的含义

农村社区文化是农村地区一定范围内（非严格的行政区划）的居民，通过特定的纽带和联系共同形成的价值观、生活方式、情感归属和道德规范等。这种文化可以从三个层面进行理解和描述：物质文化、制度文化和观念文化。物质文化是指农村社区文化建设所必需的文化设施、活动场所等物质条件，这为社区文化建设提供了基础和保障。制度文化是指社区文化的管理制度，它既是社区文化的组成部分，也是社区文化建设的保障。观念文化是指社区居民共同具有的价值观念、社区意识等，它是农村社区文化的核心。这三个层次的农村社区文化在相互联系、相互促进的过程中，形成了一个完整的社区文化体系。这个体系不仅为社区居民提供了文化享受和创新的场所，还为农村实现现代化提供了心理基础和社会支持。

2. 农村社区文化的特点

农村社区与城市社区相比，它的区域性、乡土性、特色性更为明显。一方水土养一方人，也滋生一方的乡土文化。

首先，农村社区文化具有相对封闭性。由于地理环境和传统观念的限制，农村社区相对独立于外界的影响，并形成了独特的文化内涵。这种封闭性使得农村社区文化在许多方面保持了传统的特点和稳定性。

其次，农村社区文化是根植于传统习俗的。世代相传的习俗和传统价值观在农村社区中扮演着重要的角色。这些传统习俗常常与农耕文化、宗教信仰以及节庆活动紧密相连，成为连接农民群体的重要纽带。传统习俗的传承和发展不仅满足了农民的精神需求，也为社区提供了更加稳定和和谐的社会秩序。

再次，农村社区文化保留了丰富的乡土风情和民俗文化。民歌、民舞、乡土戏剧等在农村社区中得以传承和发展，展现着乡村独有的文化魅力。

最后，农村社区文化注重集体意识和互助精神。在农村社区，基于宗族关系村民间的关系较为密切。又由于村民的日常交往较为密切，形成了紧密的群体关系，自发互助行为较为常见。

3. 农村社区文化建设的途径

农村社区文化建设中存在着一些典型问题，比如文化活动管理保障机制不健全、文化建设设施不足、文化观念落后、文化活动参与率不高、文化阵地作用发挥不明显。我们可以通过以下途径促进农村社区文化建设。

第一，加强文化教育和培训。一方面，要加强社区党员和领导干部的教育。俗话说："火车跑得快，全靠车头带；群众富不富，就看村干部；乡村强不强，全凭'领头羊'。"乡村干部扮演着贯彻和深入实施文化建设的关键角色。提升文化工作人员的文化素养，可以更好地带领农民群众开展文化活动。另一方面，要加强村民的教育。组织村民学习环境卫生知识、生产知识和劳动技能、村民公约和村民守则等知识，提升村民整体文化素质。此外，还应对村民开展科学、道德、民主、法制等教育，引导树立与农村现代化发展相适应的公民意识。

第二，加强文化建设设施投入。目前，农村社区存在着文化设施不完善甚至缺失的问题，这对农村居民的文化需求和美好生活的实现产生了一定的阻碍。首先，政府应当加大财力投入，增加农村社区文化设施建设的资金。通过设立专项资金、增加补助等方式，为农村社区提供文化设施建设经费。其次，要加强对农村社区文化设施建设的统筹规划。在规划过程中，要充分考虑人口分布、文化需求、地理环境、社区特点等因素，合理确定文化设施的布局、类型和数量。同时，要注重提高农村社区文化设施的利用率和管理水平。尽可能配备专业人员，加强设施的日常维护和管理工作，并鼓励居民积极参与文化活动，提高设施利用率，实现文化设施效益最大化。

第三，加强文化阵地建设。充分发掘利用民间文化资源，合理运用好新时代文明实践站等文化阵地，积极组织开展具有群众和地方特色的文化活动，营造新农村社区文化氛围，潜移默化地使群众自觉成为文化阵地的常客，满足农民群众的精神文化需求。

第四，开展文化品牌建设。农村社区文化是一座民族文化的瑰宝，具有丰富的历史积淀和独特的地域特色，加强农村社区文化品牌建设可以促进农村经济发展和乡村振兴。开展文化品牌建设时，我们要首先深入了解农村社区的文化资源和特色，通过走访调研了解社区的历史渊源、优秀传统和具有代表性的非物质文化遗产等文化资源。其次，要注重创新与挖掘。依托地方特色文化，以乡村社区群众需要为主导，依靠群众精神文化需求创新社区文化活动内容和形式，如以地方戏曲的方式开展党和国家新政策与新思想宣传、道德宣传、预防诈骗等政策学习教育；以农民趣味运动会的形式开展广场舞、抛绣球、秧歌舞等健身活动。

第五，拓展文化传播渠道。随着信息技术的迅猛发展，人们获取信息的途径日益多元化。为了巩固和扩大我们的宣传阵地，我们应充分利用乡村原有的宣传栏、广播喇叭、宣传站等传统宣传渠道。同时，积极借助微信公众号、抖音等新媒体平台，通过农民喜闻乐见的方式传播国家方针政策、法律法规、文明行为、先进典范、农业技术等内容。传统媒体如电视、广播、报纸等在农村社区仍然具有广泛影响力。因此，应当加大对农村社区传统媒体的支持力度，提高其传播力量和品质，在内容和形式上与时俱进。总之，拓展农村社区文化传播渠道需要综合运用多种手段和途径，借助现代化的信息技术，加强网络建设，引入新媒体平台，同时注重传统媒体的发展。这将为农村居民提供更加便捷、多样化地获取文化信息的途径，促进农村社区文化繁荣和居民素质提升。

（二）农村社区环境治理

我国农村人居环境总体质量水平不高，存在着区域发展不平衡、基本生活设施不完善、管护机制不健全等问题。2018 年农村人居环境整治三年行动实施以来，农村长期以来存在的脏乱差局面有所转变，村庄环境基本实现干净整洁有序，农民群众环境卫生观念发生了一定的改变，但与农业农村现代化要求和农民群众对美好生活的向往还有差距。2021 年，国务院办公厅印发《农村人居环境整治提升五年行动方案（2021－2025 年）》，农村社区相继开展了以生活污水垃圾治理、厕所革命和村容村貌提升为重点的农村人居环境整治。但相较于农业农村现代化要求和农民群众对美好生活的向往，农村社区环境治理中还存在一些问题。

1. 农村社区环境治理存在的问题

第一，环保意识不足。受制于主客观条件，农民对生态环境保护的重要性缺乏必要的认识，大多数农民过于关注眼前利益，未意识到资源的有限性以及环境污染对子孙后代的严重影响。传统的生产生活方式不仅污染了土地和水资源，破坏了生态平衡，还直接影响到自己的生活质量和健康状况。农村居民急需加强环保意识教育，树立起绿色发展理念，共同努力打造美丽乡村，实现可持续发展的目标。

第二，环境治理参与度不高。参与社区建设是农民应有的权利，同时也是其应尽的义务。但由于农民普遍缺乏环境保护意识，对环境质量与自身生活的直接关联性认识不足。他们往往以为，环境治理是政府或相关部门的职责，自己作为普通居民并无必要参与其中。这种被动的态度导致了社区环境治理效果的不尽如人意，让一些环境隐患无法得到及时处理与改善。

第三，环境治理体制不健全。农村社区环境治理仍处于探索阶段，体制机制仍在完善的过程中，存在诸多问题。首先，治理职责模糊，不同职能部门之间缺乏有效的协调和合作机制，导致环境治理工作难以深入推进。其次，环境治理的监督与评估不力，缺乏科学合理的考核指标体系和考核机制，难以对环境治理的成效进行全面准确的评估。最后，缺乏资金保障，很多农村社区无法提供环境治理所需的资金支持，严重制约了农村社区环境治理的效果和质量。

2. 农村社区环境治理措施

第一，完善农村社区环境治理体制。农村社区环境治理是一个综合性的系统工程，只有通过多方共同努力，创新社区环境治理体系和长效机制，才能有效解决农村社区环境问题，实现乡村振兴与生态文明建设的统一目标。

（1）强化政府的主导作用。发挥基层政府和党支部对农村社区环境治理工作的主导作用，设立专门的部门或机构负责监督和协调农村社区环境治理工作，并提供财政保障支持、基础设施配套设施完备支持、高素质人才培养委派，以及加强对社区管理队伍的培训指导等。

（2）鼓励农民参与环境治理工作，培养环境保护意识和责任感。通过开展宣传教育活动、设立环境志愿者队伍等方式，引导农民积极参与环境保护行动，并提供相应的技术、经济和政策支持。

（3）注重科学技术的支持，推动环境科学技术的发展和应用。政府应加大投入，加强科研力量的培养，如引入智能环境监测设备以及时了解环境状况。同时，应鼓励科技企业参与农村环境治理，提供创新的解决方案。

（4）建立健全监督机制。政府应建立有效的监督体系，对环境治理措施和效果进行评估和监测。同时，加强法律法规的制定和执行，对违反环境保护法律法规的行为严格追究责任。只有健全的监督机制才能确保环境治理的长效性和可持续性。

第二，增强农民环保意识。人类面临生态环境和资源的巨大挑战，农村生态环境不仅影响着农业生产、农村经济发展和农民生活质量，并且直接关系到乡村生态振兴和农业的可持续发展。2021年中央"一号文件"《中共中央　国务院关于全面推进乡村振兴加快农业农村现代化的意见》明确提出要将乡村建设置于社会主义现代化建设的核心位置，并强调乡村建设行动必须顺应村情民意、强化农民的主体地位，激发农民的参与热情，充分发挥农民的主体作用。因此，提高农民的生态意识、转变其农业生产、生活方式的理念显得尤为重要。

（1）开展形式多样的环境宣传教育活动，倡导科学的生态保护理念。运用电视广播、戏曲、标语等多种手段广泛传播生态保护理念，改变农民的不良生活习惯，逐步培养文明生产和绿色消费的新型生活模式。

（2）开展生态环保技术培训和专题讲座，推广普及新能源技术，指导农民学习可再生能源的开发和利用，科学施用化肥和农药，大力推动特色农业和生态农业，推动农村循环经济体系建设。

（3）建立激励机制，鼓励农民积极参与环境保护。设立相关奖励制度，如设立优秀社区环境治理示范村、村民环保先进个人等奖项，来表彰那些在环境治理工作中取得突出成绩的个人和集体。

【案例】2-3：

乡间风光无限好，青浦杜村村打造特色农村社区

青浦白鹤镇杜村村是一个具有悠久历史和人文底蕴的地方，保留着比较有规模的原生态农村风貌。村里从狠抓组织建设、制度建设入手，切实改善居民居住环境，逐步转变居民观念，积极引导居民开展各种形式、各种类型的群众性活动，极大地推动了农村社区建设的发展。

1. 党建引领，推动农村社区建设

坚持把加强基层党建作为农村社区建设的动力引擎，充分发挥村级党组织的领导核心和战斗堡垒作用。遵循"统筹规划、分步建成"的思路，逐步健全基础设施；开展农村社区建设，激发村民自治热情，持续推进村庄清洁行动，提升人居环境水平。狠抓组织建设、公共服务，有效带动村民为乡村振兴尽谋尽力，引导大家自觉参与各类建设、维护建设成果，让乡村振兴战略更接地气、更有底蕴，普惠群众。引导党员、群众开展志愿服务、座谈交流、困难慰问等活动，在实践中强化党性修为、突显引领作用。

2. 家园建设，积极投身环境整治

积极宣传生态环保理念，引导村民绿色发展、清洁生产、绿色出行，自觉践行简约适度、绿色低碳的生产生活方式。成立人居环境整治宣传队和督察队，发放《杜村村宅前屋后整治告知书》，挨户监督巡查。建立垃圾分类志愿者队伍，进行划区包片监督、入户包干指导、联系农户管理、定期上门宣传。开展"美化我的家园"活动，打造美丽三园（小花园、小菜园、小果园），美化生活环

境。推动村民从家庭做起、从改变生活和卫生习惯入手，清理整治房前屋后环境，清除私搭乱建、乱堆乱放，全面净化绿化美化庭院。

3. 村民自治，主动参与长效管理

积极发挥党员群众的主观能动作用，让他们以主人翁的态度自觉投入农村社区建设。94 名在职、退休党员组建了 8 个党员志愿者服务队伍，从老年人陪聊到青少年教育，从社区综合治理到家庭大事小情全面介入，为村民提供全方位、多层次的服务。一批党员、村民志愿者组织了多个保洁、清扫、巡河、护绿队伍，坚持日常保洁，巡查人居环境、河道环境，开展义务清扫、绿色行动，保障了农村社区建设的长效管理工作。

4. 文化传承，持续推进乡风建设

杜村村的社区建设重视外在美与内在美的统一，内在美就是重村情、留乡根，保留乡村本来的自然风貌，尊重乡村的历史文化、民俗风情和人文特色。村里逐步打造了韩世忠纪念馆、农耕文化馆等村史小馆。依托白鹤"沪剧之镇"的一大特色，成立杜村村沪剧班，每周四下午开班学习交流。沪剧班除演绎经典曲目外，在指导老师的帮助下，骨干学员还结合美丽乡村建设、人居环境整治、垃圾分类、创全等工作热点，自排自演《歌唱杜村新面貌》《生活垃圾要分开》等原创沪剧。2012 年应村民群众需求组建村门球队，并利用门球场地承接各级门球等体育赛事。门球队坚持每周训练，并获得多项荣誉。在沪剧与门球的带动下，村民的生活方式更趋科学化、健康化，参与全民健身运动、文化活动的风气渐长，村民生活由于农村社区建设获得了全面提升，村民精神面貌和美丽的村容村貌相得益彰、相辅相成。

资料来源：乡间风光无限好，青浦杜村村打造特色农村社区［EB/OL］. (2021－02－09). https：//mzj. sh. gov. cn/2021bsmz/20210209/ccbb477d77ad4177 a7ea954b7f211b63. html.

（三）农村社区服务

由于我国农村社区和城市社区的发展建设存在较大差异，在具体的服务内容和方法上也有所区别。基于农业生产和农村社区的自身特点，我国农村社区服务工作可以从生产服务和生活服务两个层面开展。

1. 农村社区生产服务

农民以农业生产为主要生活来源，生产服务事关广大村民的经济收入和生活水平，因此促进农业生产是农村社区服务的重要内容之一。

（1）市场信息服务。农村社区居民的经济生产活动与市场供求、销售渠道等问题息息相关，亟须相关市场信息作为指导。为了满足不同农村社区的差异化需求，在开展市场信息服务时必须根据实际情况进行因地制宜的安排。在条件允许的地区，可以建立农村社区党群服务中心，借助服务中心的人才、信息优势，充分利用电视、广播和网络等媒体，提供如农药、种子、化肥、农机的购买信息和农产品的合法销售渠道。在条件有限的地区，乡镇政府和农业科技部门应发挥更积极的作用，如收集农业生产相关资料、定期公布农业科技与生产信息、开展科技下乡活动。村委会也应发挥上传下达的作用，一方面，及时将上级政府和有关部门的信息通过村广播、公告栏等方式公布；另一方面，应及时将当地的生产信息反馈给相关部门，供其制定政策时参考。

（2）知识技术服务。要实现高效的农业生产，必须依赖专业的农业技术指导。首先，要积极推动农业技术的普及与推广工作，以各地的农业主管部门、农业院校、农科院等机构为支撑，以各级农业技术推广部门为核心，进行农业技术推广服务，通过积极联系合作，推动先进信息、技术和人才向农村传播，促进农业科技成果的转化和应用。其次，举办科技知识讲座和培训班，邀请专家和技术人员进行考察，采取现场指导、集体授课、操作示范、经验交流、信息共享以及座谈会等多种形式开展知识技术教育。再次，给予本地乡镇企业和个体经营更多技术支持和信息资源，推动采用先进技术改造传统产业，引入现代企业管理理念，更新农村家族企业的经营方式，打通产品销售渠道。最后，对外出打工的农村劳动力，有针对性地开展美容美发、烹饪、电脑维修等基本技能培训，提升劳动力的技术水平，帮助他们更好地适应城市生活。

2. 农村社区生活服务

（1）养老服务。伴随着我国经济社会的发展，部分农村由于青壮年劳动力大量外出打工，传统的家庭养老如今已经不能满足现实养老需求。一方面，要用好现有的养老资源，加强养老院、幸福院、卫生室、老年活动广场等场地及设施的管理和运营。另一方面，要利用新型养老资源拓展新的养老服务领域，如创新组织机制，引入养老服务机构，开展生活照料、托养服务、医疗服务、精神服务等专业养老服务，满足老人多层次的养老需求。

部分农村社区受农村家庭养老功能不断弱化、市场化养老服务供给不足、老年人及其家庭养老服务消费能力较低等现实因素制约，可以发展灵活多样的农村养老服务模式。以乡村特有的社会关系为基础，依托乡村养老设施，以老年人之间的自助和互助为核心，以提升老年人交流沟通、促进邻里关系积极健康发展、满足老年人身心诉求为目标，这种互助养老服务模式对我国农村社区养老具有重要的现实意义。

2018年，中共中央、国务院印发《乡村振兴战略规划（2018－2022年）》，明确了农村养老的指导意见和措施：加强农村社会保障体系建设，提升农村养老服务能力，大力发展农村互助养老服务。

2019年，国务院办公厅印发《国务院办公厅关于推进养老服务发展的意见》，指出要破除发展障碍，健全市场机制，完善养老服务体系，优化养老服务供给。

2021年，《"十四五"民政事业发展规划》提出，加强基本养老服务，建立基本养老服务清单，同时在前期试点的基础上，加大家庭养老床位的建设力度。

2021年，北京市出台《养老服务专项规划（2021年－2035年）》，着力发展居家养老服务，通过增设家庭照护床位、推进居家适老改造工程、完善社区资源和服务体系、建立农村养老服务网络，将养老服务设施逐步向居家、社区、农村倾斜，为老年人提供便捷可及、品质较高的养老服务。

2022年，国务院办公厅印发《"十四五"国家老龄事业发展和养老服务体系规划》，推动老龄事业和产业协同发展，构建和完善兜底性、普惠型、多样化的养老服务体系，不断满足老年人日益增长的多层次、高品质健康养老需求。

【案例】2－4：

北京密云："邻里互助点"破解 农村独居老年人照料之困（节选）

北京市密云区，面临着农村"空心化"严重、养老服务机构难以全面覆盖等难题。2020年以来，该区探索建立"邻里互助点"养老服务模式，实现建设成本低、服务覆盖面广、与独居老年人"情感亲"、距离"离得近"、遇事"帮得上"，基本满足了独居老年人多种养老需求。

密云区农村人口老龄化趋势比较严峻。截至2020年底，全区60岁以上户籍老年人口为11.1万人，占户籍人口的25.19%，其中农村老年人口8.6万人，占农村户籍人口的25.66%。同时，近年来密云农村"空心化"趋势突出，近四分之三的老年人处于独居状态。2020年以来，密云区将志愿从事养老服务的村民家作为邻里互助点点位，在老龄化程度较高的十里堡、河南寨、东邵渠、高岭和不老屯镇，选择47个村，每村设置1至20个点位，共建成邻里互助点200个，为2000余位独居老年人和与重残子女共同居住的老年人提供日常关怀、紧急救助、家务帮助等多种服务，实现独居老年人身体健康有人关心、日常生活有人照看、疾病意外有人帮助。

河南寨镇河南寨村共有老年人820人，人口老龄化率达27.33%。因地处密云南部，与北京城区相对较近，村中大部分年轻人外出打工，老年人的日常照料成为难题。2020年，区民政局将河南寨镇列为试点镇，镇政府委托河南寨村1号幸福晚年驿站承担河南寨镇邻里互助点建设具体工作。河南寨村1号幸福晚年驿站在村里招募了20位热心公益、身体健康的村民，将他们的住所作为邻里互助点，各点位负责为邻近的长期独居老年人、与重残子女共同居住老年人和其他困难老年人提供服务，让独居老年人的生活有了保障。

资料来源：北京密云："邻里互助点"破解农村独居老年人照料之困［EB/OL］.（2021 - 12 - 31）. https：//www. ndrc. gov. cn/xwdt/ztzl/qgncggfwdxal/202112/t20211223_1309019. html.

【阅读材料】2－4：

北京河防口村：尝试驿站式农村养老

河防口村常住人口1670人，其中60岁以上老人329人，75岁以上的就有86人，老人的子女大都在城里上班，平常无暇照顾老人，最基本的做饭、安全都成了大问题。村"两委"班子看在眼里，急在心上，经多方努力，2017年建起了北京市首家农村养老驿站。

幸福养老驿站分上下两层，由原村委会改造而成，占地500平方米，内设食堂、棋牌室、图书室和住房。老人们在这里不仅解决了每天的早餐和中餐，还能看看书、做做操、聊聊天，填补儿女不在身旁的空虚。养老驿站还聘请第三方服务机构的护工们帮助老人进行康复、运动、心理疏导等活动。每天村里的老人相约来到这里，吃喝不愁，生活无忧。驿站还与老人每天保持联系，确保随时掌握老人动态。现在每天来驿站的老人已有90多人，他们在这里享受着村里无偿提供的服务。

"我今年75岁了，独身一人生活，要是自己做饭害怕磕着碰着，担心火忘了关。这个驿站真好，有饭吃，有伴儿说话，党的政策真是好。"村民邹老太指着电视里播放的两会新闻乐呵呵地说。

农村老龄化是一个严重的现实问题，困惑着大多数村庄。河防口村从解决老人最急迫的吃饭问题入手，将过去的村委会办公楼改造成养老驿站，每年安排6万元补助资金与有资质的养老机构合作，达到了老人满意、儿女安心、集体放心、企业收益、社会和谐的良好社会效果。村里每年还给老人发放 100 ~ 400元不等的补贴，建设公益设施解决老人住和行问题，通过集体的力量，看似困难的农村养老问题迎刃而解，乡村治理也找到了一个有力的抓手。"村民心情舒畅了，村里的各项事业也就好办了。"这是李小春书记发展乡村经济的一点心得。

资料来源：北京河防口村：尝试驿站式农村养老［EB/OL］.（2018 - 04 -16）. http：//www. journal. crnews. net/ncgztxcs/2018/dqq/bxwhdc/922829_20180416120225. html.

（2）便民生活服务。和城市相比，农村社区的便民生活服务往往有更强的农业特色，服务可以包括理发、修鞋、磨刀、便民超市、农资供应、农机维修、家电维修、医疗卫生、儿童托幼、日间照料等。社区以乡（镇）、村（社区）便民服务中心（站）为依托，及时收集村民的想法和诉求，真正打通基层治理的"最后一公里"，我国多地农村社区通过打造"15 分钟便民圈"，使村民享受到"服务零距离，办事不出村"，部分有条件的农村社区还开展了线上线下融合办事服务。针对高龄、残障等有困难的特殊群体，可以为其提供上门服务。在有条件的地区，也可以通过政府购买服务将社会工作服务机构等组织的专业服务延伸到农村。

（3）文化娱乐服务。农村社区文化娱乐服务发挥着弘扬传统文化、丰富农民精神文化生活等多重作用，然而农村社区相对于城市社区来说，文化生活比较单调。一方面，要建设完善的文化生活服务设施，依托村镇文化场馆、农业科技站和老年活动室等阵地，开展形式多样、喜闻乐见的群众性文化活动，如农民画展览、乡村音乐会、戏曲演出等，不仅有助于传承和弘扬传统文化，也能够增进村民之间的交流与凝聚力；另一方面，开展培训和宣传，为不同年龄、不同层次的村民进行相关法律、科技和文化知识的普及。社区还可以与当地政府相关部门加强联系，争取诸如"文化下乡""电影下乡"等活动，营造良好的文化氛围，提高农民的归属感。

【阅读材料】2－5：

三招破解农村社区治理难题

自成为全国首批农村社区治理实验区以来，黑龙江省哈尔滨市道里区四个试点镇的十个农村社区犹如涅槃重生：村民参与治理积极性更高，环境更加整洁美观，硬件设施明显提升，文化氛围更加浓厚，基层党组织作用越来越强，农村社区居民的获得感和幸福感明显增强。道里区如何解决久而不治的农村社区治理难题呢？主要有三个方面的举措。

1. 激发群众积极性，推行"网格协商＋管理"

早在实验之初，道里区就因地制宜，高标准谋划，制定了实施方案，并明确了目标任务。总体目标就是：有效激发群众说事、议事、主事的积极性，形成共建共治共享的农村社区治理新格局。

借鉴城市社区网格化管理经验，道里区探索出"网格协商＋管理"方式。在农村推行网格联系群众机制，建立网格管理制度，由村民代表作为网格管理员，镇政府工作人员作为督导员，村志愿者、党员、大学生、退役军人作为协管员，共设网格 1626 个，在管理和服务上实现了村不漏屯、屯不漏户、户不漏人，基本达到"小问题不出网格，一般问题不出村，重点问题不出镇"的目标。

让村民都参与进来，治理什么？商议什么？通过调研，道里区建立了多元参与的农村社区治理机制，如一本"民情账"、一个"微平台"、一个"监督制约"体系、一个"反哺帮扶"机制、一组"观察员"队伍等。同时，依托村民会议、村民代表会议等载体，探索采取议事会、村贤参事会、民主议政日等协商机制和包括道德议事会、红白理事会等在内的一套"村规民约"，各村坚持实行村"两委"联席会、"四议两公开"和"一约四会"等民主决策形式，为完善村民自治机制，推动农村社区协商制度化提供了内容保障。

2. 健全"三类组织"，完善"五项制度"

为了建设好保障机制，道里区把统筹城乡社区治理工作摆上重要日程。在工作谋划上，做到"七个纳入"，即纳入全区总体规划、为民办实事、代表视察、培训计划、领导目标考核、社区考核和财政预算。在工作推进上，做到"四个共同"，即共同研究、共同部署、共同检查、共同考核。在工作落实上，实行"333"工作法，即3级指标量化、3级工作承诺、3级督办检查。这些工作机制的量化，有力保障了农村社区治理工作的顺利开展。

通过不断探索，道里区在村民自治"三类组织、五项制度"建设方面下足了功夫。农村社区社会组织、议事监督组织、议事协商组织都搞得红红火火。社会组织主要是完善农村社区志愿服务站点布局，搭建社区志愿者、服务对象和服务项目对接平台，开展丰富多彩的社区志愿互助活动。议事监督组织主要是在农村推行网格联系群众机制，并成立村务监督委员会，形成监督制约体系。健全能人带领下的议事协商组织，包括组建议事会，涉及村民的事情，通过村民议事会来解决，实现群众自己的事情自己做主；组建村贤参事会，吸纳本村精英、外出精英、外来精英等，共同参与农村建设；组建红白理事会，认真贯彻执行各级政府的相关政策、法令和规定。这些组织与村"两委"密切配合，解决了很多突出问题，村民之间、村民与干部之间关系融洽，携手共进。

同时，道里区积极健全完善五类制度：管理类制度，包括建立健全网格化管理制度、民事调解制度、村务公开制度、红白理事会、村民道德评议会章程等。决策类制度，包括建立健全"四议两公开"管理制度、民主决策制度、村民代表会议制度、党总支（支部）议事决策制度等。监督类制度，包括建立健全村务监督委员会职责、村民询问质询制度、党风廉政监督员工作制度等。此外，还有各项村规民约制度和功能类制度。

3. "六步工作法"，确保自治链条完整

在实际工作中，道里区摸索出"六步工作法"，即巡访问事、"两委"提事、多方议事、协同干事、代表监事和村民评事，激发了村民自治活力，保证了各项制度的落实，为完善村民自治机制、推动农村社区协商制度化提供了方法保障。

道里区之所以走出一条村民自治新路，归结于想到了村民的心里，做到了实处，让村民尝到了甜头。村民自治能力的提升与乡村振兴的关键，在于村民参与意愿的增强，而村民的参与意愿很大程度上取决于其所参与的农村公共管理事务是否与他们的生活需要或利益密切相关。所以，提升村民的参与意愿，要挖掘村民的共性需要，要充分发挥党员、村民代表、村民网格员的作用，经常走访入户，了解他们关心的、需要解决的问题，及时交由"两委"解决并给予反馈、答复。比如，在走访中了解到社区公共环境卫生较差、青少年课后作业辅导缺少支持、老年人智能手机操作困难等问题，因为都是共性问题很容易引起村民的共鸣，搜集信息后进行协商解决时就会较容易地得到村民的支持与自觉参与。长此以往，村民从协商议事中尝到了甜头，满足了利益诉求，便会激发自身自治动力。

资料来源：三招破解农村社区治理难题［EB/OL］.（2021 - 10 - 15）. https：//www. mca. gov. cn/n132/n166/c45009/content. html.

任务四： 社区服务项目策划

子任务1 社区服务项目策划的流程

社区服务项目策划强调的是某项具体项目的计划，也就是项目的策划流程。根据项目生命周期理论，面向社区居民的服务流程，可以分为问题认识与需求调研分析阶段、目标界定阶段、服务方案的实施阶段、服务评估阶段。

一、问题认识与需求调研分析阶段

在这一阶段，认识需要解决的问题，主要是了解问题是什么、发生在哪里、影响到谁、何时发生、人们的感受程度。或者是确定要解决的全面性问题，理出形成该问题的"明确问题"，然后找出造成这些明确问题的原因，最后根据机构的资源情况，集中处理"明确问题"。在社区开展服务活动，无论面向哪类服务对象，在这一阶段开展需求调研与评估是必不可少的关键步骤。结合上文的社区居家养老服务，举例分析老年人的需求。

（一）以健康为主的强身健体需求

对于老年人而言，年龄的增长带来的是其生理机能的减退、免疫力的降低以及新陈代谢能力的下降，与之相随的则是各类疾病的发生，慢性病也成为伴随老年人的常见病痛。身体机能降低，自然会给老年人生活质量的提升带来很多痛苦。基于这种考虑，老年人更关注个人身体状况，对强身健体有很高需求。

（二）以沟通为主的社会交往需求

老年群体由于退出了职场环境，脱离了社会圈子，更渴望与他人建立良好的人际关系。老人在沟通过程中，可以表达自己的想法与需求，可以理解他人的观点与感受，也可以增进与他人的信任与理解，这可以让老人更好地享受晚年生活乐趣。当老年群体需要向家人或朋友寻求帮助与解决自身问题时，沟通是必不可少的手段。

（三）以兴趣为主的文体娱乐需求

随着物质生活水平的提高，身体素质好、文化层次高、爱好广泛的老年群体在文化娱乐需求方面有了更多追求。开展文化娱乐活动，有利于老年人发挥自身潜能，有利于提高老年人生活质量，有利于老年人增加对社会的关注，促进老年群体的身体与心理健康。

二、目标界定阶段

方案策划者要界定提供服务的"求助者或受影响人口"，设定服务目标。基于老年群体的需求，策划社区服务项目的目标可分为过程目标和任务目标。同时，方案策划者根据"明确性问题"安排目标的优先次序。目标优先次序的界定需考虑可拥有和可动员的资源、服务对象的发展阶段与特点、机构目标、问题的紧急程度、社会正义等。

（一）过程目标

第一，深入社区进行走访调研，了解社区内外部可用资源，征集老年群体对于社区养老的需求，收集整合资料，为后续服务方案的制定做好充足准备。

第二，挖掘和利用社区里的有效资源，促进策划方案的顺利实施。

（二）任务目标

1. 充分发掘社区的资源优势，实现多方联动

从老年群体社区养老需求出发，充分挖掘和利用社区的资源，实现以社区资源为依托、社区骨干为支撑、社工服务为保障的"联动"模式，共同促进项目的顺利推进。以社区资源为依托，主要在于利用社区的活动场地开展服务，为老年人参与活动提供便利，为方案的实施提供物力支持。以社区骨干为支撑，主要是指发掘社区的老年骨干力量，让他们成为志愿服务老师，参与到项目中来，为方案的实施提供人力支持。以社工服务为保障，主要在于社工统筹，作为服务的引导者角色，制订服务方案，在方案的具体实施中，总结存在的问题并进行方案的改进。三方之间，相互影响，相互支撑，多方联动，方能确保项目策划有效实施。

2. 充分释放社工的专业优势，吸引老年群体参与

老年群体有着较高的精神需求，但他们对于社区活动的参与度不够。各个社

区对于社区养老的关注度不够，活动开展的受益群体也不多。因此，社工要在社区内推进项目，首要问题是要吸引老年群体参与进来。这就意味着社工必须做好前期的项目宣传及招募工作，在各个社区内张贴活动海报，进行宣传。其次，社工还需要与社区合作，借用社区工作人员和社区骨干的力量，扩大招募活动的影响范围。社工走访各个社区，发放项目宣传页，诚邀老年人参与。最后，通过开展一系列活动，提升老年人的活动参与意识，培养他们活动参与的能力，以提升老年生活幸福感为最终目的。

3. 注重挖掘老年人的优势，培养组织管理能力

将老年人吸引到社区养老服务项目中去，并不是社工开展服务的终点，而恰恰是起点。社工通过项目的开展，一方面期望老年人的精神文化需求得到满足，为其晚年退休生活增添色彩；另一方面是将老年人看作一种优势资源，吸引他们参与服务活动作为最终目的，希望培养他们的组织管理能力。这样一来，不仅能够提升老年人的参与感，更能让他们在养老服务中找寻到退休生活的价值感和幸福感。让他们不仅仅是服务的接受者，同时也让活力老人参与到服务活动中去，成为服务的提供者。①

三、服务方案的实施阶段

社区服务项目方案的实施阶段又可以分为前期筹备阶段、中期实施阶段。

（一）前期筹备阶段

在这一阶段，具体有五项内容需要完成。

1. 确定服务对象

以上述案例中的社区养老服务项目为例，招募的对象可以包括社区领袖、社区居委会工作人员以及有代表性的老年人。面向社区服务对象，不同的服务项目，招募对象会有差异。

2. 制订各种可以实现目标的可行性方案

列出各种可能提供的详细的服务方案，并进行讨论，明确其限制性，找出可行的、有效率的和能够有效满足老年群体需要的服务方案。

① 任开琴. 社会策划模式下文化养老的社区工作研究——以郑州市 X 街道老年大学项目为例［D］. 杨凌：西北农林科技大学，2021：17 - 18.

3. 选择理想的可行方案

采用"可行性方案模型"的六个标准来筛选理想方案：一是效率，即资源投入和服务产出比；二是效果，即目标的达成程度；三是可行性，即方案的成功程度；四是重要性，即该方案是否不可替代且必须推行；五是公平，即该方案是否公平地提供给有需要的个人；六是附加结果，即方案对外界的目标以外的效果。

4. 决定资源需求和争取资源分配

社会服务方案在具备"经济上有效率""社会接纳"和"政治上可行"这三个特点之时，将会易于获得资源。

5. 制订行动计划

将服务方案细化为若干具有可操作性的执行目标，并考虑执行目标的优先次序、负责人、时间限制、资源分配等。

（二）中期实施阶段

1. 招募服务对象

通过走访辖区内志愿服务人员与社区老人，社工或社区工作者整合他们的需求，开启服务对象的招募工作。这样做的优势在于一是有助于替社工或社区工作者分担工作压力；二是有利于培养服务对象的组织策划能力。对此，可以成立招募工作小组，对分工进行讨论，保证招募工作顺利进行。招募过程中，要确定好活动主题、活动时间、地点与对象，对活动过程做好流程与规划；针对招募活动进行评估与反思。招募工作完成后，对参加志愿活动的老年人进行培训，对骨干人员进行培养，为今后开展活动打下基础。

2. 挖掘项目骨干

社工或社区工作者及时掌握参与人员情况，对招募的社区老人进行分类整理，根据他们的年龄、身份属性、参与类型、参与频率等进行分类，并通过持续服务开展及关系维护，从中挖掘到其中的骨干成员，并进行针对性的培育。还需要制定策略，以调动不同类型、层级的老人的参与动力，提升其能力，发挥更深、更远的服务效应，调动他们参与服务活动的积极性，带动与影响其他老人参加到活动中来。这里的社区骨干指在社区内具有一定影响力、一定行动力、一定专长，并且愿意参与社区公共事务的社区居民。

3. 开展服务活动

针对社区养老服务活动，分不同对象开展不同的服务项目。对社区中"空巢"老人应通过定期打电话、走访、探视等方式进行帮扶，在老人生病期间经常看望、关注，建立相应应急救助机制，在老人遇到意外情况时，能得到及时、快捷、有效的救助和帮助；对老年人求医问诊需求，主要为老年人提供疾病防治、陪同看病、康复护理、心理卫生、临终关怀、健康教育、建立健康档案等服务；对老年人的文体娱乐需求，为老年人提供学习与活动场所、体育健身设施和组织健身团队，组织引导老年人参加培训、书法绘画、知识讲座、图书阅览等活动，引导老人参加各类文体活动。

四、服务评估阶段

采用过程评估和效果评估来检验推行的服务项目是否按原计划完成，更重要的是评估方案活动达成目标的情况。其中，过程评估主要关注方案实施过程中服务对象情况、工作项目的完成情况、资源使用、经费支出以及方案执行是否如期进行等；结果评估主要评估方案实施后的效果。

（一）过程评估

在开展社区养老服务活动中，社工或社区工作者应在每一次活动开展过程中，对于活动的安排完成情况、报名人数、参加活动情况、活动达成度、参加人员的经验分享交流等环节进行总结和评价，这就是过程评估。在社区活动参与中，社工注重对老年人组织、策划能力的培养与提升；在社区活动策划中，社工对服务对象进行服务满意度的调查，邀请骨干成员说明参与活动的收获以及对活动的意见和建议，社工及时吸取经验教训，更有利于以后工作的开展。在整个项目的开展过程中，实现了以社区资源为依托、社区骨干为支撑、社工服务为保障的"联动"模式。通过这种方式的过程评估，社工制定的过程目标和任务目标即可以基本达成。

（二）结果评估

在社工服务项目结束时，进行服务效果的交流与分享可检验为老年群体开展活动的成果，了解老人参加此类活动的收获与感受，收集他们对社区工作者或社工开展服务活动的建议，这种以服务对象为本、研究服务对象发生改变的评价就是结果评估。规范的结果评估能确保社工服务质量，切实缓解和解决服务对象面临的困难，增强服务对象权能，向社会提供项目服务效果的可信证据，给项目出资方和社会公众作出交代。在社区养老服务项目评估中，由于服务对象具有多样性、主观性等特点，可从了解老年社工服务项目的预期目标、测量老年社工服务项目的结果、比较老年社工服务项目实际结果与效果基线三个阶段进行社区养老服务项目结果的评估。

子任务2　如何撰写社区服务项目书

社区服务项目书对于开展社区服务非常重要，可用于规划和组织社区服务项目。它不仅可以帮助社区工作人员明确目标和行动计划，还可以向政府部门、潜在合作伙伴与赞助商展示项目的可行性、科学性与价值性。在撰写社区服务项目书时，需要从以下方面考虑。

一、明确社区需求

在撰写社区服务项目之前，第一步要做的工作是深入了解社区的需求和问题。可以运用访谈方法，向社区居民了解他们的感觉性需求，用观察法探知居民的表达性需求，向专家咨询或政府评估得出社区居民的规范性需求，以及和居民深度交流了解居民的比较性需求。明确社区需求是确立目标、制订行动计划的基础。

二、设立具体目标

在社区服务项目书中，需要明确社区居民的目标。这里的目标必须是能够测量的，而且具有实现的可能。如社区的基础设施需要改善，在未来一年或两年内建成社区活动中心、完成社区居家养老服务中心，加装电梯完成率达30%等。具体而清晰的目标可以帮助组织者与合伙人更好地确定项目的进展情况以及最终成果。

三、拟定详细行动计划

行动计划是保证目标实现的具体步骤与时间安排。在社区服务项目书中，需要详细列出每步行动计划的活动内容、责任人和时间表。比如，拟定的目标是为老旧小区加装电梯完成30%，行动计划就要列出来一至两年完成的时间表，社区协助启动方案，为居民提供便利。详细而具体的行动计划有助于组织者更好地推进项目的实施。

四、考虑可持续性

社区服务项目还应考虑项目未来的可持续性，也就是说项目在资金的投入上、资源与人力的可持续发展能力上有无障碍。在撰写社区服务项目方案时，需要考虑项目的长期影响和可持续性措施。如人力资源方面，需要建立长期的合作伙伴关系，建立稳定的志愿者团队；项目要想长期持续下来，就要有稳定的资金来源等。

五、体现项目价值

社区服务项目书还应向潜在的合作伙伴、政府部门以及赞助商展示出项目的价值以及影响力。运用数据资料、成功案例等展现项目的成果和效益。社工可以提供过去类似的项目成功经验，体现自身的实力；也可以通过数据展示项目会给社区带来什么样的改变，产生怎样的影响。这种价值展示可以吸引合作者的兴趣，获得他们的支持。

六、强调格式与语言

社区服务项目书使用语言要注意简洁、明了，格式应符合规范和要求。使用标题得当、段落划分科学、列表呈现合理，通过这样的方式更好地展现项目书的规范性。对项目书的文字呈现应认真校对，确保不出现语法错误和拼写错误。规范的语言文字有助于提升项目书的专业性与可读性。

【案例】2-5：

五社联动　搭建社区高龄老人服务网

一、背景介绍

随着老龄人口规模的不断扩大，老龄化形势越来越严峻，高龄老人的养老服务问题成为城市社区为老服务的重要内容。同时社区在助老服务中发挥着越来越重要的作用，"五社联动"的提出，更是让社区能够统筹多方力量参与到助老服务当中，为高龄独居老人提供更加精准化、精细化的为老服务。

正弘山社区下辖三个居民小区，总人口 8330 人，其中 60 岁以上老年人 579 人，80 岁以上高龄老人 68 人，一直以来，社区两委将为老服务作为社区重点工作之一。2021 年 6 月郑东新区社会事业局通过政府购买社区社工站，原社区党群项目随即向社工站转型，同时接受办事处分配，将周边 5 个社区的 37 名民政对象（高龄老人 27 人）归到正弘山社区社工站，高龄老人服务数量达到 95 人。

经过社工的走访调研，对服务对象进行分类评级，将 19 名高龄独居、生活困难老年人划为一类重点服务对象，其他高龄老人列为二类服务对象，并计划以"五社联动"为服务模式，策划"心相伴，爱相随"社区高龄老人关爱服务项目。

二、分析预估

（一）确定需求

根据社工前期走访和深入服务，了解到辖区高龄老人存在以下几个方面需求：

1. 疾病预防与健康护理需求。大多数老年人都患有诸如高血压、心脏病、关节炎等各种慢性疾病，由于老年人们对预防保健、疾病治疗缺乏医学了解，对自身健康情况认识不足，因此需要疾病预防和健康护理等方面的服务。

2. 精神慰藉与陪伴需求。高龄老人身体机能逐渐衰退，没有子女陪伴使他们倍感失落，产生孤独感，情感无处倾诉，特别需要亲人邻里关怀和社会关怀，丰富精神世界。

3. 日常照护与生命安全需求。高龄独居老人独自居住，一旦突然发病或遇到意外伤害，身边无人照料，情况十分危险，迫切需要在日常的生活中能够有人观察和照料。

4. 其他需求。个别老年人存在生活困难、特殊照顾等个别化需求。

（二）需求分析

1. 老年人服务需求能够得到及时回应；

2. 老年人身心健康发展需要得到多方关注；

3. 需要构建和完善老年人非正式社会支持网络。

三、服务计划

（一）理论支持

1. 社会支持网络理论

社会支持网络指的是一组个人之间的接触，通过这些接触，个人得以维持社会身份并且获得情绪支持、物质援助和服务、信息与新的社会接触。依据社会支持理论的观点，一个人所拥有的社会支持网络越强大，就能够越好地应对各种来自环境的挑战。对那些社会网络资源不足或者利用社会网络的能力不足的个体，社会工作者致力于给他们以必要的帮助，帮助他们扩大社会网络资源，提高其利用社会网络的能力。在服务计划中通过党建引领，推进五社联动服务模式，联动社区资源，为高龄老人搭建服务支持网络，帮助老年人更好地应对来自老年生活的挑战。

2. 持续活动理论

持续活动理论又称为连续理论，属于发展心理学老化研究中的延缓或适应老化的理论。该理论更加注意的是老年人的个体性差异，它以对个性的研究为基础，认为个体延续性的行为模式更有利于老年人进入新的社会角色，感受到幸福和快乐。其中，积极活动理论认为社会活动是个体生活的基础，人到老年同样需要活动，适应老化基本原则是积极地与社会保持接触，继续以往的各种活动，在活动中获得积极的自我形象以及充实感与幸福感。在服务计划中，社会工作者策划了一系列社区活动，让服务对象走出家门，做适量运动、参与社会交往、增进朋辈支持，在持续不断的社会活动中积极适应老年生活，并在其中收获幸福与快乐。

（二）服务目标

1. 总目标

探索五社联动服务机制，有效回应高龄老人服务需求，通过多样化的服务行动关心关爱老年人群体，在社区范围内营造浓厚的敬老爱老助老氛围。

2. 分目标

（1）培育一支15人左右积极参与、乐于奉献的为老志愿服务队伍；

（2）老年人服务需求能够得到快速回应，回访满意度达到80%以上；

（3）五个板块服务活动能够有效实施，参与满意度达到90%以上。

（三）服务策略

1. 建立高龄老人服务档案，实现一人一档，将服务对象的家庭关系、经济状况、服务需求等逐步完善到服务档案中。

2. 建立分类评级机制。根据老人的居住、生活、需求等情况进行服务分类，一类重点服务对象为高龄独居、生活困难老年人，二类服务对象为一般高龄老人，做到精准把握服务对象需求。

3. 建立助老服务资源库，动员社会公益慈善资源参与到助老服务行动中，解决高龄老人个别化服务需求。

4. 发动热心居民，培育助老志愿服务队，并与社区社会组织相结合，整合社区楼栋长队伍、治安巡逻队、美食社等社区社会组织参与到助老服务行动中，促进内生养老互助系统的搭建。

（四）服务内容

通过五社联动，设定敲门行动、串门行动、社交行动、健康行动、暖阳行动五个板块服务（见表2-2），为高龄独居老人开展形式多样、内容丰富的关爱服务活动，将助老服务落到实处。

表 2-2　　　　　　　　　　　　　　五个板块服务内容

服务类别	服务目标	服务内容	量化指标
敲门行动	通过入户探访或者电访，建立与服务对象的信任关系，动态掌握服务需求	以入户探访或电访的形式开展，定期前往服务对象家中，关心老人生活、健康状况，陪伴老人，倾听老人诉求等	周五探访日，为老年人建立服务档案
串门行动	发动社区志愿者参与到串门行动中，增进服务对象邻里支持	于元宵、端午、中秋、春节等传统节日，进行主题探访、邻里关怀；组织志愿者依据传统节日主题，制作传统美食赠与老人，陪伴老年人过节日	每年志愿服务活动4场次
社交行动	促进服务对象参与社区活动，增进朋辈交往与支持	组织开展集体生日会、缅怀小组活动等，邀请有行动能力的老年人走出家门，增进朋辈互动与支持	每年集体生日会2次；每月小组活动2次
健康行动	促进服务对象提升自我健康保健意识	组织开展义诊进社区、趣味运动会、文娱活动等，引导老年人适量参与社区活动，活动筋骨，做好自我健康保健	义诊活动双月1次；每月趣味活动2次；每月文娱活动2次
暖阳行动	资源链接，解决老年人个别化需求	全年跟进，为有需要并符合服务条件的老年人提供个案或者个案管理服务	建立助老服务资源库；老年人服务需求解决率达到80%以上

四、实施过程

第一阶段，定期入户探访，保持良好服务关系，建立和完善服务档案资料。

本阶段是社会工作者与服务对象建立良好服务关系的重要阶段，社会工作者事先做好了充分的应对准备，包括入户预演、自我介绍、交谈询问、物资准备等。根据掌握的服务对象花名册，社会工作者开展入户探访工作，对于民政服务对象的高龄老人，初次探访须联络民政专干并在其带领下进行入户。社会工作者与服务对象面对面接触，可以实地了解服务对象生活起居情况、身体健康情况、家庭支持情况等，推介社工站关于高龄老人的服务内容，通过沟通与交谈，初步建立服务关系，并完成服务建档。根据对服务对象需求的初步掌握，参照分类分级的要求，继续开展定期的入户探访工作，补充和完善服务档案资料，与服务对象保持良好的服务关系，为下一步服务的开展奠定基础。

第二阶段，发动社区社会组织骨干、志愿者参与，培育为老志愿服务队。

本阶段是调动社区内部资源的关键阶段，有赖于前期社会工作者的实践探索和服务积累，美食社、手工坊、巡逻队、楼栋长队伍等社区社会组织骨干与社会工作者一直保持着密切的合作关系，这为社区社会组织参与助老服务提供了便利条件，不少社区社会组织骨干还以志愿者身份为服务对象提供节目表演、美食送祝福、走家串门等服务。经过社会工作者的广泛号召和动员，社区助老志愿服务队从最开始的几个人，逐渐增长到20人左右，活跃成员达到12人以上，开展专项助老志愿服务活动6次。社区巡逻队、楼栋长队伍在助老服务中也逐渐发挥支持性作用，社会工作者按照服务对象所在的楼栋与社区社会组织骨干、志愿者进行了对照划分，保证每个楼栋里的服务对象都有联系人，而楼栋长、巡逻队员及楼栋志愿者联系人可以将发现的动态情况及时报送给社会工作者，让服务对象的动态需求及时得到回应，如遇新增的高龄老人，也可以在第一时间进行探访和建档。

第三阶段，邀请服务对象走出家门，参与社区活动，增进朋辈交往。

依据积极活动理论，老年人积极地与社会保持接触，继续以往的各种活动，在活动中可获得积极的自我形象以及充实感与幸福感，所以本阶段工作的目的在于邀请服务对象走出家门，参与社会交往。在本阶段，社会工作者运用小组活动、社区活动这两种专业工作方法为服务对象提供服务，通过社会工作者的协调和组织，邀请服务对象参与集体生日会、缅怀小组活动等，让服务对象能够聚集在一起分享快乐，在互动沟通中增进朋辈交往，获得社会支持。喜闻乐见的康乐活动、趣味运动等可以让服务对象与社区居民一起参与互动，促进邻里交往，保持心态年轻化，在幸福快乐中度过老龄生活。在已经组织实施的服务活动中，服务对象都表现出积极的参与意愿，并在活动中享受快乐，容易满足。

第四阶段，借助社会公益慈善资源，建立助老资源库，开展个性化服务。

在本阶段工作中，社会工作者继续发挥资源链接者角色，根据掌握的服务对象需求，积极动员辖区内外社会资源参与到助老服务行动中。社会工作者事先拟定医疗资源、政策资源、文化教育资源、爱心企业及其他便民资源5个类别的资源种类，寻找与之相关的资源单位或个人，征询参与意向，初步确定5类13家资源，后扩展为8类15家以上，形成助老资源库，并制作资源手册。小浪底投资有限公司向社区捐赠定向助老慰问品，用于帮助生活困难的高龄老人；张仲景大药房医师上门为行动不便的服务对象义诊；慈善社工上门宣传救助政策等，都在为服务对象个别化需求提供帮助。在此阶段中，社会工作者向意向资源方明确表达服务要求，并对意向资源的资质、服务范围等进行筛选，就合作事项和内容保持良好沟通，确保目标一致，便于后期执行。

五、总结评估

（1）改善了社会工作者与服务对象的关系。通过第一阶段的定期入户探访，与服务对象进一步建立信任关系，了解社区内服务对象有95人，其中一类服务对象19人，并顺利为每位服务对象建立档案，进行资料保存。

（2）提升了服务对象的生活质量和提高了服务对象的身体及心理健康指数。对于老人的疾病预防和健康护理，社会工作者通过提供定期探访关怀、组织上门义诊、健康讲座等服务改善服务对象的身体及心理状况，提高服务对象对自身疾病和保健注意事项的认识和防护意识。

（3）增强了服务对象的社会支持网络。社会工作者通过开展老年人生日会、小组活动，邀请服务对象走出家门，让服务对象聚集在一起，增强了服务对象的社会支持网络，丰富了服务对象的精神世界。

（4）建立日常陪护机制。通过发掘志愿者，形成志愿者联动机制，对于无子女、子女不能陪伴身边或由于种种因素无法得到子女照顾的老年人，借助同楼栋多名志愿者的力量对本楼栋的服务对象提供多对一的贴心照护，服务对象可以在需要帮助时及时得到志愿者的回应和帮助，需求的及时性得到了满足，防止意外突发事件的发生。

（5）资源库的建立，为服务对象个性化服务提供了可能。五社联动模式的初步探索，一定程度上有效回应着服务对象的需求。

资料来源：郑州市郑东新区乐意社会工作服务中心 王梦菊

练一练

一、名词解释

1. 社区服务

2. 社区文化

3. 社区卫生服务

4. 社区志愿服务

二、简答题

1. 社区服务的特点是什么？

2. 面向社区特殊群体的社区服务有哪几种类型？

3. 社区党建的主要作用有哪些？

4. 简述社区文化的特点。

5. 简述社区志愿服务的特征。

6. 简述农村社区文化建设的途径。

三、论述题

1. 论述社区服务应坚持的原则。

2. 论述社区服务的功能。

3. 论述社区治安管理的任务。

4. 论述社区服务项目策划的流程。

项目三

社区重点人群服务

【学习导引】

大家好！欢迎来到《社区治理》课程项目三。本部分我们学习社区为老服务的基本概念、指导思想、工作原则、内容与形式、运作模式、实现途径以及发展趋势；学习社区青少年服务的内涵、内容及方法、常见的社区青少年服务项目；学习残疾人社区康复服务、社区优抚安置服务、社区矫正人员服务和社区特困人员服务相关内容。

【思维导图】

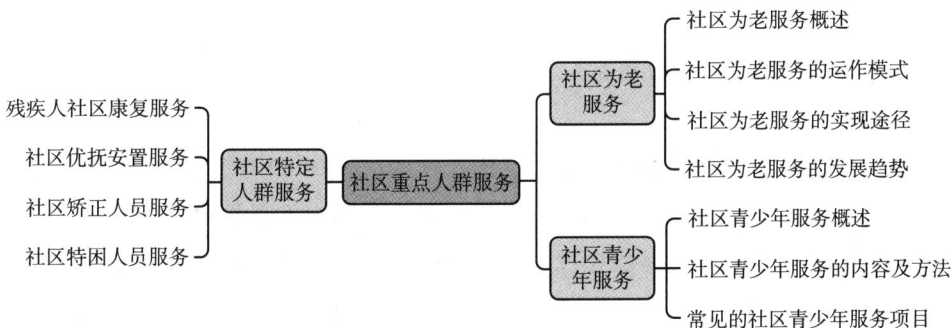

【教学目标】

1. 通过学习社区为老服务、社区青少年服务、社区特定人群（残疾人、优抚对象、特困人员、矫正人员）服务的内涵，你将能够说出针对社区重点人群服务的侧重点，并能认识到其重要性与现实意义，学习国家和地方政府关于社区为老服务法规政策、社会优抚相关法律政策规定、残疾人保障与康复法律法规、特困人员救助供养法律法规，以及《中华人民共和国社区矫正法》《中华人民共和国家庭教育促进法》等法律法规内容，增强自身法治意识和制度自信。

2. 通过学习与分析社区重点人群的不同特点，关注老年人、青少年、残疾人、优抚对象、特困人员、矫正人员等特定人群，你将能够发现不同服务对象的特殊性，整理出针对不同人群服务时的注意事项，塑造自身关注弱势群体、"以人为本"的人文情怀，增强"为民服务"的敬业精神与社会责任感，提升服务工作的温度。

3. 通过学习社区重点人群的服务内容与地方实践案例，如北京市社区养老服务驿站、山东荣成"海螺姑娘"在分散供养特困人员方面的创新实践等，你将能够归纳面向重点人群的社区服务方法，激发自身的探索精神和实践创新意识以及积极寻求有效解决问题的能力，设计出具有可操作性的工作指南或服务方案，提升工作效率和服务对象满意度。

任务一： 社区为老服务

子任务1 社区为老服务概述

一、社区为老服务的概念

社区为老服务是指政府和社会力量依托社区，为社区中的老年人提供生活照料、家政服务、康复护理、心理关怀等满足老年人需求的各种服务。

社区为老服务的本质是依托社区资源帮助老年人实现居家养老，是传统家庭养老的重要补充和支撑。作为家庭养老与社会养老相结合的一种新型养老模式，社区为老服务体现了国家、社会和家庭共同承担养老责任，是我国发展社区服务、建立养老服务体系的一项重要内容，可弥补家庭养老、机构养老的短板，兼具家庭养老、机构养老的优势。

相较于家庭养老，社区为老服务可减轻家庭养老负担，弥补家庭照料功能衰退形成的不足。相较于机构养老，社区为老服务更加符合我国传统文化，让老年人仍处于熟悉的原有生活圈，"不离家、不离亲人熟人、不离熟悉环境"就可以享受到相对专业的服务。社区为老服务的综合优势在于：一是和家庭养老一样具有地缘、人缘、亲缘等传统优势；二是具有机构养老互助性特点；三是能通过整合社区资源，提供相关就业岗位，实现老年人养老和产业双赢。

二、社区为老服务的指导思想与工作原则

（一）指导思想

以习近平新时代中国特色社会主义思想为指引，以"老有所养、老有所医、老有所为、老有所学、老有所教、老有所乐"为目标，以保障失能老人和特殊群体老人为重点，坚持社会福利事业社会化的改革发展方向，积极构建政府主导、社区参与，以居家养老为基础、社区照料为依托、机构养老为补充，多层次、多类型的社会化养老服务体系；引入社会资源，鼓励养老服务市场竞争，从而为老年人提供周到、便捷、高效、体贴的专业化服务，不断提高社会福利服务的整体水平，促进养老服务业的健康发展。[①]

（二）工作原则

1. 坚持政府主导与社会力量参与相结合

政府主导确保了为老服务的基本方向和政策保障，通过制定法规、政策和资金扶持，为老年人提供稳定、可持续的服务。社会力量的参与则能够丰富服务内容，提高服务的针对性和灵活性，通过引入市场机制，激发创新活力，形成多元化的服务供给。

2. 坚持政府购买服务与市场化运作相结合

政府购买服务能够确保基本公共服务的普及和均等化，特别是对经济困难或特殊需求的老年人，提供必要的保障。市场化运作则能够通过竞争提高服务效率和质量，满足老年人多样化、个性化的需求，推动服务创新和升级。

3. 坚持以满足老年人实际需求为工作导向

这一原则强调服务的针对性和实效性，要求深入了解老年人的实际需求，包括生活照料、医疗护理、精神慰藉等方面。服务内容和方式应紧密结合老年人的生活实际，确保服务能够真正解决实际问题，提高老年人的生活质量和幸福感。

4. 坚持专业化为老服务与社区志愿服务、邻里互助相结合

专业化服务能够确保服务的专业性和规范性，通过专业的知识和技能为老年人提供高质量的服务。社区志愿服务和邻里互助则能够营造和谐、温馨的社区氛

---

① 黎岷，于文涛，钟英红，等. 社区管理与服务操作手册［M］. 北京：人民邮电出版社，2021：32－33.

围，增强老年人的归属感和安全感，同时也能够缓解专业服务资源的不足。

5. 坚持统筹规划与分类指导相结合

统筹规划能够确保为老服务的整体性和协调性，通过制定全面、系统的规划，明确服务目标、任务和措施。分类指导则能够根据不同地区、不同老年人的实际情况，制定更具针对性的政策和服务方案，实现精准服务，确保服务的公平性和有效性。

三、社区为老服务的内容与形式

社区为老服务以"立足社区、面向老人、专业服务"为基准，提供包括生活照料、家政服务、康复服务、日托服务、心理咨询、精神慰藉、临终关怀等在内的服务。服务形式包括上门进行个案服务和发展社区老年人日间服务机构，对老年人进行综合性的集中照料服务。

随着社会的不断发展，老年人的需求日益丰富，服务的内容与形式也在不断拓展，总结起来主要包括四个方面：

(一) 老人到社区接受服务

一是依托日间照料中心、长者照护之家、社区养老服务中心等形式的社区养老服务机构，为老年人提供全托、日托、临托等集中照护的社区托养服务，服务内容多为生活照料、助餐助行、精神慰藉等基础性养老服务；二是依托社区卫生服务中心、护理站等，为老年人提供医疗、康复、护理、体检等医养结合服务。

(二) 社区上门服务

依托居家养老服务中心、家庭养老照护床位等形式，为老年人提供上门服务，服务对象多为失能、半失能老人。

(三) 为家庭照顾者提供服务

为家庭照顾者提供如照料技能培训、辅助器具租赁等服务。

(四) 环境适老化改造服务

针对社区、家庭等范围的环境设施进行适老化改造。

由于各地实践差异，不同地方的具体服务项目侧重点会有所不同，但都要围绕老年人的特点及需求开展，以上海市为例，依据功能分类，《上海市社区嵌入式养老服务工作指引》将社区养老服务分为通用服务和个性化服务，前者设置包括专业照护类、助餐服务类、医养结合类、健康促进类、智能服务类、家庭支持类、养老顾问类、精神文化类 8 大类 24 个服务项目；后者个性化服务包括但不限于老年认知障碍社区干预服务、家庭生活服务、老年优待服务、法律咨询与维权服务、老年社会参与服务等。同时针对上门提供的居家服务，上海市推出"10＋X"服务项目，包括生活护理、助餐、助浴、助洁、洗涤、助行、代办、康复辅助、相谈、助医以及个性化服务等内容。[①]

子任务 2　社区为老服务的运作模式

根据各地实践经验，目前社区为老服务主要运作模式有以下几种。

一、政府主导：公建公营模式

这种模式是指完全由政府投资建设并负责管理及运营，一般是自上而下由各级政府、街道和社区运用行政力量推动养老服务。

优势：体现了政府公共服务供给的责任担当，能够从上而下得到各级部门及领导的重视，达到政策切实落地的效果。

不足：严重依赖政府出资的福利性养老机构不仅会增加政府的财政负担，同时存在着服务供给效率不高、养老服务流于形式等问题，无法满足人民群众快速增长的养老服务需求。

二、政府与社会力量合作：公建民营、民办公助模式

这种模式是当前我国多地主要采取的为老服务运作模式。

公建民营：一般由政府通过承包、委托、联合经营等方式无偿提供养老服务设施，并委托社会机构运营，政府负责监督和考评。

民办公助：由社会力量自备房源，自主投资建设，自主运营管理，而政府则给予适当资助。

---

① 上海市社区嵌入式养老服务工作指引［EB/OL］.（2020－08－13）. http：//www. shanghai. gov. cn/nw12344/20200813/0001－12344_63121. html.

引入社会力量参与养老服务具有显著优势，也有不可忽视的缺点，政府与社会力量合作的优缺点如下：

优势：引入社会力量参与社区养老是缓解政府压力的有力途径，对于致力于养老产业的企业、社会组织等社会力量而言，由政府投资进行基础设施建设，可以大大减轻企业的资金压力，使其能够更加专注于输出技术、标准、团队等服务。

不足：一是目前多为各地的实践探索，在制度保障上不够完善，对于可能存在的风险控制防范不足；二是资金来源渠道单一，非营利性和福利性的双重属性下，社区为老服务设施的运营高度依赖于政府补贴，容易造成"资金不足——服务质量下降"的恶性循环。

三、社会力量主导：民建民营模式

"民建民营"模式强调社区为老服务机构的规划、建设、运营以及所有权主体为非政府的社会组织、机构或个人，属于民间自发建立和运营的完全市场化的社区为老服务机构，多以营利为目的。各类大型养老机构多为此模式，并基于原有机构养老业务向社区养老拓展，以连锁化、品牌化为主，同时也有很多社会组织承办。

优势：一方面大大缓解了政府对养老机构与设施投入的压力；另一方面能够有效回应社区居民多样化需求。

不足：一是前期投入成本较大，过程运营也充满风险，政府监管也存在部分困难；二是市场化运营易背离公共性初衷，导致社会道德风险挑战。

子任务3 社区为老服务的实现途径

一、建立社区公共托老中心

建立社区公共托老中心，白天该中心通过交通车将失能、失智的老人接至公共托老中心接受专业的照顾服务，晚上再将老人们送回家享受天伦之乐。这样既解决了家庭养老的困难，又能满足老年人对家庭的需要。

二、建设综合养老服务平台

综合养老服务平台可以整合和链接各类养老服务信息，涵盖养老服务的需求、项目、设施以及政策等综合数据，方便社区居民查询行业内容及服务信息，从而有效服务于社区居民、服务机构及相关管理部门，实现包括家政服务、助餐配餐服务等在内的社区为老服务的接入受理、服务管理、评估监督等功能，通过信息化手段链接服务需求和供给，推动社区智慧养老建设工作。①

三、建立和完善"社区为老服务网"

利用"互联网＋"为居家老人提供多元化、全方位的养老服务项目，让长辈们通过电话或网络，就能足不出户地定制多元化的便捷服务。制作完整的社区为老服务手册，引导社会认知，解决服务供给与群众需求脱节的问题。

四、推动养老设施融合共用

统筹社区公共服务设施布局空间，推动养老设施融合共用、功能复合利用、效应放大叠加。例如，部分城市依托社区物业将党建、文化、医疗、养老等场所就近或联合设置，由社会组织运营，打造成托养、日间照料、长者饭堂、医养结合四位一体的养老服务综合体。

五、重视培养高素质的老年护理人才

多途径、多渠道培养老年护理人员，建设高素质的老年护理人才队伍。鼓励优秀执业医师和执业护士到养老机构轮岗服务。养老服务机构可聘任和引进医生、护士、康复治疗师等专业技术人员，以提升服务品质。

六、加强对社区养老服务人员的专业培训

社区养老服务人员应定期接受在职训练、继续教育和职业道德教育，以提升自己的专业能力。

七、鼓励社会各界支持社区和居家养老

社区为老服务必须整合企业、社会、家庭、个人等多重力量，具体可以采取

---

① 黎岷，于文涛，钟英红，等. 社区管理与服务操作手册［M］. 北京：人民邮电出版社，2021：36－38.

以下做法。

（1）引导慈善公益组织与养老服务协同发展；

（2）动员老年人走出家门，享受一站式社区居家养老服务；

（3）推行邻里互助，实施"老伙伴"计划，鼓励低龄老年人结对帮扶高龄老人；

（4）搭建"社工＋护工＋义工"的专业服务队伍，为行动不便的老年人提供上门服务；

（5）定期关怀探视老年人，为老年人提供精神、物质和法律等方面的帮助。

【案例】3-1：

上海：徐汇15分钟"敬老服务圈"，让这里的老人全方位享受养老

2019年11月，上海出台《上海市社区嵌入式养老服务工作指引》，着手推进各街镇"15分钟服务圈"布局，重点建设集日托、全托、助餐、辅具推广、医养结合等功能于一体的"枢纽型"社区综合为老服务中心。

徐家汇街道通过不断建设与完善社区养老服务设施，建设了功能丰富的"邻里汇"，养老服务、健康管理、文娱场所、阅读教育，一应俱全，其中有社区会客厅、茶坊、多功能活动室、助餐点、助浴点，更有老年日间照护中心，同时吸引社会主体多方位参与，满足老人的需求。徐家汇街道所打造的家门口品牌服务站点"邻里汇"通过创设特色服务、凝练文化品牌、构建资源平台，让老人们生活得更舒心。社区托养、医养结合、家庭支持、生活服务等"一站式"多点的5＋15综合为老服务网格，15分钟"敬老服务圈"初步形成。

资料来源：15分钟"敬老服务圈"，让这里的老人全方位享受养老［EB/OL］.（2021-12-09）. https：//m. thepaper. cn/batjiahao_15773739.

【案例】3-2：

新型养老火了，"时间银行"上线！

随着人口老龄化的加剧，养老压力逐渐加大，一种名为"时间银行"的新型互助养老模式日益受到人们的关注，逐渐成为各个地方积极探索的养老模式。

早在 2018 年上半年，民政部就明确将"时间银行"纳入全国居家社区养老服务改革试点范围，并争取在其基础上做到全国推广。近年来，北京、上海、杭州、南京等地相继引入"时间银行"社区养老概念，重庆、成都、遵义等多地也积极探索这种养老模式。《北京市养老服务时间银行实施方案（试行）》于 2022 年6 月 1 日起实施。该方案提出，经培训后，年满 18 周岁、身心健康的本市常住居民都可成为志愿者，并在"时间银行"建立个人账户，每服务 1 个小时可获得 1 个时间币并存入账户。"时间币"可以用于兑换相关养老服务，积攒 1 万个时间币可以入住公办养老机构。志愿者既可以在 60 岁以后兑换相同时长的服务供本人使用，也可以赠送给直系亲属，还可以向平台捐赠，为有需要的老年人二次分配。设立时间银行的目的就是鼓励和支持全社会为老年人提供志愿服务，并推动服务中产生的资源在个人、家庭、社会间形成可持续的循环。

资料来源：哈九智慧. 新型养老火了，"时间银行"上线 [EB/OL]. (2022 - 07 - 29). http：//www. news. sohu. com/a/572607644_121278299.

八、部门联动深化社区居家养老事业信息应用

建立健全老年人状况统计调查制度，建立社区失能、半失能老年人生活状况跟踪监测信息数据库，探索开展涉老大数据建设，促进社区居家养老工作信息互联互通。

子任务 4　社区为老服务的发展趋势

2019 年 8 月，民政部、财政部确定 54 个市（区）为第四批中央财政支持开展居家和社区养老服务的改革试点地区，这标志着社区居家养老的探索改革进入扩大试点阶段。从目前的试点情况看，社区居家养老在养老服务资源挖掘、整体运作和有效供给等方面均有很大的提升空间。未来，社区养老服务将呈现以下发展趋势。

一、基本养老服务和提供多样化服务相结合

1. 保障基本养老服务

社区居家养老应做到为老年人提供 24 小时全托、临托、日间照料及"助餐、助浴、助洁、助行、助医、助急"等居家上门的养老服务，让老年人能够在熟

悉的环境中就近就便养老。

2. 保障特殊老年人的养老服务需求

经济困难的低保、特困老人，失能失智、患病、残疾老人以及空巢、失独、孤寡老人等应是社区居家养老服务重点关怀和长期照护的群体，需要建立养老服务清单，提供养老服务补贴，由政府购买服务，引入专业化社会组织为老人提供专业的养老服务。

3. 提供多样化的社会养老服务

老年人的需求具有多样化特点，需要发挥社会力量在提供养老服务方面的主体作用，为老年人提供方便可及、价格合理的各类养老服务和产品，提升老年人的幸福感。

二、政府购买服务精准化

根据服务对象的特点和实际情况，政府购买养老服务将着眼于满足老年人基本养老服务需求，合理配置各种为老服务资源。

三、服务提供商品牌化、连锁化

社区居家养老服务具有覆盖面广、契合传统的养老文化、成本低、效率高等优势，但也存在着资金投入不足、政策引导力度不够、专业化水平不高、专业人才短缺、社区养老设施设备不完善、老年用品品类不齐全、服务市场不成熟、老年人消费意识不强等困难与问题。通过走品牌连锁化运营之路，社区居家养老服务企业才能实现健康、可持续发展。品牌连锁化运营既符合国家相关政策、顺应行业发展趋势，也有利于企业做大做强。

四、为老服务智能化

社区居家养老智能化趋势已经势不可当。用智能化手段为老年人提供日常生活资讯、健康管理、安全监控和精神慰藉等服务是目前社区居家养老服务的发展方向。运用物联网、可穿戴设备和远程医疗等技术能够为老年人养老提供"人力做不好，人力做不到和人力不愿做"的服务，能够以较低成本实现更高品质的养老服务。

五、医养结合

2022年2月国务院发布的《"十四五"国家老龄事业发展和养老服务体系规划》明确了加快健全居家社区机构相协调、医养康养相结合的养老服务体系。提升居家社区医养结合服务能力，让老年人老有所养、老有所医也是健康老龄化的重要体现。

六、居家—社区—机构养老一体化

在构建居家社区机构相协调的养老服务体系背景下，居家社区机构养老一体化发展成为重要趋势，主要体现为社区嵌入式养老。

七、物业服务＋养老服务

2020年《住房和城乡建设部等部门关于推动物业服务企业发展居家社区养老服务的意见》提出"探索物业服务＋养老服务"居家社区养老模式，可以解决服务地点问题，还能在一定程度上解决现阶段养老人才短缺的问题。

社区为老服务的未来有很大发展空间，但不可否认同样面临着发展难点，如服务供需结构不平衡、运营成本高利润空间小、专业人才短缺且流动性大、标准规范制度体系不健全、农村社区居家养老服务发展滞后，以及应对不可控风险的能力不足等。

任务二：　社区青少年服务

子任务1　社区青少年服务概述

一、青少年的界定、特点与需要

（一）青少年的界定

世界卫生组织将青少年的年龄范围确定为10～19岁，我国官方对青少年群体的年龄没有统一的界定。综合各种文献资料来看，我国一般认为青少年是介乎儿童和成年之间的过渡期，它属于生命周期中的一个重要转变期，是个体生长迅速且具有很大潜力的时期，同时也是面临较大危险，受社会环境强有力影响的时期。

从狭义层面来说，社区青少年服务的对象主要指失业、失学、失管青少年；从广义层面来说，社区青少年服务对象指的是社区内所有的青少年，我们这里所说的即是广义上的青少年。良好的社区环境可以对青少年的健康成长起到积极的影响，因此，社区应和家庭、学校一起，共同为青少年的成长提供良好的空间。

（二）青少年的特点

1. 生理特点

第一，身体体型变化速度快，表现为青少年身高和体重的突增；第二，机能健全，表现为青少年心血管系统和呼吸系统的发育；第三，神经系统的发达，表现为脑和神经系统的发展；第四，性成熟，表现为第二性征发育的成熟以及个体性生殖器官的形态发育、功能发育的成熟。

2. 心理特点

第一，自我意识发展迅速。通过与父母或老师"抗争"获取独立感和自由感，通过勤奋学习和广交朋友获取自信心和自尊心；第二，认知力旺盛。随着年龄的增长，青少年的观察力、想象力、记忆力也不断增强，使得其接受新鲜事物速度极快；第三，情感丰富且不稳定。在各种压力的影响下，青少年情绪具有爆发快、强度大、紧张程度高、稳定程度低等特点。

（三）青少年的需要

1. 依附性需要

一方面，青少年需要通过各种努力获得相应的社会资格和必备的能力；另一方面，青少年尚未完全独立，无论在物质上还是精神上都对成人有一定的依赖。

2. 集群性需要

青少年大多对独立和自主有着强烈的愿望，而处于权威地位的家长往往不愿或不敢放手，于是，青少年开始"逃离"家庭，逐渐地把注意力转向同辈群体，渴望自己能被同辈群体接纳、认同和支持。

3. 学习性需要

青少年对未知世界有着强烈的好奇心，网络媒体资源丰富了青少年获取信息的渠道，然而青少年缺乏对未知世界的深刻认识，再加上自控力低下和是非观念薄弱，极其容易被媒体左右，导致青少年的学习具有明显的现代传媒导向特征。容易对网络、电脑、电视、手机形成依赖甚至成瘾，影响身心健康。

4. 自我同一性需要

自我同一性是一种关于我是谁、我想干什么、我能干什么、我会成为什么样的人等的一系列感觉。自我同一性成功，则找到定位，逐步稳固人生观、价值观和生活观，顺利地过渡到成年期；自我同一性失败，则对自己缺乏清晰的、稳定的同一感，就会深陷迷茫、混乱和自卑的深渊。

二、社区青少年服务的概念及功能

（一）社区青少年服务的概念

社区青少年服务就是以调动包括青少年在内的社区居民参与为重点，以营造社区内青少年健康成长发展环境和引导青少年在力所能及的范围内与社会形成互动为工作目标，动员一切社会资源，服务于青少年，促进社区健全发展。[①]

由此可以看出，社区青少年服务是社会工作的一种介入手段，通过服务可以为青少年个体或群体解决实际问题，促进其健康成长；也是综合社会建设的一种方式，需要多方力量和资源的参与；体现了社会工作"助人自助"的核心理念，通过提供服务赋能青少年，进而使其有足够的能力积极主动地参与到社区建设与管理之中。

社区青少年服务以青少年发展为中心目标，坚持"教育—组织—服务"三位一体的根本原则，关键点是积极促进青少年的全面参与。

（二）社区青少年服务的功能

1. 助推青少年道德水平提升

社区工作者进行德育工作，相较于学校和家庭德育教育，在教育方式上更加开放灵活，融入公共服务和社区文化活动之中，潜移默化地影响青少年。

2. 促进青少年社会化发展

社区工作者设计丰富多彩的志愿服务项目，吸引青少年参与社区活动，可以

---

① 黎岷，于文涛，钟英红，等. 社区管理与服务操作手册 [M]. 北京：人民邮电出版社，2021：48.

培养青少年奉献爱心的可贵品质，可以塑造青少年的世界观、人生观和价值观，可以提升青少年的自尊心和自信心，可以促进青少年建立社区意识、参与意识、民主意识，鼓励青少年参与社区建设，成为社区服务的志愿者。

3. 助力青少年综合素质提升

利用各种资源，创设丰富的活动内容和形式，培养青少年的团体性格及团队协作能力，引导青少年学习人际沟通技巧，并增强其适应社会的能力。营造青少年成长的社区环境，旨在提升社区青少年综合素质，以便青少年在社区活动中发挥自身的聪明才智，实现德智体美劳全面发展。同时，协助青少年有效地选择职业，帮助并且使得他们通过社区的活动来体会各种职业的特性，以此了解符合自己性格、兴趣的职业，提前做好职业发展规划。

子任务 2　社区青少年服务的内容及方法

一、社区青少年服务内容

社区青少年服务内容涉及德育服务、人文素质拓展服务、社会公益实践服务以及帮扶维权、援助服务等多个方面，这里我们根据服务的性质将社区青少年服务分为发展性青少年社区服务、预防性青少年社区服务、治疗性青少年社区服务三个方面。

（一）发展性青少年社区服务

发展性青少年社区服务是指针对青少年的生理、心理和社会发展需要而提供资源，协助其正常发展而开展的发展性青少年社会工作服务，主要内容包括以下方面。

（1）开展社区青少年教育服务。如道德观教育、法制教育、身心健康教育、价值观教育等；

（2）举办并设计各种活动，使青少年学习并建立正确的人生目标，养成做事负责任的态度，培养其领导及创造能力；

（3）提供国内外时事信息的服务，使青少年了解世界发展的趋势，并明确自己所应扮演角色；

（4）提供青少年发展中所需的生理、心理、情绪、行为、人际交往、社会适应等各方面的知识性辅导服务，增进对人际关系、法律常识、性教育、生理保健知识的理解；

（5）提供就业信息及就业辅导服务，以拓展青少年的就业能力等；

（6）提供青少年闲暇场所，开展各种青少年康乐活动、课业辅导、托管服务等。

（二）预防性青少年社区服务

预防性青少年社区服务是指针对青少年个人及其家庭、学校、社区现状而开展的预防性服务，通过各类服务，对一些潜在的、阻碍社会功能有效发挥的情境进行早期发现和控制，主要内容有三方面。

（1）改善青少年家庭生活环境。提供青少年父母亲子教育服务等，以增进父母教导青少年的技巧。

（2）改善青少年学校生活环境。加强学校对不适应学业的学生的学习辅导、技艺训练，发展补充性课程及相应活动。随着"双减"政策的实施，各中小学纷纷推出课后延时服务，这有助于学生合理安排自己的作业时间，也缓解了父母管理孩子的压力。

（3）改善青少年社区生活环境。加强社区各组织在青少年服务工作中的合作，整合各类资源，为青少年发展提供良好的社会支持。

2022年1月1日开始实施的《中华人民共和国家庭教育促进法》分别对家庭、学校、社会层面在未成年人教育方面应当履行的责任进行了规定，未成年人的父母或者其他监护人负责实施家庭教育，国家和社会为家庭教育提供指导、支持和服务。建立健全家庭学校社会协同育人机制。居民委员会、村民委员会可以依托城乡社区公共服务设施，设立社区家长学校等家庭教育指导服务站点，配合家庭教育指导机构组织面向居民、村民的家庭教育知识宣传，为未成年人的父母或者其他监护人提供家庭教育指导服务。

（三）治疗性青少年社区服务

治疗性青少年社区服务是指针对已经发生问题的青少年的个人、家庭、社区环境的不良因素而提供的治疗性服务，主要内容包括五个方面。

（1）提供就学或生活补助，以帮助有困难家庭的青少年正常成长；

（2）提供被忽略或虐待的青少年的保护服务；

（3）提供安全保护、收容服务及不适合家庭居住的青少年安置服务；

（4）提供在身体、情绪、精神等方面功能失调，以及社会人际关系不良等方面的治疗性服务；

（5）提供犯罪青少年及过失青少年的矫正服务等。

二、开展社区青少年服务的方法①

社区是青少年聚集的重要场所，社区青少年服务涉及许多不同的内容。社区工作者在开展社区青少年服务时，可遵循以下程序和方法来进行。

（一）对社区内的青少年进行需求评估

对社区内的青少年进行需求评估和相关问题研究，考查青少年的基本需求、特殊需求和现存问题，对这些需求进行排序，这样可以在社区资源有限的情况下满足青少年最紧迫的需求。

（二）争取资源，为青少年建立活动场所和学习环境

在社区内建立青少年服务中心、学校、图书馆、体育馆、少年宫、博物馆、四点半课堂等，逐步改善环境，扩大机构规模，让他们有更多机会去学习和丰富课余生活。

除了实体资源，我们还可以拓展更多其他形式的路径，通过线上热线、线下服务的形式为青少年提供丰富多样的服务。

【案例】3-3：

广西南宁市12355青少年服务台志愿服务为中考生减压

中国青年报客户端讯　7月16日下午，广西南宁市12355青少年服务台志愿者来到北湖北路学校，为该校400多名初三学生开展减压活动。活动通过案例分析、情景模拟、技巧讲解、现场体验等方式帮助中考考生缓解压力。此次活动是南宁市12355青少年服务台今年的最后一场中考减压活动。

中高考减压活动是共青团南宁市委、南宁市12355青少年服务台持续多年的品牌活动之一，每年会根据不同学校、不同考生需求设计不同的服务内容。针对

---

① 黎岷，于文涛，钟英红，等．社区管理与服务操作手册［M］．北京：人民邮电出版社，2021：49-51.

今年疫情的特殊情况，该服务台根据南宁市考生的心理状态，多措并举帮助中高考学生减压。截至目前，活动主办方今年已通过线上线下的方式开展了中高考减压活动共计 16 场，覆盖 9000 多名学生，为考生的心理健康保驾护航。

资料来源：南宁市 12355 青少年服务台志愿服务为中考生减压 [EB/OL]. (2020 – 07 – 17). https：//baijiahao. baidu. com/s？id = 1672451411014529954&wfr = spider&for = pc.

（三）加强宣传教育，争取广泛支持

"幼吾幼以及人之幼"，让社区居民都重视青少年的需求和成长，设计合适的亲子活动，鼓励家长积极参与青少年活动，以了解青少年的心声，加强与他们的沟通和交流。有条件的父母可以为社区服务站争取更多的资源，服务站也应和学校深度接触，共同支持青少年的健康成长。

（四）逐渐实现社区青少年服务站的网络化

首先，青少年社区服务站应与教育机构、有关社区组织形成联系，这样有助于争取更多机会和资源；其次，和周围社区形成网络联系也是很有必要的，这样可以资源共享，方便交流经验，从而有助于青少年的人际沟通和交往。

（五）逐步实现社区青少年服务的多样化

由开始的治疗性服务（如针对失足青少年、失业青年等展开的服务）逐渐扩大到发展性、预防性的服务（如青春期生理及心理教育咨询服务）。这不仅可以进一步满足青少年的多种需求，也能够适应社区的飞速发展。

（六）逐步实现社区青少年服务的专业化

由开始的尝试性的服务到逐渐专业化，在社区内逐渐建立青少年成长档案，关注每个青少年的需求和情况，让青少年面临的问题能得到最佳的解决和补救。

（七）逐步实现社区青少年服务的规模化

逐渐拓展服务模式，进一步完善和改进所提供的项目，最终将社区青少年服务规模壮大，让社会各界关注青少年的成长。由一开始各种服务和设备欠缺到逐渐完善，让社区青少年服务成为社区服务必不可少的项目。

（八）逐步实现社区青少年服务的制度化

社区青少年服务要逐渐搭建规范化和制度化的工作体系，如对服务人员的培训、监督机制，对机构运行的考察和评估机制。

除此之外，还应促进青少年参与社区活动的制度化。例如，上海市松江区九里亭街道设置"九里童声"儿童议事会，通过规范的制度要求，让孩子们可以深入地参与其中，儿童代表畅所欲言，共议身边事、社区事，能够培养孩子们的小主人翁意识，在社区大家庭中发挥青少年主体作用。

（九）进行及时的服务评估和反馈

服务展开后，要对现已进行的活动和服务进行绩效评估，不仅要考察现有工作是否有效，是否满足青少年的需求，还要看工作中需要改进的地方，以备及时修正和补足。

子任务3　常见的社区青少年服务项目

一、青少年教育服务项目

随着教育体制改革进程的加快，社区教育正逐步走向成熟。"四点半课堂"课后托管服务项目已逐渐发展成为青少年社区教育的新模式。该服务项目充分发挥了社区的教育功能，解决了社区居民接送孩子困难的问题，整合了各类教育资源，拓展了青少年学习的途径，调动社区成员帮助青少年健康成长。

为积极响应国家"双减"政策，有些地方"课后延时服务"升级，比如宁夏银川市青少年宫师资进驻学校，开展志愿服务，极大地提高了学生们"延时"学习质量，丰富了他们的学习内容。

二、青少年就业服务项目

（1）调整心态。培养社区青少年积极乐观的就业心态，使其正确面对失业问题。

（2）资源链接。链接各方资源，为青少年提供参加各种职业技能培训的机会，提高其就业竞争力。

（3）职业规划。开展职业生涯规划培训，使青少年能够客观正确地认识和评价自己。

（4）法律维权。宣传和讲解就业法律法规，保障失业青少年的物质生活，增强青少年的劳动维权意识。

三、青少年卫生健康服务项目

（1）视力筛查。社区工作者可以链接当地的医疗资源为青少年进行视力的公益筛查活动，督促青少年养成健康用眼、爱眼护眼的好习惯。

（2）青春期知识。可以用案例分析和互动游戏等教学形式与青少年谈"性"话题，便于青少年了解和掌握青春期生理、心理和保健等方面的科学知识。

（3）精神卫生。可以运用精神分析疗法、认知疗法、音乐疗法等方法，为青少年的情绪疏解、学习压力、人际交往以及亲子关系等问题领航助力。

（4）艾滋预防。可以从艾滋病的概念、流行情况、传播途径、临床表现和防护措施等方面对青少年进行预防艾滋病的相关教育。

（5）毒品预防。可以用大量鲜活真实的事例和触目惊心的图片、影像资料展示毒品的种类，宣传毒品对身体、家庭、社会乃至国家的危害。

四、青少年司法矫正服务项目

（1）司法宣传。按照青少年违法犯罪社区预防计划对青少年进行司法宣传，调动各方力量帮助营造有利于青少年健康成长的良好氛围。

（2）教育改造。对青少年犯罪人员予以行刑监督、教育改造和帮助服务活动，着重进行政治、文化和生产技术教育，帮助他们融入社会。

良好的服务项目是为青少年提供社区服务的重要载体，社区工作者应针对社区青少年群体展开深入广泛的调查，并依据调查结果，结合马斯洛的需求层次理论来拓展青少年服务项目的内容，同时要按照青少年的意愿做出及时有效的项目内容调整，改变以往追求行政绩效的倾向，提升个性化服务质量。此外，由于社区的具体情况不同，社区青少年的需求也不同，社区工作者应充分汇聚民政部门、团市委、关工委、工会、妇联、物管和驻区单位等资源和力量，促使社区形成参与式的管理架构，邀请各方根据自身优势贡献独特力量，以充分保证社区青少年项目运行的效率。

任务三： 社区特定人群服务

子任务 1 残疾人社区康复服务

残疾人是社会中面临困难的特殊群体，对残疾人的保障程度，从一个侧面反映出一个国家的福利水平与文明程度。《中华人民共和国残疾人保障法》（以下简称《残疾人保障法》）规定国家保障残疾人享有康复服务的权利。社区康复是近年来在残疾人康复领域提出的新的康复理念，这种模式以城市街道或农村乡镇为基地，通过整合社区内的各种资源，为残疾人提供全面的康复服务。与传统的康复模式相比，社区康复更加注重残疾人的主动参与和自我管理，同时也强调家庭和社区的融入与支持。

一、残疾人社区康复服务的概念

（一） 残疾

残疾是指因外伤、疾病、发育缺陷或精神因素造成的明显身心功能障碍，以致不同程度地丧失正常生活、工作、学习能力的一种状态。

（二） 残疾人

《残疾人保障法》对残疾人的定义：残疾人是指在心理、生理、人体结构上，某种组织、功能丧失或者不正常，全部或者部分丧失以正常方式从事某种活动能力的人。残疾人包括视力残疾、听力残疾、言语残疾、肢体残疾、智力残疾、精神残疾、多重残疾和其他残疾的人。[①]

---

① 中华人民共和国残疾人保障法［EB/OL］. （2021 – 10 – 29）. https：//www. gov. cn/guoqing/2021 – 10/29/content_5647618. htm.

（三）康复

康复是指采取各种协调身体功能的措施，综合自身特性，最大限度恢复病、伤残者的身体、心理、社会、职业、娱乐、教育、文化和适应正常生活、融入社会的能力。

（四）残疾人社区康复

残疾人社区康复也称"基层康复"，是指依靠社区资源和社区人力资源，形成一个由政府主导，由社会团体、医疗机构、志愿者、残疾人及其家属共同参与的基层康复方式。它是一种康复服务方式，与常规的"医院康复"概念区别较大。[①]

残疾人社区康复服务与社区残疾人服务相比，后者内涵更广泛，包含残疾人社区康复服务的内容，除此之外，它还包括残疾人帮扶服务、劳动就业服务、特殊教育服务、生活文体服务、维权服务、婚姻和家庭生活服务以及无障碍社区建设等内容。

二、残疾人社区康复服务的目的

残疾人社区康复是一项系统工程，除了涉及残疾人本身的身体康复、功能发挥外，还涉及残疾人所在的社区。其目的是动员社会各界、各种力量，为残疾人的生活、学习、工作和社会活动创造良好的环境，使他们能够平等参与社会生活并充分发挥自己的潜能，自强自立，享有与健全人同样的权利和尊严，并为社会履行职责，作出贡献。

三、残疾人社区康复服务的内容[②]

2019年11月，中国残联、民政部、国家卫生健康委共同印发《残疾人社区康复工作标准》。该标准规定，残疾人社区康复服务的内容主要包括康复需求和服务状况调查、基本医疗卫生、康复训练、辅助器具适配、支持性服务和转介六个方面，如图3-1所示。

---

① 黎岷，于文涛，钟英红，等. 社区管理与服务操作手册 [M]. 北京：人民邮电出版社，2021：43.
② 黎岷，于文涛，钟英红，等. 社区管理与服务操作手册 [M]. 北京：人民邮电出版社，2021：43-44.

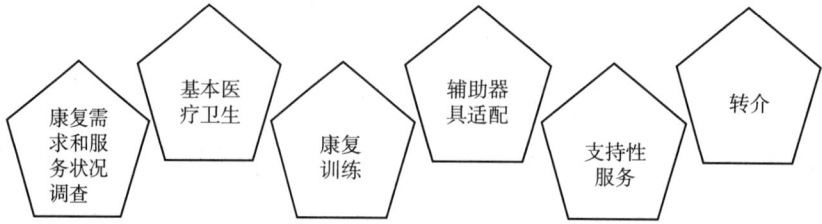

图 3-1 残疾人社区康复服务的内容

（一）康复需求和服务状况调查

开展残疾人康复需求和服务状况调查，做好登记，为有康复需求的残疾人建立康复服务档案。

（二）基本医疗卫生服务

面向残疾人开展常见病、多发病的诊治、基本公共卫生服务和健康管理等服务。

（三）康复训练

（1）为有康复需求的视力残疾人提供视功能、定向行走、感知觉补偿、生活自理及职业、社会适应等能力训练。

（2）为有康复需求的听力残疾人提供听觉、语言等能力训练。

（3）为有康复需求的肢体残疾人提供运动、认知、语言、生活自理及职业、社会适应等能力训练。

（4）为有康复需求的智力残疾人提供认知、生活自理及职业、社会适应等能力训练。

（5）为有康复需求的精神残疾人提供沟通和社交、情绪和行为调控、生活自理及职业、社会适应等能力训练。

（四）辅助器具适配

（1）为有康复需求的视力残疾人提供助视器、盲杖等适配及使用指导。

（2）为有康复需求的听力残疾人提供助听器适配及使用指导。

（3）为有康复需求的肢体残疾人提供假肢、矫形器、轮椅、助行器、坐姿椅、站立架、生活自助具、护理器具等适配及使用指导。

（五）支持性服务

（1）为有康复需求的视力残疾人提供导盲随行、心理疏导、康复咨询、知识普及等服务。

（2）为有康复需求的听力残疾人提供手语翻译、心理疏导、康复咨询、知识普及等服务。

（3）为有康复需求的肢体、智力、精神残疾人提供托养、护理、居家照料、心理疏导、康复咨询、知识普及等服务。

（六）转介服务

帮助有需求的残疾人到专业康复机构接受服务。

四、残疾人社区康复评价指标

《残疾人社区康复工作标准》规定社区残疾人康复评价指标包括如下几个。

（1）有需要的社区综合服务设施康复活动场所设置率＞90%；

（2）社区康复协调员配备率＞90%；

（3）残疾人康复需求调查和服务建档率＞95%；

（4）残疾人普遍接受家庭医生签约服务，服务满意度＞80%；

（5）有需求的残疾儿童和持证残疾人接受基本康复服务的比例＞80%，接受基本辅助器具适配的比例＞80%。[①]

五、完善残疾人社区康复服务的措施[②]

随着经济社会的发展、物质文化生活的丰富，残疾人在康复服务需求方面的愿望也逐步提高，社区康复作为对基层残疾人最直接的服务形式，其优势非常明显，因而越来越受到残疾人及其家庭的关注。因此，社区可采取以下几种措施做好服务工作。

---

① 中国残联　民政部　国家卫生健康委关于印发《残疾人社区康复工作标准》的通知［EB/OL］.（2019－12－02）. https：//www.cdpf.org.cn/zwgk/ggtzl/0a76ace/75647f686316d76c5ec4026.htm.

② 黎岷，于文涛，钟英红，等. 社区管理与服务操作手册［M］. 北京：人民邮电出版社，2021：45－47.

（一）同步联动，统筹安排

地方政府将残疾人社区康复工作作为一项系统工程统筹安排，做到规划同步、投入增长同步、组织运行同步，建立起上下联动、部门联动、社会联动的工作机制。

1. 上下联动

地方政府协同各部门、街道和社区，确保在思想认识、职责分工和工作措施上做到位，将目标任务逐层分解，形成区、街、社区三级的联动效应，共同推进残疾人社区康复工作的顺利进行。

2. 部门联动

在社区康复的实践中，地方政府残疾人工作委员会的各相关部门作为主体，与同级机关各部门紧密合作，共同管理。卫生部门充分利用其医疗资源，建立各种康复指导中心和康复室，为残疾人社区康复工作提供技术指导，并确保有专业的康复医生进入家庭服务。民政部门将残疾人社区康复工作纳入和谐社区和星级社区的评估标准，积极支持康复站的建设，并深入开展对困难残疾人的医疗救助工作。财政部门为确保创建工作的顺利完成，为残疾人社区康复工作提供充足的经费保障。而残联更应全心全意地做好基础工作，如康复需求调查、康复员培训、康复站建设和深化康复服务等。

3. 社会联动

残疾人社区康复工作涉及广泛的社会领域，与众多家庭息息相关。因此，地方政府应努力营造社会各界的联动氛围，广泛动员社会各界和助残志愿者参与"一对一"结对帮扶的康复活动。尤其在目前社区康复医生力量较为薄弱的情况下，助残志愿者在帮助残疾人进行康复训练和提供服务方面扮演着重要角色。

（二）加大宣传力度，提高残疾人的康复意识

社区康复的主要功能是弥补机构康复的不足，更好地满足残疾人的康复需求，有效利用康复资源。为残疾人提供"送康复服务上门"是一种投入少、成本低、服务广、收效大的做法，也是党和政府关爱残疾人的体现。在实施过程中，我们需要加强宣传和引导，合理定位"送康复服务上门"的功能，确保残疾人满意，避免出现政府出了钱、医生送了服务但残疾人还不满意的情况。

（三） 着重推进社区康复基础设施建设工作

在社区基础设施建设方面，我们需要采取一系列措施，如调整布局、整合资源、新辟场地等，以实现"服务有场地"的目标。残联应逐步为每个街道残疾人康复指导站和社区康复站配备必要的康复训练器材，充分体现对残疾人的人文关怀。以北京市东城区天坛街道为例，他们成功上线了"老残一体"服务中心，实现了养老和助残资源的共享，为社区康复工作提供了有益的借鉴。

（四） 不断创新并完善社区康复工作模式

随着经济社会的发展，我们需要不断创新社区康复的工作模式，使康复工作由被动转为主动，提高工作效率和服务水平。通过持续的探索和创新，我们可以不断优化社区康复的工作模式，为残疾人提供更好的康复服务，以满足残疾人的基本康复需求。我们应该积极推进无障碍设施进入社区和家庭，让康复辅助器具普及到每个家庭中。我们应该将最实用的康复技术传授给残疾人及其家属或亲友，使康复服务更加贴近残疾人的实际需求，让"就近"和"就便"的服务更加便利。

以北京市为例，2018年北京市委市政府将开展残疾人社区和居家康复服务列为重要民生实事项目之一，实现了残疾人社区和居家康复服务试点项目的落地。多家医疗和康复机构为精神、肢体、智力和视力四类残疾人提供个性化的社区康复服务，对于不能到场的残疾人，还会提供上门居家康复服务。这些服务不仅为残疾人提供帮助，还能够帮助他们的家属提高康复照料的技能。

（五） 加强社区医生和社区康复员队伍建设

（1）需要加大培训力度，通过多种渠道、形式和内容的培训，提高社区康复医生的服务水平和能力，确保服务质量。

（2）需要进一步加强社区康复员队伍建设，通过公开招聘的方式，为街道和社区配备相应的街道残疾人工作联络员和社区残疾人专职委员。对这些人员进行培训，使他们掌握一定的康复训练知识，兼任基层残疾人康复员或社区康复指导员，充实社区康复工作力量。

（3）通过业务培训和统一考试，确保康复员持证上岗，促进社区康复工作人员专业化。通过考核工作实绩和残疾人评议，建立奖优罚劣的竞争机制。

（六）开展个性化服务，提高服务质量

（1）提高康复需求调查的准确性，特别是在康复的形式、内容和质量方面。通过深入了解残疾人的具体需求，可以提供更加个性化的服务，满足他们的康复需求。

（2）开展有针对性的康复服务和转介服务，提高服务的专业性和技术性。这不仅可以满足残疾人不断增长的康复需求，还能保持工作的生命力，为残疾人提供更好的康复服务。

子任务2　社区优抚安置服务

优抚安置工作是社会保障体系中不可或缺的一环，也是我国退役军人事务部的核心任务之一。这项工作的有效实施和完善，对于维护社会稳定和国家安全具有深远的影响。在军队建设和社会事业发展中，优抚安置工作发挥着至关重要的作用。

一、社区优抚安置工作的含义

优抚安置工作是国家依据法定的形式对现役军人、退役军人及其家属提供优待、抚恤和安置，以确保其生活水平不低于所在地的平均生活水平的一项褒扬性和优待性的社会保障制度。

（一）优待

优待是指按照国家规定对优抚对象从政治上、经济上给予的优厚待遇，其有广义和狭义之分。广义的优待是指国家和社会向服现役的义务兵家属和抚恤补助对象发放优待金，以及在治病、交通、住房、就业、入学、入托、生活困难补助、救济、贷款、邮政、供应、参观游览等方面提供的优惠待遇。狭义的优待仅指国家发给义务兵家属和抚恤补助对象的优待金。

（二）抚恤

抚恤一般指国家对因公伤残人员、因公死亡以及病故人员家属所采取的一种物质抚慰形式。我国优抚工作中的抚恤是指对残疾军人、烈士遗属、因公牺牲军人遗属，按照国家规定的标准给予的抚恤金优待，分死亡抚恤和残疾抚恤两类。

（三）安置

安置分为广义和狭义两种类型：广义的安置一般是指对特定对象（退役军人、军队离退休干部及其随军家属、军队无军籍退休退职职工）或生产、生活有困难者（遭受毁灭性自然灾害的灾民、流入城市的流浪乞讨人员等）的扶持、帮助或就业安排。狭义上的安置仅指对退役军人、军队离退休干部及其随军家属和军队无军籍退休退职职工的安置。

综上所述，社区优抚安置服务是指在落实国家优抚安置政策的基础上，社区发动和依靠社会力量，以一定的形式为社区内的优抚对象排忧解难，尽可能满足他们的各种合理需求而提供的各种服务。

二、优抚安置对象的需求分析[①]

一方面，优抚安置对象和普通人一样有相同的需求，比如基本生活保障和医疗康复等基础性需求；另一方面，因为其在军队的特殊经历，也有属于他们的主要需求，在进行优抚安置对象需求分析时，社区应综合考虑优抚安置对象的类别和年龄等因素。一般来说，社区优抚安置对象的主要需求有以下四个方面，如图 3 - 2 所示。

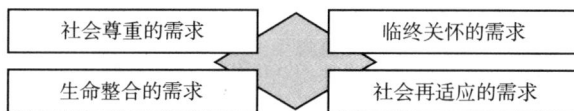

| 社会尊重的需求 | | 临终关怀的需求 |
| 生命整合的需求 | | 社会再适应的需求 |

图 3 - 2　优抚安置对象的主要需求

（一）社会尊重的需求

据调查，在社区前期开展的优抚安置对象服务中，80%的受访者表示他们最希望得到的是社会公众对他们的认同和尊重，认可他们为国家所作的贡献。

（二）生命整合的需求

随着年龄的增长，优抚安置对象开始对自己的过去进行总结，思考自己的人

---

① 黎岷，于文涛，钟英红，等. 社区管理与服务操作手册［M］. 北京：人民邮电出版社，2021：55.

生价值。这是他们步入老年阶段后的一种内在需求。

（三）临终关怀的需求

越来越多的复员军人和"五老"人员进入了高龄阶段，他们越来越接近生命的终点。他们希望在临终之际能够得到充分的关怀，平静而无憾地面对死亡。

（四）社会再适应的需求

曾经被妥善安置在各种岗位的优抚安置对象，如果遭遇失业并且难以找到新的工作，他们会面临再就业和社会融入的新需求。

三、社区优抚安置服务的内容

优抚安置服务从单一的救济型逐渐发展到综合服务型，服务内容从少到多、从低层次到高层次，服务形式灵活多样，并且处于不断完善和开拓中。具体服务内容如表3-1所示。

表3-1　　　　　　　　社区优抚安置对象服务内容

序号	服务项目	服务目标	服务细项
1	日常接访与走访	为日常到访的优抚对象提供娱乐、休闲及同伴群体交往的空间，并为其提供所需的资源链接及转介服务	优抚对象资料建档
			定期开展拥军优属社区宣传
			家庭走访、慰问
			政策咨询服务
			引导优抚对象接受政策内容
			优抚政策落实
2	新退役人员支持与辅导	为新退役人员提供生活适应辅导，使其尽快适应社会生活并为其寻找相关的支持资源	新退役人员社会适应辅导
			提供社区参与机会
			职业生涯规划训练
			协助新退役人员寻找就业机会
			整合相关资源为退役人员提供支持
3	困难人员支持	为有特殊困难的优抚对象提供有效协助	残疾军人关爱行动
			为经济困难优抚对象寻找经济支持
			建立优抚对象社会支持网络

序号	服务项目	服务目标	服务细项
4	老军人关爱服务	关爱老军人，保障其晚年幸福	参考社区老年服务内容，如养老、家务、家庭保健、探望、法律咨询、再就业等服务
5	对军属、烈属的关爱与支持	关爱军烈属，为其提供物质抚恤与精神慰藉	为刚失去亲人的军烈属提供心理疏导
			帮扶处于幼年的烈士子女
			整合社会资源，为经济及生活困难的军属、烈属建立社会支持网络
6	其他服务	满足优抚对象所需要的其他服务	根据实际情况开展特色服务

资料来源：王小丽，沈菊花．社区建设理论与实务［M］．北京：机械工业出版社，2017：197．

四、开展社区优抚安置服务的措施

社区要认真贯彻执行优抚安置政策法规，不断完善优抚保障机制，积极为优抚对象办实事、解难题，具体措施如图3-3所示。

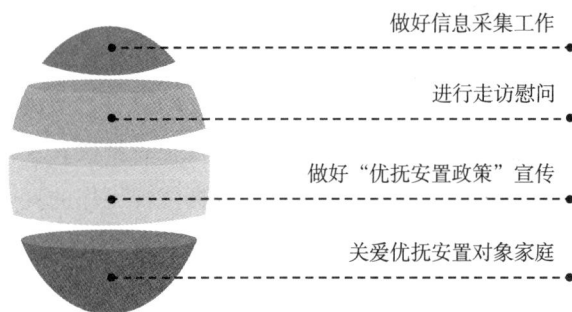

做好信息采集工作

进行走访慰问

做好"优抚安置政策"宣传

关爱优抚安置对象家庭

图3-3 开展社区优抚安置工作的措施

（一）做好信息采集工作

社区服务中心应针对辖区内优抚对象，做好信息采集工作。利用集中采集、分散采集等方式，认真做好军队转业干部、退役士兵、残疾军人等个人信息、生活状况、享受待遇和主要诉求信息采集工作。为了确保信息采集不漏一人、档案资料采集准确无误，对于年龄大且不方便到社区填报信息的人员，或因拆迁临时搬出辖区的退役人员，社区工作人员应利用早晚休息时间或周末，上门采集，或由工作人员核实后代为书写，再由当事人确认，保证信息填写准确无误。

（二）进行走访慰问

社区可送"情"入户。抓住春节、"八一"建军节、"五一"劳动节等重要节点，通过发慰问信、入户走访、赠慰问品、召开座谈会等形式开展优抚对象走访慰问，建立资料库，详细收录优抚对象困难及诉求，使得社区优抚工作呈现出良好的局面。

（三）做好"优抚安置政策"宣传

为扎实开展优抚对象服务体系建设工作，搭建优抚服务平台，促进优抚政策的全面落实，社区工作人员可通过在辖区醒目位置悬挂双拥宣传横幅、设置双拥宣传栏、发放宣传资料等形式，广泛宣传双拥优抚安置各项政策，特别是《军人抚恤优待条例》《烈士褒扬条例》《退役士兵安置条例》《关于进一步做好复员退伍军人困难帮扶工作的十条意见》等相关政策。引导广大军民继承和发扬优良传统，强化国防观念和双拥意识，使双拥文化走进社区，让双拥理念深入人心，努力开创社区双拥工作新局面。

例如，某社区开展退役士兵"优抚安置政策"宣传活动。在活动现场，工作人员通过发放资料、解读政策、解答疑难等多种形式重点宣传《退役士兵安置政策》《优抚政策问答手册》等一系列与优抚安置工作相关的政策法规，在充分保障退役士兵合法权益的同时，激发了他们就业、创业的信心，使优抚工作真正实现公开、公平、公正。优抚对象纷纷表示，这样的宣传很有必要，也很有意义。它不仅使民政优抚安置政策及时传入心中，更营造了双拥优抚工作的良好氛围。

（四）关爱优抚安置对象家庭

优抚安置对象和普通服务对象一样，生活在家庭之中，与家庭成员相互影响、相互支持。因此，优抚安置服务不能仅以个人为对象，还应该以家庭为对象，通过改善家庭的状况来改善个人的生活状况。可以采取的方法包括家庭咨询辅导、家庭个案工作、小组工作和社区工作等，具体内容包括家庭关系咨询、婚姻辅导、设计教育方案、就业协助、为家庭建立社区支持网络等。[①]

关爱优抚对象，使"军人成为社会尊崇的职业"。从优抚安置对象的需求出发，注重服务对象的增权，将社会工作的理念与工作方法引入社区优抚安置服务中，提升优抚安置管理水平，探索优抚工作社会化，成为优抚安置工作的未来发

---

① 黎岷，于文涛，钟英红，等. 社区管理与服务操作手册 [M]. 北京：人民邮电出版社，2021：56－57.

展趋势。

子任务 3 社区矫正人员服务

社区矫正是中国社会发展和民主法治建设的必要改革和探索，旨在优化刑罚执行制度。这一制度的实施，充分体现了我国"宽严相济"和"给出路"的刑事政策。社区矫正不仅帮助矫正对象更好地融入社会，避免他们重新犯罪，而且有助于化解矛盾纠纷，推动和谐社区的建设。

一、社区矫正的含义

社区矫正是与监禁矫正相对的行刑方式，是将符合社区矫正条件的罪犯置于社区内，由专门的国家机关在相关社会团体和民间组织以及社会志愿者的协助下，在判决、裁定或决定确定的期限内，矫正犯罪心理和行为恶习，并促进其顺利回归社会的非监禁刑罚执行活动。

（一）社区矫正的特点

一是让犯罪分子在其生活的社区服刑和改造；二是社区矫正是一种刑罚的执行方式，这种非监禁方式下服刑环境是开放的，对自由的剥夺程度低于监禁方式。

（二）社区矫正的优点

一是成本低；二是防止罪犯间的交叉感染；三是提高改造质量，使罪犯人格向社会人格回归；四是体现了对人的尊重、关怀，更人性化。

二、社区矫正的对象

《中华人民共和国社区矫正法》（以下简称《社区矫正法》）第二条规定"对被判处管制、宣告缓刑、假释和暂予监外执行的罪犯，依法实行社区矫正"。[①] 由此可见，社区矫正的适用范围目前主要包括下列四类情形：

---

① 中华人民共和国社区矫正法 [EB/OL]. (2019 - 12 - 28). https：//www. gov. cn/xinwen/2019 - 12/28/content_5464853. htm.

（一）被判处管制的。管制犯是指犯罪情节轻微，社会危害不大，必须进行惩处而又无须关押的犯罪分子。

（二）被宣告缓刑的。缓刑是对判处 3 年以下有期徒刑或拘役的犯罪分子暂缓执行，经考验期符合法定条件而不执行原判刑罚的一种制度。

（三）被裁定假释的。假释是对在押罪犯附条件地提前释放，经考验期符合法定条件对所余刑期不再执行的一种制度。

（四）被暂予监外执行的。暂予监外执行是指被判处有期徒刑或拘役的罪犯，由于出现了法定的某种特殊情形，不适宜在监狱或其他刑罚执行机关执行刑罚时，暂时采取的一种变通执行场所和执行方法的制度，具体包括：①有严重疾病需要保外就医的；②怀孕或者正在哺乳自己婴儿的妇女；③生活不能自理，适用暂予监外执行不致危害社会的。[①]

社区矫正对象应当依法接受社区矫正，服从监督管理。社区矫正工作应当依法进行，尊重和保障人权。社区矫正对象依法享有的人身权利、财产权利和其他权利不受侵犯，在就业、就学和享受社会保障等方面不受歧视。

三、社区矫正的功能

社区矫正作为一种与监禁矫正相对应的非监禁刑罚执行活动，如图 3 - 4 所示的六个功能。

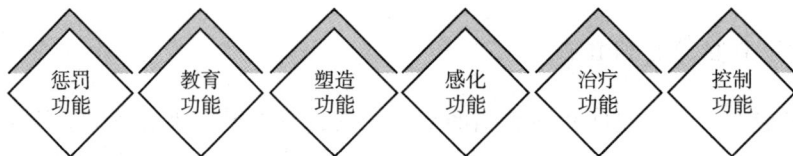

图 3 - 4　社区矫正的功能

（一）惩罚功能

惩罚功能在刑罚中扮演着重要角色，它确保将法律所规定的刑罚义务切实地施加在犯罪人身上。这不仅剥夺或限制了犯罪人原本享有的某些权利，而且要求

---

① 我国《刑事诉讼法》第265条第1款规定："对被判处有期徒刑或者拘役的罪犯，有下列情形之一的，可以暂予监外执行：（一）有严重疾病需要保外就医的；（二）怀孕或者正在哺乳自己婴儿的妇女；（三）生活不能自理，适用暂予监外执行不致危害社会的。"

他们必须服从矫正组织的监督和教育，严格遵守各项矫正制度，并参与公益劳动。通过这种方式，犯罪人能够切实感受到刑罚的痛苦和法律的威严，从而有助于矫正他们不良的思想和行为习惯，引导他们回归正轨。

（二）教育功能

社区矫正教育是对矫正对象进行有目的、有计划的积极影响活动。矫正组织通过各种教育方式，如法制教育、劳动教育、文化教育、技能教育和心理健康知识教育，来提升矫正对象的道德水平和法治观念，从而帮助矫正对象改过自新，重新融入社会。

（三）塑造功能

社区矫正将罪犯置于一个社会化的环境中，使他们能够继续与家人保持联系，维持正常的社交生活。这有助于他们更好地承担家庭和社会责任。在此基础上提供心理引导和行为规范，以促进罪犯的再社会化过程，帮助罪犯形成健康的人格，最终能够顺利融入社会，避免形成消极服从、自信心与进取心丧失的"监狱人格""囚犯人格"。

（四）感化功能

在社区矫正的实施过程中，矫正对象会因为矫正组织给予的人道待遇和人性关怀而产生积极的心理变化。这种变化被称为感化功能。矫正组织通过思想教育、行为引导，文化知识和生产技能的传授，以及就业推荐等方式，为矫正对象创造条件，使其能够享受政府的最低生活保障待遇。通过这些关怀措施，矫正对象会被感化，从而更加积极地参与到改造过程中。

（五）治疗功能

治疗功能主要体现为对矫正对象进行普遍的心理教育，对有心理危机的矫正对象进行心理危机干预，通过实施有效的心理矫治，帮助罪犯逐步削减或消除犯罪心理和各种消极心理。

（六）控制功能

矫正对象处于社区矫正组织和人民群众的视野之内，其行为置于监督管理之下，其行踪由矫正组织及时掌握，有利于防止其重新犯罪或从事其他违法活动。

四、社区矫正的内容

（一）监督管理

监督管理即通过监督、走访、报到等措施，对社区矫正人员进行监督管理、执行刑罚、矫正不良行为和恶习。

社区矫正人员的监督人由社区矫正人员亲属或所在单位、居（村）委会有关人员担任，主要职责是配合司法所对社区矫正人员进行监督帮教。

（二）教育帮扶

教育帮扶即通过对社区矫正人员进行认罪悔罪、法制、公民道德和形势政策等内容的思想教育和文化、职业技术教育，以及心理咨询、心理健康教育、心理治疗，纠正社区矫正人员的不良心理和行为习惯，增强社区矫正人员的法律意识、道德修养，帮助社区矫正人员成为守法公民。

（三）公益劳动

劳动既是公民的权利，又是公民的义务。参加公益劳动，可以增强社区矫正人员的公德意识和社会责任感，有利于社区矫正人员改过自新和社会化改造，使其早日融入社会。

被暂予监外执行和被剥夺政治权利的社区矫正人员在社区矫正期间，可以不参加公益劳动。

除此之外，社区还可以面向社区矫正人员提供社会适应和建立资源网络等方面的服务，具体内容如表3-2所示。

表3-2　　　　　　　　　社区矫正人员服务内容

序号	服务项目	服务目标	服务细项
1	社会适应	促进社区矫正人员回归正常的社会生活，减少与社会的冲突	情绪与压力管理
			心理咨询与危机介入
			社会功能恢复与发展

续表

序号	服务项目	服务目标	服务细项
1	社会适应	促进社区矫正人员回归正常的社会生活，减少与社会的冲突	家庭关系调适与治疗
			人际及社交能力培养
			就业培训与职业辅导
2	资源网络建立	整合资源，推动良好政策环境，促进社会关注社区矫正人员	倡导良好的政策环境
			提供相关政策咨询
			志愿者帮教服务
			社区关爱
			法律援助
3	其他服务	满足服务对象的其他特殊需要	根据实际情况设置合理服务

资料来源：王小丽，沈菊花．社区建设理论与实务［M］．北京：机械工业出版社，2017：197．

五、加强社区矫正人员服务的策略

社区矫正人员通过参与社区服务，重新认识自己的社会价值，培养社会责任感，矫正原有的不良犯罪心理，从而顺利地重新融入社会。社区矫正机构可按如图 3 - 5 所示的策略来加强社区矫正人员服务。

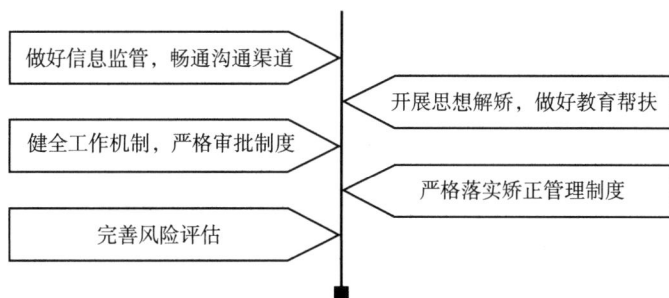

图 3 - 5　加强社区矫正人员服务的措施

资料来源：黎岷，于文涛，钟英红，等．社区管理与服务操作手册［M］．北京：人民邮电出版社，2021：65．

（一）做好信息监管，畅通沟通渠道

社区矫正机构应充分利用社区矫正管理平台，定期和不定期开展社区矫正人员手机定位抽查，发现异常情况及时调查了解、及时汇报。

社区矫正机构应利用互联网便捷及时的优势组建社区矫正微信群、社区矫正小组微信群，以畅通沟通渠道，让信息第一时间被送达和掌控，同时为社区矫正人员与工作人员沟通提供新平台。

（二） 开展思想解矫，做好教育帮扶

通过全面了解和掌握每名社区矫正人员的思想动态、现实表现、社会交往等情况，对有家庭变故、思想活跃等的社区矫正人员，重点实施教育管控。对有特殊困难的辖区社区矫正人员，积极协调民政科、劳动平台等争取相关政策措施，为其解决当下的实际困难，推荐就业岗位，为社区矫正人员顺利融入社会提供帮助、创造条件。

（三） 健全工作机制，严格审批制度

在节假日期间，要求社区矫正人员保持手机 24 小时通畅；若无特殊情况不允许外出，确实需要外出的，严格按照请假程序审批；严格管控社区矫正人员进入特定场所。

（四） 严格落实矫正管理制度

按照社区关于矫正的相关规定，每月对社区矫正人员开展思想教育学习，注重加强对社区矫正人员法律法规的教育，增强其知法守法意识。社区矫正机构可聘请专业人士为辖区矫正人员讲解法律知识，增强其法治意识和法治观念。

（五） 完善风险评估

巡访查岗，采取定期与随机、集中与分散等形式做好矫正对象访查工作，及时掌握其活动动态，评估风险。每月对矫正人员的犯罪原因、犯罪性质及个人表现进行分析，及时调整教育管理等级，进行有针对性的教育管理。

六、未成年人社区矫正特别规定

《社区矫正法》针对未成年人社区矫正作出了特别规定。[1]

（1）社区矫正机构应当根据未成年人社区矫正对象的年龄、心理特点、发

---

[1] 中华人民共和国社区矫正法 ［EB/OL］. （2019 - 12 - 28）. https：//www. gov. cn/xinwen/2019 - 12/28/content_5464853. htm.

育需要、成长经历、犯罪原因、家庭监护教育条件等情况，采取针对性的矫正措施。

（2）未成年社区矫正对象的监护人应当履行监护责任，承担抚养、管教等义务。监护人怠于履行监护职责的，社区矫正机构应当督促、教育其履行监护责任。监护人拒不履行监护职责的，通知有关部门依法作出处理。

（3）社区矫正机构工作人员和其他依法参与社区矫正工作的人员对履行职责过程中获得的未成年人身份信息应当予以保密。除司法机关办案需要或者有关单位根据国家规定查询外，未成年社区矫正对象的档案信息不得提供给任何单位或者个人。依法进行查询的单位，应当对获得的信息予以保密。

（4）对未完成义务教育的未成年社区矫正对象，社区矫正机构应当通知并配合教育部门为其完成义务教育提供条件。未成年社区矫正对象的监护人应当依法保证其按时入学接受并完成义务教育。年满 16 周岁的社区矫正对象有就业意愿的，社区矫正机构可以协调有关部门和单位为其提供职业技能培训，给予就业指导和帮助。

（5）未成年社区矫正对象在复学、升学、就业等方面依法享有与其他未成年人同等的权利，任何单位和个人不得歧视他们。有歧视行为的，应当由教育、人力资源和社会保障等部门依法作出处理。

（6）未成年社区矫正对象在社区矫正期间年满 18 周岁的，继续按照未成年人社区矫正有关规定执行。

子任务 4 社区特困人员服务

特困人员生活困难、无依无靠、无人照料，是困难群众中最困难、最脆弱的群体。保障好他们的基本生活和照料服务，是各级政府兜底保障的重要责任。

一、特困人员救助对象

2021 年民政部新修订的《特困人员认定办法》适当放宽了特困人员的认定条件，扩大了这一救助对象的范围。新《特困人员认定办法》明确规定：同时具备以下条件的老年人、残疾人和未成年人，应当依法纳入特困人员救助供养范围，具体条件如图 3 - 6 所示。

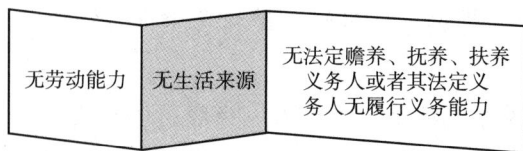

图 3 - 6　认定特困人员需要具备的条件

这三个条件分别是无劳动能力；无生活来源；无法定赡养、抚养、扶养义务人或者其法定义务人无履行义务能力。

具体认定条件及情形如下：

《特困人员认定办法》第五条规定，符合下列情形之一的，应当认定为本办法所称的无劳动能力：

（一）60 周岁以上的老年人；

（二）未满 16 周岁的未成年人；

（三）残疾等级为一、二、三级的智力、精神残疾人，残疾等级为一、二级的肢体残疾人，残疾等级为一级的视力残疾人；

（四）省、自治区、直辖市人民政府规定的其他情形。

《特困人员认定办法》第六条规定，收入低于当地最低生活保障标准，且财产符合当地特困人员财产状况规定的，应当认定为本办法所称的无生活来源。

前款所称收入包括工资性收入、经营净收入、财产净收入、转移净收入等各类收入。中央确定的城乡居民基本养老保险基础养老金、基本医疗保险等社会保险和优待抚恤金、高龄津贴不计入在内。

《特困人员认定办法》第八条规定，法定义务人符合下列情形之一的，应当认定为本办法所称的无履行义务能力：

（一）特困人员；

（二）60 周岁以上的最低生活保障对象；

（三）70 周岁以上的老年人，本人收入低于当地上年人均可支配收入，且其财产符合当地低收入家庭财产状况规定的；

（四）重度残疾人和残疾等级为三级的智力、精神残疾人，本人收入低于当地上年人均可支配收入，且其财产符合当地低收入家庭财产状况规定的；

（五）无民事行为能力、被宣告失踪或者在监狱服刑的人员，且其财产符合当地低收入家庭财产状况规定的；

（六）省、自治区、直辖市人民政府规定的其他情形。

《特困人员认定办法》第九条规定，同时符合特困人员救助供养条件和孤儿、事实无人抚养儿童认定条件的未成年人，选择申请纳入孤儿、事实无人抚养儿童基本生活保障范围的，不再认定为特困人员。

二、特困人员救助供养内容[①]

《国务院关于进一步健全特困人员救助供养制度的意见》规定了特困人员救助供养主要包括如图 3-7 所示的内容。

图 3-7 特困人员救助供养内容

(一) 提供基本生活条件

提供基本生活条件包括供给粮油、副食品、生活用燃料、服装、被褥等日常生活用品和零用钱，即通过实物或者现金的方式保障特困人员基本生活。

(二) 对生活不能自理的给予照料

对生活不能自理的给予照料包括日常生活、住院期间的必要照料等基本服务。

(三) 提供疾病治疗

全额资助参加城乡居民基本医疗保险的个人缴费部分。医疗费用按照基本医疗保险、大病保险和医疗救助等医疗保障制度规定支付后仍有不足的，从救助供养经费中予以扣除。

(四) 办理丧葬事宜

特困人员死亡后的丧葬事宜，集中供养的由供养服务机构办理，分散供养的

---

① 国务院关于进一步健全特困人员救助供养制度的意见 [EB/OL]. (2016-02-17). https://www.gov.cn/zhengce/zhengceku/2016-02/17/content_5042525.htm.

由乡镇人民政府（街道办事处）委托村（居）民委员会或者其亲属办理。丧葬费用从救助供养经费中支出。

（五）提供住房救助

对符合规定标准的住房困难的分散供养特困人员，通过配租公共租赁住房、发放住房租赁补贴、农村危房改造等方式给予住房救助。

（六）提供教育救助

对在义务教育阶段就学的特困人员，给予教育救助；对在高中教育（含中等职业教育）、普通高等教育阶段就学的特困人员，根据实际情况给予适当的教育救助。社区特困人员服务一方面要保证以上社会救助政策的具体落地，保障特困人员的法定权益，另一方面还需要开展包括增能、社区援助等在内的多样化的服务，服务内容如表3-3所示。

表3-3　　　　　　　　社区特困人员的服务内容示例

序号	服务项目	服务目标	服务细项
1	社会救助服务	为特困人员提供必要的救助服务，协助其度过生活困境	社会救助政策讲解
			经济援助与整合资源
			心理援助与危机介入
2	增能服务	提升特困人员的核心能力，协助特困人员自谋生存发展	自信心培养
			压力缓解
			就业技能培训与辅导
			情绪与认知辅导
3	社区援助服务	整合社区资源，提供物质、经济等援助，在制度性救助之外，发挥社区的救助主体作用，提升贫困群体的生活水平	社区捐助
			结对帮扶
			邻里关爱
			紧急支援
4	其他服务	满足特困人员的多方面需求	根据特困人员的其他实际需求设计的特色服务

资料来源：王小丽，沈菊花．社区建设理论与实务［M］．北京：机械工业出版社，2017：197．

三、特困人员救助供养标准

特困人员救助供养标准包括基本生活标准和照料护理标准。其中，基本生活标准应当满足特困人员基本生活所需；照料护理标准应当根据特困人员生活自理能力和服务需求分类制定，体现差异性。

《民政部关于加强分散供养特困人员照料服务的通知》指出，各地要按照"分类定标、差异服务"的要求，在确保特困人员基本生活标准不低于当地低保标准1.3倍的基础上，大力推进照料护理标准的制定和落实。依据特困人员生活自理能力和服务需求制定照料护理标准，照料护理标准参照当地最低工资标准或日常生活照料费用、养老机构护理费用的一定比例，分为全护理、半护理、全自理三档。①

特困人员救助供养标准由省、自治区、直辖市或者设区的市级人民政府综合考虑地区、城乡差异等因素确定、公布，并根据当地经济社会发展水平和物价变化情况适时调整。民政部、财政部要加强对特困人员救助供养标准制定工作的指导。

四、特困人员救助供养形式②

特困人员救助供养形式分为在家分散供养和在当地的供养服务机构集中供养。具备生活自理能力的，鼓励其在家分散供养；完全或者部分丧失生活自理能力的，优先为其提供集中供养服务。

（一）分散供养

对分散供养的特困人员，经本人同意，乡镇人民政府（街道办事处）可委托其亲友或村（居）民委员会、供养服务机构、社会组织、社会工作服务机构等提供日常看护、生活照料、住院陪护等服务。有条件的地方，可为分散供养的特困人员提供社区日间照料服务。例如，上海市为分散供养特困老人提供养老服务补贴等，保障其享受社区居家养老服务。

加强分散供养特困人员照料服务，是解决特困人员操心事、烦心事、揪心事

①　民政部关于加强分散供养特困人员照料服务的通知［EB/OL］.（2020 - 01 - 10）. https：//www. gov. cn/zhengce/zhengceku/2020 - 01/10/content_5467973. htm.

②　国务院关于进一步健全特困人员救助供养制度的意见［EB/OL］.（2016 - 02 - 17）. https：//www. gov. cn/zhengce/zhengceku/2016 - 02/17/content_5042525. htm.

的重要举措，县级人民政府民政部门要指导乡镇人民政府（街道办事处）为分散供养特困人员确定照料服务人员，提供日常看护、生活照料等服务。

（二）集中供养

对需要集中供养的特困人员，由县级人民政府民政部门按照便于管理的原则，就近安排到相应的供养服务机构；对于未满 16 周岁的，应将其安置到儿童福利机构。

（三）供养服务机构管理

供养服务机构应当依法办理法人登记，建立健全内部管理、安全管理和服务管理等制度，为特困人员提供日常生活照料、送医治疗等基本救助供养服务。有条件的供养服务机构，经卫生计生行政部门批准可设立医务室或者护理站。供养服务机构应当根据服务对象人数和照料护理需求，按照一定比例配备工作人员，加强社会工作岗位开发设置。

练一练

一、单选题

1. 下列不属于青少年心理特点的是(　　)。

A. 自我意识发展迅速

B. 认知力旺盛

C. 神经系统发达

D. 情感丰富且不稳定

2. 下列不属于发展性青少年社区服务内容的是(　　)。

A. 开展社区青少年教育服务

B. 提供国内外时事信息的服务

C. 提供身体、情绪、精神等方面功能失调，以及社会人际关系不良等方面的治疗服务

D. 提供就业信息及就业辅导服务

3. 《残疾人社区康复工作标准》规定了社区残疾人康复评价指标，其中之一是有需要的社区综合服务设施康复活动场所设置率需(　　)。

A. 不低于 90%　　　　　　　　B. 大于 90%

C. 不低于 80%　　　　　　　　D. 大于 80%

4. 下列不属于社区矫正优点的是(   )。

A. 成本低

B. 防止罪犯间的交叉感染

C. 罪犯更加自由，不需要专人看管

D. 体现了对人的尊重、关怀，更人性化

5. 下列不属于新《特困人员认定办法》中规定的特困人员认定条件的是(   )。

A. 无劳动能力

B. 无生活来源

C. 无法定赡养、抚养、扶养义务人

D. 老年人、残疾人、未成年人

二、多选题

1. 下列属于针对社区优抚安置对象开展的"日常接访与走访"服务内容的有(   )。

A. 优抚对象资料建档

B. 定期开展拥军优属社区宣传

C. 家庭走访、慰问

D. 政策咨询服务

2. 下列属于社区矫正功能的有(   )。

A. 惩罚功能   B. 保护功能

C. 塑造功能   D. 控制功能

E. 感化功能

3. 下列关于社区青少年服务描述正确的有(   )。

A. 是社会工作的一种介入手段

B. 是综合社会建设的一种方式

C. 关键点是积极促进青少年的全面参与

D. 体现了社会工作"助人自助"的核心理念

4. 下列属于青少年就业服务项目可以开展的服务内容有(   )。

A. 调整心态   B. 资源链接

C. 职业规划   D. 法律维权

三、判断题

1. "四点半课堂"课后托管服务项目已逐渐发展成为青少年社区教育的新模式。(   )

2. 社区青少年服务以为青少年提供各种服务为重点，不强调青少年自身的参与。（　　）

3. 残疾人是社会中面临困难的特殊群体，对残疾人的保障程度，从一个侧面反映出一个国家的福利水平与文明程度。（　　）

4. 同时符合特困人员救助供养条件和孤儿、事实无人抚养儿童认定条件的未成年人，选择申请纳入孤儿、事实无人抚养儿童基本生活保障范围的，可同时认定为特困人员。（　　）

四、简答题

1. 简述社区为老服务的实现途径。

2. 简述特困人员救助供养的内容。

3. 简述开展社区青少年服务的方法。

项目四

社区资源链接

【学习导引】

　　大家好！欢迎来到《社区治理》课程项目四，本部分的主要内容有社区资源的概念、分类、特征，社区资源整合的方式、实现机理，社区资源的配置要素、配置路径。

【思维导图】

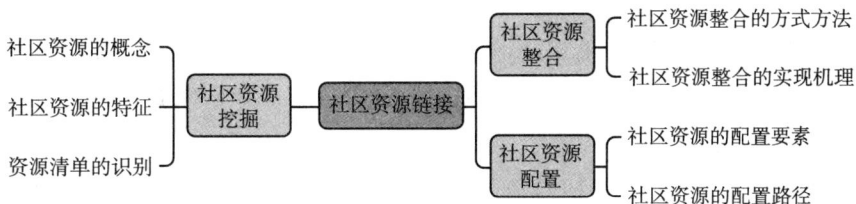

【教学目标】

　　1. 通过学习社区资源的定义、类型和特征，你将正确认识社区资源的类型，把握哪些是社区拥有的资源，如何更好地利用社区资源。

　　2. 通过学习社区资源的特征、配置要素，你将能够了解社区资源的基本特点，知晓如何挖掘社区资源。

　　3. 通过学习社区资源清单的识别、社区资源整合的方式和实现机理，你将能够把握社区资源的清单，把握资源整合的方式，理解资源实现机理。

任务一： 社区资源挖掘

子任务1 社区资源的概念

一、社区资源的定义

学术意义上，社区资源的界定较为宽泛，目前还没有一个广为人们所公认的概念。目前学界对社区资源的研究主要从两个层面展开。

一是从广义上来说，社区资源被视为有利于社区发展的所有物质性资源与非物质性资源的总称，也就是说一切有利于促进社区治理发展的元素均可冠以"社区资源"这一称谓。这里被社区利用的资源，并非局限于社区的地理区域范围，它既可以是社区所拥有的人、财、物资源，也可以是为社区所利用的资源，像社区周边的政府部门、科研院所、慈善组织、企业等各类组织，还有各单位的领导、教师、记者等各种人力资源。这些资源覆盖了社会生活的方方面面，都能为社区的发展提供有益支撑，可以看作广义范畴上的社区资源。

二是从狭义上来讲，社区资源是指可以为社区利用与支配的现实资源。如居住在社区范围内的居民、志愿者，工作在社区中的工作人员，服务管理社区的党群服务中心、社区社会组织，以及为社区所用、居民所有的硬件基础设施，如社区餐厅、体育场馆、会议室、居民活动中心等，这些人、组织、设施为社区所辖并为社区居民所用，它对构建社区服务供给体系、提高居民生活质量可以起到助推作用。这类资源被称为狭义上的社区资源。

社区资源的概念是与社会变迁与发展紧密联系在一起的，它的内涵在不断变化，外延不断拓宽。有学者指出，下沉到社区层面的资源，既包括物质资源、经济资源、人力资源，还包含权威资源、行政资源、体制资源。[①] 可以说，这一概念既涵盖了社区资源的一般性定义，又把隐含于其中的权力资源、体制资源明确列入资源范畴，丰富了社区资源的内涵与外延。因此，为社区层面所运用的资源，不

---

① 吴理财. 全面小康社会的城乡基层社会治理共同体建设 [J]. 经济社会体制比较，2020 (5)：1-7.

应从一般意义上进行泛化的理解，而应把社区治理所需要的资源纳入其中。为便于进行规范化研究，本书认为社区资源是指为社区所掌握、运用、支配的人、财、物等物质性资源，和党政、组织、文化、关系、权力等非物质性资源的总称。

二、社区资源的分类

对社区资源进行分类，可以从资源性质、资源归属、资源来源、资源呈现形式、社区营造的概念、广狭义角度进行划分。

（一）按资源性质分类

按资源性质可以把社区资源分为经营性资源、非经营性资源。这种划分方式是借用经济学概念而进行的分类。所谓经营性资源是指社区层面直接用于生产经营活动、创造经济价值的资源。所谓非经营性资源是指社区所占有的不直接参与经济活动、创造经济价值的资源，如社区公共服务设施、幼儿园、社区基本公共服务等福利设施。

（二）按资源归属分类

根据资源归属可把社区资源分为正式资源和非正式资源。正式资源主要是指在制度安排下可以利用的资源，如政策资源，有官方归属的空间及物质资源等，学校、医院、社区组织等正规组织，基于制度框架而设立的组织。非正式资源是指未经过制度安排的资源，可以是偶然的、不稳定的、动态的，对于个人而言，如亲戚、朋友、同乡等。

（三）按资源来源分类

从社区资源来源进行划分，可以将社区资源分为内生资源、外联资源。内生资源包括归属于社区管理范围之内的社会力量，如位于社区空间的社会组织、驻区单位、企事业单位以及存在于社区的街区、各种设施等。社区外联资源主要包括位于社区范围内的医院、学校等公共资源，以及所辖的商家、社区公益组织、物业公司等。梳理资源有助于共享社区资源。

（四）按资源呈现形式分类

根据资源呈现形式可将社区资源分为文化资源、人力资源、组织资源和物质资源。

（1）文化资源。它主要包括乡风民俗、传统节日、语言文字、宗教信仰、成员关系、价值规范等，因其没有明确的归属与责任载体，需要经过长期挖掘与了解才能获得。

（2）人力资源。人力资源是指社区居民、社区志愿者、社区工作人员、生活或工作在社区范围内的高校大学生志愿者、专业人士。这里的人力资源还指居民个人所拥有的技术、知识、经验、名誉、才能、地位、财富，和其所动员的社会关系等。这类资源归属于特定的个人，其动员的难度较小，但不确定因素较多，会随个人境遇的变化而变化。

（3）组织资源。组织资源主要是指组织所拥有的财力、物力、人力、信息以及影响力，还有政策资源。这种资源具有明确的归属与责任载体，动员起来或许可以实现多方共赢。

（4）物质资源。物质资源主要是指社区建筑、公共设施、公共用地、基础设施、道路交通、社区服务所需资金等社区的基础性资源。部分具有明确的归属，动员起来难度较小。物质资源包括资金、实物两类。资金资源是开展社区活动能够运用的资金，实物资源则是指社区居民拥有的个人资源、社区公共资源。

（五） 按社区营造的概念进行分类

根据社区营造的概念，社区资源可以从"人、文、地、产、景"五个维度进行区分。人是指满足社区居民需求、维持人际关系、营造生活福祉等内容；文是指延续社区历史文化、经营文艺活动等；地是指保护地理环境、发扬地方特色、延续在地性特点等；产是指经营在地产业、经营经济活动、发展地方产业等；景是指营造社区公共空间、经营生活环境、创造独特景观等内容。这五个维度相互依存、共同促进，人是社区资源的基础，文是社区资源的关键，地是社区资源的保障，产是社区资源的根本，景是社区资源的推手，五个方面缺一不可。

（六） 按广狭义进行分类

从广义角度和狭义角度进行划分，社区资源分为广义社区资源和狭义社区资源两种类型。广义社区资源内涵非常丰富，它既包括社区本身所拥有的人、财、物资源，还涵盖了能够为社区所利用的资源。社区拥有的财和物，既可以是指能为社区所有、归社区支配的财物，也可以是社区居民拥有的财物，还可以是社区居民的地位、身份和贫富水平。[①] 为社区所利用的资源，主要有坐落于社区范围

---

① 邱柏生. 论社区资源类型及其整合方式 [J]. 探索与争鸣, 2006 (6): 33 - 35.

内的高等院校、政府部门、慈善组织等各类资源。狭义的社区资源主要指社区本身可以利用的资源，如生活在社区中的居民群体、工作在社区中的工作人员、社区党群服务中心、社区中的运动场等，这些都是为社区拥有、被社区使用的资源。

当然除了以上分类标准外，从资源的分布形态可以把社区资源分为潜在资源、现有资源。还可以按照不同分类标准，将社区资源分为有形资源、无形资源；公益性资源、非公益性资源；显性资源、隐性资源。无论从哪种角度进行分类，都应根据现实需要来确定，社区资源所包含的类别都要涵盖明确的人、财、物等实体资源，还要有文化、信息、权力等无形但又随处能感知到的资源。这些资源都能够为社区建设利用、为发展提供支撑、为社区组织所调动，都可以看作社区资源。对社区资源进行分类和识别，可以实现资源的共建共享、广泛获益。

子任务 2　社区资源的特征

从前述社区资源概念界定以及类别划分可以看出，社区资源具有以下特征。

一、社区资源具有主体上的多元性特征

对于社区治理来讲，只要能够为社区利用，为社区居民服务，就可以被认定为社区资源。从更为宽泛的视角来看，这种多元性表现在宏观、中观和微观三个方面：一是宏观层面的针对社区的政策，如《关于养老、托育、家政等社区家庭服务业税费优惠政策》，国家对社会力量举办多种形式的社区养老服务机构的支持政策，国家《关于"十四五"城乡社区服务体系建设规划》等，这些政策都是社区治理可依赖的资源。二是中观层面上，社会组织面向社区提供的社工服务队伍和专业技能服务均可视为社区的资源。社区工作的诸多领域，像社会福利、社会救助、扶贫济困等方面都离不开专业社工的服务。三是微观层面上，社区居民的技能和志愿热情也是社区不可缺少的资源。社区发展的宝贵资源是人力资源、社区公益服务的供给，社区居民不仅仅享受、消费服务，还应该开发资源、挖掘资源，成为社区资源的提供者与主导者。

二、社区资源具有形式上的多样性特征

社区资源的多样性表现在资源的形式多种多样，有人力资源、资金资源、基础设施、区位优势、社区文化、制度资源等多种资源。从结构基础上看，涵盖人

力、物力、财力、信息、权力等资源；从对社区居民的作用看，物质经济方面的资源有自然资源、地理资源、交通资源等，软性约束的资源有市民素质、管理资源、文化资源等。这些资源聚合在一起，构成了社区资源的多样性特征。

三、社区资源具有运用上的潜在性特征

社区资源利用的潜在性，也可以称为隐蔽性特征。从前述社区资源的定义描述可以看出，一切用于建设社区、服务社区、发展社区的资源都可以为社区所用，这就对社区治理主体提出了更高要求，如何更好地发现社区潜在的资源、怎样挖掘社区资源，如何将发现的社区资源用于社区，就需要社区治理主体深入思考、主动作为，因为社区中的权力、制度等潜在资源不会以直观形式自己呈现出来。

四、社区资源具有使用上的稀缺性特征

相对于社区发展而言，社区资源的储备与使用总是有限的。由于社区资源主体的多元性特征，不同社区之间所拥有的资源总量的不均衡、资源开发过程中存在的不平衡，以及资源配置的不均衡导致或加剧了社区资源的稀缺性。这种稀缺性特征决定着社区资源不可能固守在某一地域，而是会在社区内外之间发生流动，使得社区之间存在事实上的资源利用的竞争关系，流动发生的经常性会影响社区资源开发和利用的规划与实施效果。

五、社区资源具有分布上的碎片化特征

从当前社区治理实践来看，社区资源的分布具有碎片化特点。对于政府、企业而言，其所拥有的人力、物力、组织等资源相对集中、管理规范、调动迅速。社区资源则与之不同，由于城市化进程的加快，城市规划不合理、人口流动频繁等因素的客观存在，使社区内部被分割成了密密麻麻的小区域，没有明确的社区边界。这种碎片化现象既给居民生活带来了不便，还削弱了社区的凝聚力与组织能力。一些居民因在社区居住时间短而不能产生归属感，对社区事务参与度不高，使社区治理难以有效开展。

子任务3 资源清单的识别

为满足社区居民需求，识别社区资源清单与拥有现状，形成以服务社区居民

需求为导向的清单，依托需求清单绘制社区资源地图有助于实现资源的整合和利用。

一、厘清社区服务需求

社区服务需求的满足是从基础层次需求、中间层次需求和高级层次需求三个方面满足社区居民的物质、文化、生活等方面的需要，也就是从群体性需求的满足来界定社区需求（见表4-1）。

表4-1　　　　　　　　　　社区需求的群体性要素

一级指标	二级指标	三级指标
基础层次需求	行政服务类	办理民政公共服务
		办理计划生育服务
		办理就业指导服务
		流动人口管理服务
		社会保险服务
		网络办事引导
	基本医疗卫生保健服务	社区门诊诊疗
		疾病预防
		健康教育、咨询
	社区基础环境维护	社区治安
		社区环境整治
中等层次需求	老弱幼残服务	幼儿看护
		儿童照顾和学习辅导
		居家养老
		保健服务
		残疾人服务
		社区探访、慰问
	文体娱乐活动	娱乐场所和设施
		用于娱乐的经费
	生活便民	家政帮扶
		邻里互助

续表

一级指标	二级指标	三级指标
高级层次需求	高级休闲娱乐活动	网球、泳池等体育场馆设施
		电子阅览室
		电影放映室
		文艺表演
		兴趣爱好活动室
		科普宣讲
	社区自治需求	居委会换届选举
		居民自治组织
		居民意见反馈

社区居民作为社区治理的主体、社区服务的享用者，表4-1所列的需求清单是大多数社区的共性需求，不同社区所面临的需求有所差别，但大体上均可归结为基础、中等、高级三个层次的需求。社区群体性需求是社区资源识别的依据，也是制订社区资源清单的基础。

基础层次需求主要是满足大多数群体的基本生活需求，侧重于广大弱势群体的生活需要，这体现了社会公平、公正的意蕴。这就要求社会组织进行需求调研，遵循资源共享、多数获益的原则，精准识别资源，对社区居民进行深度关切，特别关注弱势群体的切身利益。由于弱势群体话语权难以得到很好体现，更加需要重视他们的需求认知。

中等层次需求主要是满足大众化的需求。这方面的需求包括面向老弱病残的一般性服务、文体娱乐需求以及居民生活需求。老弱病残的一般性服务中涉及幼儿看护、儿童照顾和学习辅导、居家养老、保健服务、残疾人服务、社区探访与慰问等内容，大多数家庭都会在不同的家庭生命周期需要这些服务，这是无法回避的服务需求。文体娱乐需求方面，需要解决居民的娱乐场所和设施、娱乐经费等方面的问题，满足广大居民的大众化消费需求。居民生活需求包含家政帮扶、邻里互助等内容，这是每个家庭无论何时何地都必然需要的需求。

高等层次需求主要包括社区群体的高级休闲娱乐活动、社区自治需求等内容。文艺表演，科普宣讲，网球、泳池等体育场馆设施，电子阅览室、电影放映室、兴趣爱好活动室等活动或场馆设施可以满足社区居民的高层次需求，如居民提议设置的市集主播、战地记者、公益演唱会等活动均可归属为高层次需求；居委会换届选举、居民自治组织、居民意见反馈等社区自治活动可以满足居民表达利益诉求、实现自身价值的需求。

二、绘制社区资源地图

社区资源与服务需求之间的匹配成功与否取决于科学的对接平台、合理的配置体系，而这一切的前提在于社区拥有的资源能否为社区工作者掌握并清晰地呈现出来，社区资源呈现的结果就是根据社区居民需求绘制的社区资源方位与分布地图。一般而言，社区资源并不会自发满足居民需求，它需要通过社区工作者的整理，形成可视化的地图才能被居民理解和应用。

社区工作者走访社区、认识社区是绘制社区资源地图的第一步。这一环节的目的是收集社区信息，可以从资源秉性、资源归属、资源呈现形式、社区营造角度、资源分布形态等维度了解服务对象的信息，不仅要收集弱势群体的数量、经济收入、类别等基础信息，还要挖掘社区的历史、传统文化，明确社区可利用的便民服务设施，以及社区志愿团体、社区领袖等人力资源，为更好地整合社区资源、开展社区活动奠定基础。

整理社区资源、列出资源清单是绘制社区地图的第二个环节。社区工作者对收集的资源信息进行整理，分析哪些资源是社区拥有的，哪些资源是需要外部链接的，依据资源属性进行分类汇总。列出与民生密切相关的单位，如社区居委会、人社局、便民大厅等行政单位；社区卫生服务中心、长者照顾中心等便民单位；超市、饭店、医院、银行等生活服务点；社会组织、企业等，将这些资源的位置、地点列出简单的示意图，便于社区居民参阅，同时也方便社区工作者开展服务选点。

社区工作者通过手绘或电子绘图方式绘制社区资源地图是第三个环节。以社区主要干道作为社区资源地图的框架，将社区的主要景点、相关单位在框架图上做出标识，按照资源类型设立对应的图标，在资源地图上注明位置、列出名称（见图4-1）。

图4-1展示的是上海城建职业学院师生绘制的上海市杨浦区延吉新村街道社区资源地图。如果调研深入，在标记单位时可列出联系方式及可以提供哪些方面的资源。绘制资源地图时，可以用不同的颜色、常用图示呈现社区资源，方便社区工作者开展服务，便于社区居民查找运用。当然，社区资源处于动态的发展过程，需要对资源地图进行定期更新，将新发掘的资源、拓展的资源给予细化完善，为居民不断提供新的资源线索。

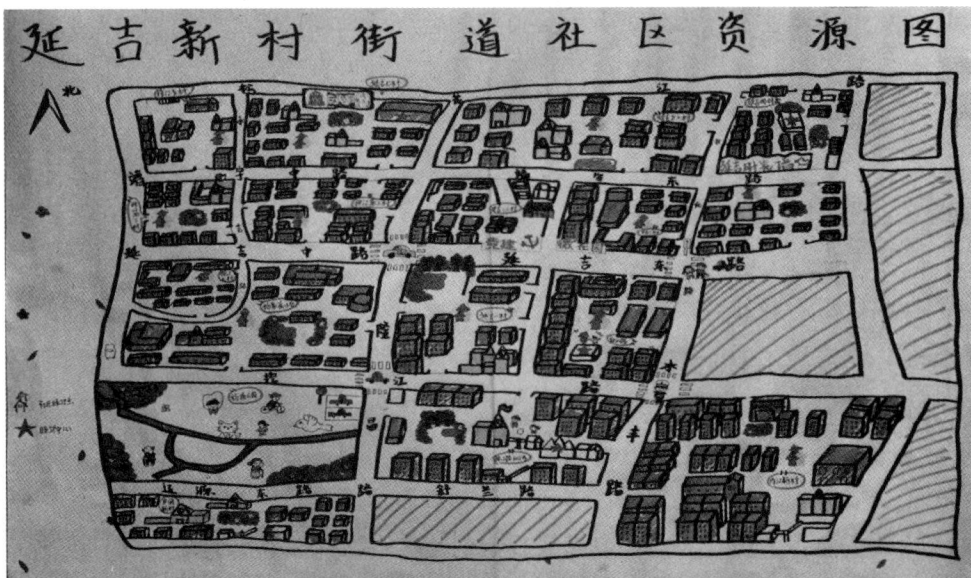

图 4 – 1 上海市杨浦区延吉新村街道社区资源地图

注：此社区资源地图是上海城建职业学院 2022 级社会工作专业学生在社区调研基础上绘制而成的。该地图位置不够准确，仅作为教材使用参考。

任务二： 社区资源整合

子任务 1 社区资源整合的方式方法

所谓资源整合就是对资源优化的过程。这一术语最早出现在经济学领域，是对资源的有效利用。根据民政部发布的《社区社会工作服务指南（2016）》，社区资源整合就是 "为共同满足社区多样化建设和服务需求，在协商、合作的方法上实现对工作条件、服务信息、联合决策和行动的互通共享"。[①] 换言之，社区资源整合就是对社区主体、社区服务对象、整合方式、整合机制进行有机融合和协调的过程，其中最关键的部分是整合机制。从社区资源汲取出发，可以把社区资源整合分为权力主导型、利益驱动型和能力支撑型三种方式。[②]

---

① 民政部关于发布《社区社会工作服务指南》等 5 项推荐性行业标准的公告 [EB/OL]. https://www.mca.gov.cn/images3/www/file/201701/1484893885134.PDF.

② 吴琪. 社区资源整合的实践探索与发展审视 [D]. 武汉：华中师范大学，2021：16.

一、权力主导的资源整合方式

社区资源不同于一般意义上的资源，它在属性、分布特征等方面较为特殊。从属性来看，社区资源表现为显性与隐性相互融合、相互交织这样的独特性。像社区治理过程中人们所看到的社区工作者、服务于社区的资源项目，我们能够清晰地用语言描述的资源就是显性资源；而有些资源则是无法观察到的隐性资源，如社区建设过程中运用到权力资源、居民的能力资源、运用的关系资源等，虽然不能明确表述或直观呈现，但它确实存在。这种特殊性就决定了不能使用常规手段整合社区资源。从分布特征分析，社区资源具有碎片化、分散化特点，[①] 它分布在社区不同层面，遍布社会各个行业，如社区工作者拥有的专业技能、社区中的意见领袖、精英人物等。面对碎片化的资源，要想有效整合，就需要运用权力进行主导，方能将分散在不同领域的资源整合起来，产生相应的效能。权力的强制性和权威性使得它能够运用命令、决定、决策、通知等形式撬动服务社区的政府部门资源，而这种能力是其他社会主体所不具备的，它可以在短时间内提高资源整合的效率。

二、利益驱动的资源整合方式

整合社区资源靠的是不同的利益主体，它们在进行资源整合时，运用利益驱动机制满足不同社会主体的需求，进而实现资源的合理利用。社区层面的社会主体可以分为政府、社区、社会组织，它们之间形成了多元化的动态关系。具体包括：一是政府和社会组织的资源互补关系。政府有掌握制定政策的强大优势，拥有足够的资金和项目资源，但政府却不可能将政策细化到社区治理的方方面面，也没有能力调动居民广泛参与的积极性，更难以提供专业化的服务。社会组织作为专业服务机构，拥有丰富的专业技能，具备精准的资源分析能力，但因自身"造血"功能不强，没有资金和项目的支持会遇到发展瓶颈。政府和社会组织的互动则可以弥补各自劣势，满足双方需求。二是社会组织和社区的资源互换关系。社会组织多由民间力量来举办，代表的是大众的利益，传递的是民众的呼声，它们存在的价值是通过服务获得居民的认可，得到满意的评价。社区在接受社会组织服务时，使得双方都能实现资源互换，达成资源整合。三是社会组织相

---

① 吴琪. 社区资源整合的实践探索与发展审视［D］. 武汉：华中师范大学，2021：17.

互之间的支持互助关系。不同领域、不同时期发展起来的社会组织,其力量有强弱高低差异,彼此之间的合作、互动多是基于资源的互换而发展壮大自己。总之,政府、社会组织、社区三者之间的互动来自资源的交换和整合,政府要发挥自上而下的主导作用,社区要发挥自下而上的参与作用,社会组织则发挥中介聚能作用,通过上下一体的资源整合最终转化成服务社区的动能,在满足不同主体利益的同时,实现多方共赢。

三、能力支撑的资源整合方式

创新社区治理,可以通过调适政策、配置权力、下沉资源等途径提升社区自治能力,也可以通过培育主体、搭建平台、发掘资源等方式提升社区整合能力。社区资源整合能力有三个方面:一是政府部门的协调统筹能力。政府机关的统筹协调能力起决定作用,它是社区治理过程的总舵手。党政部门可以运用组织化体系打通上下层级的区隔,联通纵横交错的社区资源渠道;还可以提供政策工具,合理调研社区资源。二是社会组织的资源链接能力。培育社会组织离不开社区这个发展空间,在这一过程中社会组织有机会发现和挖掘方方面面的社会资源,社会组织可以利用自身的专业优势链接多方资源,扩充资源链接能力,带动更多的资源流向社区。三是社区自身的资源盘活能力。社区自身需要具有自我整合资源的能力,才能保持相对独立,具有可持续发展的动力。社区要想盘活内外资源,就需要整合辖区内外的各方资源,如学校、企业、社会组织等单位的人力、物力资源,提高服务居民水平。

子任务 2 社区资源整合的实现机理

社区资源整合并不是完全自发的过程,它需要借助外在推力建构一套系统、科学的运作机制方能得以实现。信息技术的普及与发展,为学者提出整体性治理理论提供了现实基础,整体性治理理论强调要为公民提供无缝隙的整体型服务,需要"以公民需求为治理导向,以信息技术为治理手段,以协调、整合、责任为治理机制,这样才能有机协调与整合治理层级、功能、公私部门关系及信息系统等方面的碎片化问题。"① 该理论以满足居民基本需求为前提,整合政府部门、

---

① 林晓兰,叶淑静.社区自治与共治的模式整合及其优化路径——以苏州市山池街道为例 [J].学习与实践,2021(12):112–121.

企业、社会组织等多元化资源，最终达成对接社区居民需求、提高社区居民生活水平、保障社区居民服务机制运转、引导社区资源共享开发的目标。

一、重构治理体系，划清权责边界，划分治理清单

我国社会治理的特点是"条块结合，以块为主"，而延伸到基层治理时"条块不分"现象更为明显，在社区层面则可以用"上面千条线，下面一根针"描述。社区治理中普遍存在不同属性的工作、不同类型的任务混杂在一起的现象，社区治理模糊、边界要求不清等问题使得社区治理表现出"不可治理性"特点。社区层面的服务性工作、行政性事务、自治性需求交织在一起，而社区工作人员数量有限，在人少事多的背景下，他们只能根据工作任务的轻重缓急自行权衡工作安排。在统筹安排社区工作时，可以按工作任务紧急程度、工作性质类型差异、上级部门行政压力，分为重要而紧急、重要不紧急、不重要但紧急、不重要也不紧急四种类型。社区治理过程中优先解决的是重要而紧急的工作，而忽视了不重要也不紧急的工作，这些工作正是满足居民需求的日常琐事。"尽管社区工作繁杂琐碎，但做到繁中有序、杂中有规、琐中有制、碎中有律是有效治理的内在要求。"[①] 对社区居民不重要也不急迫琐事的满足，既体现了社区工作的社会价值，又考验社区工作者的服务能力。但是受"压力型体制"的影响，社区居委会往往会优先选择"重行政而轻治理"。社区资源的整合，并非仅有居民参与、多元主体加入就能完成的，而应划分治理清单的不同类型，厘清参与主体的权责边界，推动多元主体协同共治。

二、下沉治理重心，识别居民需求，对接社区供需

社区资源整合的内在逻辑是下移治理重心，这里下移重心的意思是将资源、服务与管理下沉。社区资源整合的重要保障是资源的下沉，它提供了合法性依据，给予了政策支持，能够确保资源从上而下通过整合下沉到基层社区。社区资源分布在政府、社会、市场等多个层面，它不会主动参与到社区治理中，需要人们去识别、挖掘社区资源，这是整合社区资源的第一步。提高整合能力，就应明确社区居民需求，厘清社区资源物质基础。从人文地产景五个维度明晰社区资源

分布特征，即与"人"息息相关的基本生活需求，也就是人们对生活的美好愿景是什么，居民之间的人际关系如何；"文"涉及社区居民对地方性文化及共识的认同，而并非流于表面的文化形态；"地"的塑造是如何将社区内的自然资源、地理环境转化成为发展优势；"产"是人们定居的重要条件，即社区的产业；"景"即社区的空间、公共设施等，是满足基本生活需求后对公共生活质量的追求。要开展社区服务，就应明确社区不同群体尤其是弱势群体的主要需求是什么，这是制定服务计划的重要依据；要举办社区活动，应从上述五个角度厘清社区资源清单，解决社区服务过程中"用什么做"的问题。识别社区治理资源清单，就是要发现能够为社区所用的资源、经转化后能为社区使用的资源，不同整合主体对于社区资源有各自的识别标准与使用方式。需要根据社区的工作模式、工作机制，精准识别社区的真实需求，提高资源利用效率，使社区服务契合居民需要，将"悬浮式"服务转向"落地式"服务，在对接社区多元诉求中满足居民需求，为社区居民提供个性化服务。

三、树立共同体意识，彰显治理效能，促进资源互补

发挥基层社区治理共同体的作用，促进社区资源整合，提升社区治理能力。社区治理共同体是由基层党组织、基层政权组织、经济组织、自治组织、群团组织、社会组织与公民个体所构成的集合体。其中，居于不同地位的行动主体承担着不同的角色，基层党组织居于领导核心地位，政权组织是主要的组织者，经济组织、自治组织、群团组织、社会组织与公民个体是重要参与主体。基层党组织、基层政权组织、经济组织、自治组织、群团组织、社会组织与公民个体共同构成了社区治理的"同心圆"，其作用的发挥，就是确立共同体意识，健全共建共治共享治理制度，打造"人人有责、人人尽责、人人享有"的社区治理共同体。彰显社区治理效能要求共同体成员要有目的地开展社区治理活动，得到居民认可，获得较高成效，展现治理能力，体现治理目标的实现程度，这是社区资源整合产生的积极成果和正面社会影响。社区治理效能的提升，就要坚持问题导向，直面治理难题，补齐治理"短板"，打通治理"最后一公里"。社区资源整合的目的在于将来自不同行动主体的资源汇聚在一起，强化政府与社会的关系，促进政府与社会等多元主体的资源互补与协作共治，切实提升社区治理的融合发展力，推动政府、社会组织、社区居民等治理主体之间的良性互动与合作共赢。

任务三： 社区资源配置

子任务1 社区资源的配置要素

随着社区管理理念向治理理念的转向，以社区居民为中心的需求响应机制对社区资源的构建配置提出了更高要求，社区资源投入已从最初的物质性保障过渡到精神性满足，形成了多层次、多对象、多服务的社区资源配置导向。社区资源配置包括资源配置主体、客体、标准三个要素。

一、社区资源配置的主体要素

社区资源配置主体是指掌握社区资源、具备资源配置资质、有能力开展社区服务资源配置，并从中获得一定经济、社会、文化效益等的组织、机构和个人。[①] 根据这一界定，社区资源配置主体包括政府、社会、市场、社区、家庭及个人，只有这些主体共同参与到社区资源的配置之中，才能使资源配置达到最优化，也才能更好提升社区服务水平。对于社区层面的服务而言，涉及人群、领域较多，为了更为具体地描述社区资源的优化配置，这里以养老服务资源配置为例，详细介绍社区资源配置的主体类型、功能、职责，见表4－2。

表4－2　　　　　　　　　城市社区养老服务资源配置主体

主体名称	分类	功能职责
政府	国家、省、市、区、街道、社区等各级政府机关	出台政策，扶持引导社区养老服务资源优化配置；提供财政补助和专项经费支持社区养老服务资源配置；将养老机构提供的居家社区养老服务纳入补贴范围；为其他社区养老服务资源配置主体参与资源优化配置提供政策、资金、监督管理等支持
社会	社会养老机构、社会组织、社工机构、红十字会等公益组织、学校等	通过独资、合资、合作、联营、参股、PPP模式等多种形式，参与社区养老服务资源优化配置；支持其他主体优化配置社区养老服务资源；养老机构、社会组织、社工机构、红十字会等可开展社区养老服务资源配置和服务提供；学校与城乡社区对口服务

[①]　倪赤丹.城市社区养老服务资源优化配置研究［D］.武汉：华中科技大学，2022：120.

主体名称	分类	功能职责
市场	康养企业、家政企业、物业企业、商业保险、金融机构等	市场推动、培育社区养老服务企业和机构；发挥保险资金长期投资优势，以投资新建、参股、并购、租赁、托管等方式，兴办养老社区和养老服务机构；金融机构优化网点布局，提高金融服务的可得性
社区	社区邻里、社区党群服务中心、社康中心、社区社会组织	邻里相助和结对帮扶；社区党群服务中心、社会组织参与、支持、监督、管理养老服务资源配置、适老化改造
家庭	家庭及老年人家属	提供居家养老服务；支持家庭服务业；家属利用家庭资源在社区开展助老服务
个人	老年人	自立支援；积极参与社区养老服务资源优化配置和利用；享受社区养老服务资源带来的社会福利

资料来源：倪赤丹. 城市社区养老服务资源优化配置研究［D］. 武汉：华中科技大学，2022：121.

表4－2描述了社区养老服务资源配置的主体，它涵盖了社区养老服务的供给方和保障方。社区资源配置面向不同受助群体时这种分类、功能职责同样有效。

二、社区资源配置的客体要素

社区资源配置的客体是社区服务资源本身。社区资源优化配置的客体包括人力资源、财务资源、物力资源与信息化资源四类。这些资源来自不同社区资源配置主体，并且由对应的主体单独或联合开展资源优化配置活动，不同的资源配置客体包含着不同的资源内容与资源形式。这里仍以社区养老服务资源为例，分析社区资源配置的客体（见表4－3）。

表4－3　　　　　　　城市社区养老服务资源配置客体清单

资源	内容和分类
人力资源	老年医学、管理学、护理学、营养学以及心理学等方面的专业人才；基层卫生技术人员；养老服务从业人员；社区全科医生；社区护士队伍；志愿者队伍；老年人力资源；老年志愿服务活动；社工；学生
财力资源	财政资助；专项经费；社会资本；各类项目资助；民间资本；公益基金
物力资源	社区养老服务设施：日间照料中心、托老所、星光老年之家、互助式社区养老服务中心、综合示范性社区福利服务中心等；社区医疗服务设施：医院、社区卫生服务机构、疗养院、门诊部、诊所、卫生所（室）等医疗机构；社区服务网点；信息服务、管理咨询、人才培训等社会中介机构；老龄工作机构；社区文体娱艺公共场所；绿地、广场、社区公园、展览馆、博物馆及图书馆、文化馆、图书室、老年人运动健身场等文化娱乐场所；无障碍设施：道路、建筑物、坡道、电梯等

续表

资源	内容和分类
信息化资源	一体化社区养老服务信息管理和服务平台；线上线下一体化社区养老服务、产品；多类型智慧健康养老产品和适老化产品

资料来源：倪赤丹. 城市社区养老服务资源优化配置研究［D］. 武汉：华中科技大学，2022：123.

三、社区资源配置的标准要素

结合部分学者的研究，倪赤丹从人口、政策制度、数理统计模型、资源辐射范围、养老服务需求五个方面确定社区养老服务资源的配置标准，[①] 无论哪种类型的社区服务，其资源配置标准具有相似性，因此对于社区资源的配置而言，仍具有一定的参考价值。这里仍以社区养老服务资源配置为例，说明社区资源配置的标准要素是如何体现的。

从人口配置来看，可以依据社区老年人口的规模、密度、老龄化程度配置社区养老服务资源。配置的标准可以把人口的数量与增长趋势结合起来，对当前与未来的社区养老服务资源进行优化。这种方式操作性强，可以为政府部门、相关组织提供一定的参考依据，但由于仅以数量为标准，难以体现资源配置的内容、质量等，这是这种配置标准的不足。

从政策制度看，根据政策要求，确定社区养老服务设施的数量与地点，配备相应的人力、物力、财力等资源。配置的标准一般是贴合城市的实际规划，在政策的支持下，实施率较高。但这种方式对社区老人的养老需求考虑不够充分，受政策强制性影响，不能兼顾其他社会经济、文化、人口等影响因素，需求预测不足，会产生资源浪费。

从数理统计模型看，有世代交叠模型、不确定生存期间动态模型、离散时间动态基本模型、养老服务资源供需动态平衡模型、最优退休时间决定模型等，养老领域专家通常采用这些模型测算与配置社区养老服务资源。模型方法具有精准、科学的特点，但对数据资源要求高，要具备相应的数理统计知识，配置的结果可操作性不强，普适性较低。

从资源辐射范围看，不少城市开展了"十五分钟社区生活圈"等空间模式和功能配置，将居民区、公共交通设施、学校、医院、商超、文化场所、体育设施等服务场所纳入居民生活区域，满足他们的衣食住行等日常需求。这样的配置

———

① 倪赤丹. 城市社区养老服务资源优化配置研究［D］. 武汉：华中科技大学，2022：123.

标准通常在城市规划中有较好的体现，它整合了社区养老、居民休闲健身、医疗、教育等多种资源，操作性较强。但这一配置标准未能将社区老人的需求、人口密度等要素考虑进去，易造成资源闲置。

从养老服务需求看，这种配置标准充分考虑了社区老年人的服务需求，与"以人为本"理念高度契合，能得到居民的响应。但要满足这种标准，事前应开展调查研究，了解居民养老需求，并根据社区实际配置资源，开展相应的服务内容，这种配置标准工作量大、要求高，需要耗费较多的精力与时间。

这些配置标准各有利弊，可以将上述两种或多种标准综合起来使用，开展社区资源的优化与配置决策。可以选取人口因素作为配置社区资源的标准，分析社区的人口老龄化程度，测算社区的人口密度，统计社区的人口规模，设置社区的养老设施。以此为基础，对社区老年人的养老需求进行调研，根据调研结果，配置社区养老服务的人力、物力、财力与信息资源。

子任务 2 社区资源的配置路径

一、盘活内外资源，重构配置内容

基层社区是浓缩的社会，它蕴含着多种组织资源，包括有形的社区公共空间、公共设施等硬件资源，也有无形的文化资源、街区民约等软件资源。这些资源分散于社区共同体的方方面面，如何将共同体中的资源渗入社区治理的"神经末梢"，需要开展社区服务的行动主体发掘这些资源，明确资源的种类、识别资源的分布、制订资源的清单。开发社区内部资源，要立足于社区居民需求，从社区自身发展以及社区服务对象的切身利益出发，结合不同群体的年龄、身体状况等情况，分析其差异性需求，明确其需求层次，基于有限资源满足群体的紧迫性服务需求。社区的外部资源来自政府以及辖区以外的其他社会主体。与社区内生资源相比，外部资源能够供给持续而稳定，供给的品质优越性显著，但其不足在于难以覆盖社区建设中居民的多方面需求。外部资源运用过程中，可以有效将社区内部多元主体与社会主体链接起来，依靠社区外部资源解决社区居民需求和社区内部问题，促进社区发展，强化社会团结，这有助于重构社区个体与外部社会的关系。

二、强化动员机制，构建共同体网络

传统社区资源的动员是基于政府全能主义基础上进行的，而现代社区资源的配置模式正从传统模式转向政府、市场、社会协同的模式。在基层社区，要进行资源动员首先应立足社区自身来激活存量资源，充分调动社区的驻区单位、社会组织、物业公司、社区居委会、社区骨干的力量，发挥他们的参与积极性；其次，培育社区社会资本，促进增量资源。通过开展社区微创投、召开社区议事会等方式，调动社区力量积极参与其中，发挥社区居民的主体作用，增强居民对社区的归属感，推动居民从原来的被动参与转向主动参与；最后，引进外部资源。传统社区资源配置中往往重社区内部资源的挖掘，而忽视外部资源对社区发展的支持作用。目前，通过政府购买服务、公益创投等方式入驻社区开展的服务活动，就是调动社会组织、志愿者团体等外部支持系统配置社区资源的方式。在内部资源的主导下，与外部资源共同构建社区资源共同体网络可以高效满足社区居民需求。

三、加强资源管理，发挥共治价值

社区作为一个自治服务空间，它承担着自我管理、自我教育与自我服务功能。这就决定着社区资源管理首先应注重社区居民自治意识的养成，社区资源用于何处、如何运用都需要居民自己决定，通过社区议事、楼长自治等方式，让社区居民真正做到自我管理，改变传统社区隶属于街道的行政属性，转变过去政府代理人的身份，将社区的自治功能还治于民。同时，社区还是一个开放系统，社区治理的主体并非单一组织，而是需要由不同的主体共同参与才能开展社区层面的治理行动。不同主体参与社区治理过程中提供的资源，需要通过社区共治的引导才能发挥最大效用，在共同参与和共同管理中要注重发挥资源主体的能动作用，让他们拥有更多的决策自主权。在这一过程中，"政府及社区党组织应承担起资源管理的监管者角色，考察参与者的决策动机，对管理的合理性、合法性做明确要求，防止社区公共资源管理出现'公地悲剧'，折损社区公共资源的公共性。"[1]

---

[1] 朱志伟.特大城市社区资源配置模式演化与推进机制——以上海市为例 [J].福建论坛·人文社会科学版，2020（11）：181－190.

四、配置体制资源，注重资源互补

在社区资源分配机制层面，应注重体制资源与社会资源的互补。当下，基层社区资源配置已由政府主导转为政府与社会资源并重的格局，且随着"善治时代"的不断推进，社会资源的占比将不断提升。[①] 体制资源与社会资源是两类不同属性的资源，前者的拨付渠道来自自上而下的政府，它的重要功能是保障广大人民群众的生存权利，维护社会的公平公正，资源的使用分配范围以标准化为前提，采用科层化的运用流程；后者则是企业、社会组织、基金会、公众等多元主体让渡出来的资源所有权，这些主体之间的结构呈现出扁平化特征，其在资源分配使用上较为灵活，对它的用途范围没有严格限定，可用在扶弱济贫、社区健康与社区环境等不同领域。无论哪种类型的资源，在面对有限的社区资源与无限的社区需求矛盾时，需要协调好体制资源与社会资源的互补，以免造成不必要的重复与浪费。体制资源在分配过程中的刚性支出难以满足居民的多样化需求，只能解决困难人群的兜底性需要；社会资源则可以解决体制资源无法覆盖的领域，灵活应对社区居民的异质性需求与社区的全面发展。

练 一 练

一、多选题

1. 按资源性质可以把社区资源分为（　　　）。

A. 经营性资源　　　　　　　　　B. 非经营性资源

C. 内生资源　　　　　　　　　　D. 外联资源

2. 按资源来源分类，可以把资源分为（　　　）。

A. 经营性资源　　　　　　　　　B. 非经营性资源

C. 内生资源　　　　　　　　　　D. 外联资源

3. 按资源的呈现形式，可以把资源分为（　　　）。

A. 文化资源　　　　　　　　　　B. 人力资源

C. 组织资源　　　　　　　　　　D. 物质资源

E. 广义资源

---

① 朱志伟. 特大城市社区资源配置模式演化与推进机制——以上海市为例 [J]. 福建论坛·人文社会科学版，2020（11）：181–190.

二、名词解释

社区资源

三、简答题

1. 简述社区资源的特征。

2. 简述社区资源配置的标准要素。

四、结合社区调研，绘制一份社区资源地图。

五、论述题

1. 论述社区资源的实现机理。

2. 论述社区资源的配置路径。

社区服务组织

【学习导引】

大家好！欢迎来到《社区治理》课程项目五，本部分学习的主要内容有社区组织的定义、分类、功能；社区物业管理情况、社区居委会性质、职能、选举、业务范围、人员管理（专业社工）、财务管理等内容；社区业主委员会相关概念。

【思维导图】

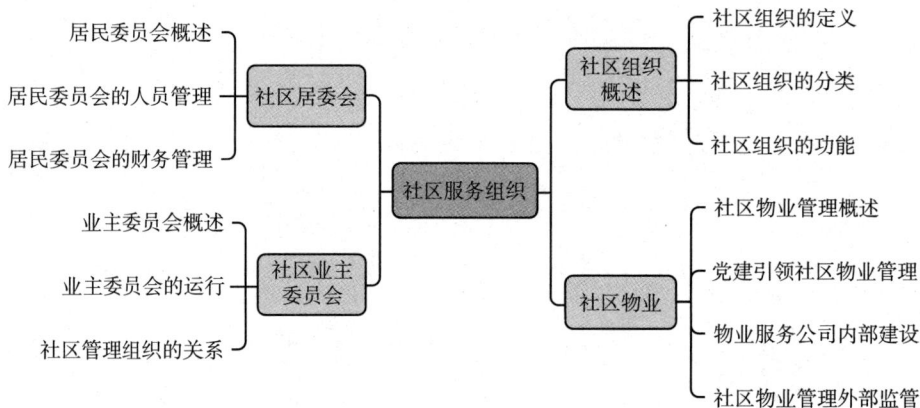

【教学目标】

1. 通过学习社区物业管理情况，你将能够解释社区物业管理的意义，建立社区与物业的融合共治思维，深入理解"党建＋物业"体系蕴含的党的政治优势和组织优势与治理优势之间的关系，融入全国各地市的创新实践经验，增强学生的制度自信，激发学生的探索精神和实践创新意识。

2. 通过学习社区居委会性质、职能、选举、业务范围、人员管理（专业社工）、财务管理等内容，你将能够区分社区居委会与物业服务公司的不同，同时能为社区组织建设开发出新鲜思路，形成新的经验。正确认识社区工作岗位的职责和功能，树立为人民服务的思想意识，牢记"居民利益无小事"的工作原则，增强职业道德素养。

3. 通过学习社区业主委员会相关概念，你将能够在你的工作中熟练运用社区业主委员会的章程、职能、选举、业务范围等内容，区分社区管理组织之间的关系，建立"三位一体"的社区管理思维。

任务一： 社区组织概述

子任务1 社区组织的定义

社区组织被视为社区的基本单元和细胞。社区虽小，却存在着各级各类的社区组织。《辞海》对"组织"是这样解释的，它是"按照一定的目的、任务和形式加以编织，如：组织起来。也是指所编制的集体，如：工会组织"。社区组织是社区治理的主体，也称为社区公共组织或社区基层组织。不同学科对它的解释各有侧重。

社会学领域中认为社区组织是社区内各个社会机构间的交流互动模式。社会工作专家则把社区组织看作社区工作的方式或过程，社区组织将社区各类团体组织和协调起来，通过通力合作使社区资源得到有效整合。[1] 有研究者把社区组织等同于社区非营利组织，它的作用旨在回应社区成员需求、促进社会公正、解决社区问题、推进公共目标实现。有学者认为社区组织是指人们为达到社区居民共同的目标，在社区地域内有序地形成的一个动态的社会共同体。[2] 还有学者把社区组织的内涵大体上归为两类：一类把社区组织看作社区工作的某种方法或过程；另一类把社区组织视为社区内组织系统。对于前者而言，把社区人事、社区资源、社区事务等看作管理、服务、分配、协调与整合的方法或过程；对于后者，则指社区所包含的机构、单位、载体、团体和群体等基层组织单元。社区组织系统是社区组织主体，主体组织离不开组织方法或过程；组织方法或过程则以组织主体作为载体而存在。[3]

---

① 甘炳光. 社区工作理论与实践 [M]. 香港：香港中文大学出版社，1998.
② 孟宪红.《社区组织与社区服务》课程教学改革实践研究 [J]. 长沙民政职业技术学院学报，2019（3）：91-94.
③ 高金环. 澳门非营利组织参与社区治理的功能与形成机制分析 [J]. 四川行政学院学报，2021（3）：55-62.

综合以上概念，社区组织的内涵主要包括以下方面：一是基于一定的目的而成立；二是在社区治理中可以发挥相应的作用与功能；三是通过组织服务或活动而满足社区居民的需求；[①] 四是基于社区居民这一主体而设立；五是需要运用相应的资源，包括内部挖掘或外部获取的资源。

子任务2 社区组织的分类

基于以上内涵，对社区组织的分类也众说纷纭。有学者结合当前工作实际，提出社区组织可分为三类，一是党政组织，包括党工委、街道、基层办事机构等；二是社区内的属地单位，如国家机关、企事业单位等；三是社区群众组织，如居委会等。[②] 胡仙芝和罗林等人把社区组织分为政治组织、营利性组织和非营利性组织、文化组织三类。第一类组织包括具有行政功能的行政性组织和社区居民自我管理、自治性的组织，如社区居委会、物业管理委员会等；第二类组织则包括福利机构、合作社等为社区居民提供经济与生活服务等的组织；第三类组织则指有共同志趣的居民组成的文体活动队等。[③] 郑杭生从组织机构与功能视角，指出社区党组织、自治组织以及中介组织是较为常见的社区组织形式。[④]

还有学者把社区组织划分为三种类型：一是社区党组织；二是社区居委会和社区工作站；三是社区社会组织。其中，社区党组织是按照《中国共产党章程》的规定，在社区中成立的、以全体社区党员为组织对象的中国共产党的基层组织。社区居民委员会是依据《城市居民委员会组织法》组织和建立起来的，是居民自我管理、自我教育、自我服务的基层群众性自治组织，实行民主选举、民主决策、民主管理、民主监督；社区工作站是街道办事处的派驻机构，主要承担上级部门在社区的相关工作并提供公共服务。社区社会组织是指由社区组织或个人依托社区发起，通过组织活动或提供公共服务，回应社区成员多元物质文化需求的民间组织。[⑤] 陈洪涛和王名从人员结构视角，将社区社会组织分为居民参与型和非居民参与型：前者主要由社区居民发起和组成；后者则由外来人员发起和

① 荣幸. 民族互嵌式社区异质性、社区组织参与与族际交融——基于民族团结进步创建活动示范社区的实证研究 [D]. 北京：中央民族大学，2021：8－10.
② 孟宪红.《社区组织与社区服务》课程教学改革实践研究 [J]. 长沙民政职业技术学院学报，2019 (3)：91－94.
③④ 郑杭生. 破解在陌生人世界中建设和谐社区的难题——从社会学视角看社区建设的一些基本问题 [J]. 学习与实践，2008 (7)：5－12.
⑤ 荣幸. 民族互嵌式社区异质性、社区组织参与与族际交融——基于民族团结进步创建活动示范社区的实证研究 [D]. 北京：中央民族大学，2021：9.

构成。① 从以上学者的分类来看，内容繁杂，难以一一表述，现阶段我国城市社区组织呈现多元化发展态势，社区居委会、业主委员会和物业服务公司成为基本的社区组织，这里选取这三个有代表性的组织进行论述。

社区居委会是居民自我管理、自我教育、自我服务的基层群众性自治组织，受政府指导、支持和帮助，并在政府指导下开展工作。物业服务公司属于营利性组织、业主委员会属于自治性组织。业委会是业主共同事务管理的自治机构，其自治权是基于不动产所有权衍生的集合权利，业委会自治范围仅限于物业所及范围，即物业所在社区基于物业管理、物业服务需要而产生的诸如物业安全、区域卫生、绿化等公共服务事务。物业服务公司作为一种社区组织，是服务于社区物业的经营性组织，以营利为目的、实现经济利益最大化是其基本目标和价值追求，物业公司对社区物业管理的权利，直接源于业主物业管理权的授予，是业主房屋所有权和使用权派生的产物。② 尽管物业服务公司是企业性质的组织，但面向社区的物业管理并非简单的物业与业主之间的契约关系，物业已成为基层社会治理中的重要主体，这里将物业管理纳入社区或社会综合考虑。

子任务3　社区组织的功能

在当前我国社区建设的主体是社区组织，作为一支重要的社会力量，它在我国城乡社区建设中发挥着重要作用。具体来说，社区组织的功能有以下方面。

一、社区组织具有广泛动员功能

基于社区居民现实需要会建立相应的社区组织，社区居民通过社区组织满足自己的需求。同时，社区居民也会积极、自愿参加社区组织的活动。这说明社区组织在社区层面拥有良好的群众基础，广泛的动员功能，有助于提高社区的民主化程度，有利于实现社区居民的自治，有助于达成社区建设的目标。

---

① 陈洪涛，王名. 社会组织在建设城市社区服务体系中的作用——基于居民参与型社区社会组织的视角 [J]. 行政论坛，2009 (1)：67-70.

② 汤玉枢. 自治与服务：社区组织权责的扩张与异化 [J]. 福建论坛·人文社会科学版，2015 (4)：71-80.

二、社区组织具有满足居民需求功能

社区组织的类型多种多样，比较常见的有文化活动类、生活服务类、慈善公益类、权益维护类等。居民本着自觉、自愿原则参与不同类型组织的社区活动，可以从不同层面、不同角度满足自身的多元化、多层次需求。在社区层面发展和培育社会组织，既能满足人们的多样化需求，又能丰富人们的日常生活，还能拓展居民之间的交流渠道，提升居民的社会资本。

三、社区组织具有弥补不足功能

社区建设过程中，政府起着资源提供、政策引导等主导作用，但建设社区的主体并非单一的，社区组织在其中也基于自身特性，可以为居民提供参与的平台和渠道，让居民在参与中提高社区归属感，增强主体意识。政府能起到的作用是宏观支持，而社区组织发挥的作用则是微观助力，二者共同努力，方能实现共建共享的目标。

四、社区组织具有挖掘社区内部资源功能

社区组织是社区居民基于需要自觉成立的，在调动社区人力资源方面具有天然的优势。社区组织成员来自社区、了解社区，他们能够充分利用社区环境、运用社区资源开展社区活动，进行社区建设，最大化挖掘社区资源，实现社区建设目标。

五、社区组织具有"安全阀"功能

社区组织来自社区、成长社区，其存在的价值之一是为居民提供利益诉求表达渠道，维护居民合法权益，化解居民不满情绪，发挥社会"安全阀"功能。社区组织可以为居民提供无偿或低偿社区服务，方便居民生活，解决居民困难，满足居民多元化物质需求、多样化精神需求、多层次文化需求。

任务二：社区物业

子任务1　社区物业管理概述

物业管理对于居民生活质量、社区环境和社区治安都起着重要作用，关乎千家万户的切身利益，它不仅是一项民生工程，更是一项需要全面协调管理的系统工程。良好的物业管理能够提升社区的品质，改善居民的居住体验，提升社区物业管理水平。物业管理不仅关系着居民的安居乐业，同时也影响着社会的安全与稳定。

一、社区物业管理的概念

物业是指已经建成并投入使用的各类房屋以及与之相配套的设备、设施和场地。其中的"各类房屋"可以是住宅区，也可以是其他独立的建筑，还包括了综合商住楼、写字楼、商业楼、别墅、工业厂房、仓库等。"与之相配套的设备、设施和场地"则包括房屋室内外各种设备、公共市政设施和相邻的场地、庭院、道路等。

2003年9月1日，《中华人民共和国物业管理条例》正式施行（以下简称《物业管理条例》），为规范物业管理、维护业主和物业公司的合法权益、改善人民群众的生活和工作环境提供了重要的法律依据。《物业管理条例》中所称的物业管理，是指业主通过选聘物业服务企业，由业主和物业服务企业按照物业服务合同约定，对房屋及配套的设施设备和相关场地进行维修、养护、管理，维护物业管理区域内的环境卫生和相关秩序的活动。物业管理活动是集管理、经营与服务于一体的有偿劳动，它的管理对象是物业，服务对象是物业产权人和物业使用人。

拓展阅读 ▶▶▶▶▶▶▶▶▶▶▶▶▶▶▶▶▶▶▶▶▶▶▶▶▶▶▶▶▶▶▶▶

2003年6月8日，中华人民共和国国务院颁布了《物业管理条例》，并分别于2007年、2016年和2018年进行了三次修订。多个城市也颁布实施了适应本地区的法律法规，如上海市于 2004 年 8 月 19 日通过了《上海市住宅物业管理规定》，并于 2018 年进行了修订；北京市于 2020 年 3 月 27 日通过了《北京市物业管理条例》。

社区物业管理由古代的村庄和城镇管理发展而来，逐渐形成了专业的社区物业管理体系，随着经济和社会的发展，社区物业管理逐步走向专业化、规范化和精细化。社区物业管理是物业管理中的重要组成部分，是当前物业管理覆盖面最大、人数最多的业务类型，面临着物业管理中最为艰巨复杂的任务。社区被看作社会的缩影，社区物业管理不仅要管理物业本身，还需综合考虑社区服务设施的利用情况，同时也要促进社区文化建设和整体发展。社区物业管理不仅要追求经济效益，还应当关注社会效益和环境效益。

社区物业管理是物业管理企业依照法律和物业服务协议，运用现代管理理念和管理手段，对负责的小区内的房屋建筑及配套的设施设备、绿化、交通、治安、环境等进行维护和管理，同时针对居民开展便民利民、节日庆祝、宣传教育、休闲娱乐、邻里关系等社区服务的过程。

二、社区物业管理的内容

社区物业管理的目标是创造一个安全、舒适和有序的环境，以满足居民的生活需求，并促进社区的和谐发展。社区物业管理内容覆盖范围广泛，包括但不限于建筑维护与保养、公共设施建设与维护、安全管理、环境管理、综合社区服务等多个方面。

1. 建筑维护与保养

建筑的维护与保养关系到所有居民居住的安全性与舒适性，包括定期检查房屋结构、外部墙体、屋顶、门窗、管道等，及时发现并解决漏水、开裂、损坏等问题，确保建筑结构的安全与稳固。同时，还需要进行涂料更新、地面清洁、电梯定期保养等工作，延长建筑物的使用寿命，保持房屋外观的美观与整洁。

2. 公共设施建设与维护

公共设施需要做好规划、设计、施工和维护，为居民提供舒适便利的生活环境。在项目规划和设计阶段，需要充分考虑居民的需求和利益，合理布局和设计公共设施，选择符合标准的设施设备，如耐用性强、安全可靠、易于维护的设备，确保设施设备的质量。物业服务公司应定期检查各类公共设施的安全性和完好程度，发现问题应及时处理，如公园、游乐场、健身器材、运动场等需要定期检查设施的安全性，并进行定期维护保养以延长设施设备的使用寿命；定期清理公共设施周围的杂物、垃圾，保持环境整洁，并加强公共设施的卫生消毒，确保居民使用的安全和卫生；还要根据居民需求不断优化和更新公共设施。

3. 安全管理

社区的安全是确保业主人身及财产安全的基础，社区物业服务公司应设立有效的安保措施。第一，应通过门禁设备、监控系统和安保巡逻，对小区进行出入管理，并对主要区域实现全天候监控，及时发现异常情况；第二，要定期检查灭火器、喷淋系统等消防设备，保证其正常运转，定期对逃生通道进行检查，确保安全逃生通道畅通；第三，应定期组织各类安全应急演练，加强物业管理人员、安保队伍、社区居民对各类安全事故的应急处理能力。

4. 环境管理

环境管理不仅仅是维护社区的卫生，更是提升居民幸福感和社区整体品质的重要手段。通过有效的管理和工作，创造一个清洁、绿化良好的社区环境，将有利于促进社区居民的健康和生活质量。第一，要维护社区道路和公共区域清洁，定期清扫道路、公共区域，包括垃圾桶、公园草坪等，特别要注意清理卫生死角，如楼梯间、过道、角落等，防止积灰污渍；第二，定时安排专业清洁公司对垃圾进行收集、分类、清运处理，确保垃圾不堆积滋生细菌。根据所在地政策要求在社区内设立垃圾分类投放点，设置不同颜色、标识的垃圾分类桶，引导居民进行有效垃圾分类；第三，合理规划绿化布局，增加多样性，定期更新绿化植物，提升社区整体绿化水平。定期修剪树木、修剪草坪，及时除去枯叶枯枝，保持绿化植被的整洁美观；第四，进行环境美化，对废弃角落、空地等进行美化装饰，提高社区整体环境美感，丰富小区夜间景观照明等。

5. 综合社区服务

综合社区服务旨在提供多样化、全方位的服务，为居民创造舒适、便捷的生活环境，促进居民之间的互动与交流，共同营造一个温馨和谐的社区氛围。通过有效的综合社区服务，可以增强居民的幸福感和归属感。第一，开展磨菜刀、理发、家电维修等便民利民服务，管理运营小区各类便民设施，如快递柜、便民服务站等，为居民提供便捷的生活服务；第二，组织丰富多彩的节日庆祝活动，增进居民情感交流，进行环境布置，营造欢乐祥和的节日氛围；第三，开展宣传教育，如健康、安全、文化传统、家庭亲子等与居民切身相关的主题教育，提升居民的整体素养；第四，组织各类文艺演出、体育比赛等活动，丰富居民的文化娱乐生活；第五，组织邻里活动、志愿者服务等，增进邻里关系，建立和谐社区氛围。

三、促进社区物业管理参与基层社会治理

根据以上所述社区物业管理的内容，我们可以了解到，社区物业管理不仅提供针对社区房产物业本身的管理服务，更是通过这种服务建构一个有利于人与人沟通、人与自然和谐发展、人与文化融合的积极向上的生活环境。社区物业管理活动不仅涉及业主和物业服务公司的利益，还关乎整个城市发展、精神文明建设和社会公共利益等重要领域。

社区物业管理是基层社会治理的重要组成部分，基层社会治理中有许多工作都要依托于物业管理服务的支持。在基层社会治理中，社区物业管理不仅承担着保障所管理物业项目正常运转、为社区居民提供优质服务、创建宜居环境的职责，还要协助政府相关部门和居民委员会做好治安管理、社区文化建设等工作。社区物业管理和基层社会治理相互依赖、相互促进，他们的目标、服务对象和宗旨相同，都是以人为本，为了营造社区稳定、安全、舒适、健康的人居环境，增强居民的归属感和幸福感，促进社会的和谐发展。

政策导读 ◆◆◆◆◆◆◆◆◆◆◆◆◆◆◆◆◆◆◆◆◆◆◆◆◆◆◆◆◆◆◆◆◆

2017年印发的《中共中央 国务院关于加强和完善城乡社区治理的意见》，以中央文件的形式将物业管理纳入社区治理体系。随后，各地各部门在政策文件中，多次提出通过改进物业管理或提升物业服务水平加强社区治理。

自2020年3月1日起施行的《深圳经济特区物业管理条例》提出"市、区人民政府应当将物业管理纳入现代服务业发展规划和社区治理体系，推动物业管理规范化、市场化"。

自2020年5月1日起施行的《北京市物业管理条例》提出"构建党建引领社区治理框架下的物业管理体系""物业管理纳入社区治理体系，坚持党委领导、政府主导、居民自治、多方参与、协商共建、科技支撑的工作格局。建立健全社区党组织领导下居民委员会、村民委员会、业主委员会或者物业管理委员会、业主、物业服务人等共同参与的治理架构"。

2020年5月1日施行的《重庆市物业管理条例》提出"市、区县（自治县）人民政府应当将物业管理纳入现代服务业发展规划和社会治理体系，建立

与物业管理工作相适应的保障机制，完善政策扶持措施，促进物业管理发展与和谐社区建设"。

2021 年住建部等十部委联合印发《关于加强和改进住宅物业管理工作的通知》，提出物业管理应融入基层社会治理体系，建立党建引领下的居民委员会、业主委员会、物业服务企业协调运行机制，发挥居民的主体作用，调动社区社会组织、社会工作服务机构、社区志愿者、驻区单位的积极性，形成社区治理合力。

子任务 2 党建引领社区物业管理

推进党建引领下的基层社会治理创新，是完善国家治理体系和促进基层治理能力现代化的核心要义。中共中央、国务院于 2017 年印发的《中共中央 国务院关于加强和完善城乡社区治理的意见》中明确指出要"加强社区党组织、社区居民委员会对业主委员会和物业服务企业的指导和监督"，首次在中央文件中将物业服务管理纳入社区治理体系，强调了社区党组织和社区居委会要对物业企业进行指导和监督。坚持以党建为引领，加强基层党组织对物业服务企业的监督和指导，有助于充分发挥党的政治和组织优势，提升基层治理水平。

一、党建引领社区物业管理的内涵

物业管理是一种特殊的管理形式，既为业主提供合同约定的物业服务，同时也承担着一定的社会公共职能。因此，将物业管理纳入社区治理体系至关重要。基层党建是社区治理体系的重要组成部分，融入社区治理体系实质上是融入基层党组织的领导。党建引领社区物业管理是指在物业管理工作中，充分发挥党组织的领导核心作用，以党的基层组织建设为重点，加强党员队伍建设，推动物业管理工作与党建工作深度融合，为居民提供优质、高效的物业服务。

党建引领社区物业管理是推动我国社区治理创新的新时代实践。党的十九届四中全会提出，要"推动社会治理和服务重心向基层下移，把更多资源下沉到基层，更好提供精准化、精细化服务"。将党建引领融入社区物业管理，有助于推进物业服务企业、社区居委会和业主委员会等多元主体共同参与基层社会治理，能够在实践中调动各方积极性，同时兼顾各方利益，推动社区物业管理成为社会治理体系中的重要力量。

党建引领发挥桥梁和纽带作用，有效整合社区内外资源，促进社区物业服务企业、社区居委会和业主委员会之间的沟通与协作，促进各主体承担起相应的社会责任,积极参与到社区治理中,形成共建共治共享的良好氛围。

党建引领社区物业管理并不是由基层党组织直接管理原本应由物业服务企业管理的社区事务,也没有改变物业治理的基本架构及各主体的功能属性,而是通过基层党组织在社区治理网络中的融入,重构多方主体之间的连接和关系,引导价值共识的形成,维护并激活导向公共价值的"治理网络",推动社区治理结构从"分散型"向"紧凑型"转变。[①]

现今,党建引领已然将社区物业管理打造成基层党组织联系群众、服务群众的重要平台,使社区物业管理成为基层党组织与群众之间的重要纽带。物业企业围绕群众需求,顺应政策导向,在社区党组织的指导下,着力提升物业企业的服务能力、服务质量和服务水准。通过党建引领,营造具有共同精神的小区文化,增加居民对小区的认同感、归属感。

对物业服务企业来说,党建引领能够促进物业服务企业的可持续发展。加强社区物业企业的党组织建设,能够直接在企业内部产生党建的引领效应,引导员工树立"以人民为中心"的服务理念,在服务中注重满足业主多样化、多层次的需求,持续改进服务细节,提高服务质量和业主满意度。党员员工作为物业服务企业的骨干力量,能够在日常工作中发挥模范作用,带动其他员工遵守规章制度、提高工作效率、优化服务流程。党建引领还可以增强员工的团队意识和归属感,建立积极向上的企业氛围,提高员工的工作积极性和忠诚度。

二、党建引领社区物业管理的措施

(一)完善组织体系

完善组织体系是党建引领社区物业管理的重要保障,当前各地都在发挥街道社区党组织统筹协调各方、领导基层治理的作用,不断创新党组织设置方式,推进业主委员会、物业服务企业党的组织和工作全覆盖。

江苏省印发了《关于党建引领推进物业行业建设的通知》,明确提出建立健全党组织属地为主、行业为辅的双重管理机制,推动符合条件的物业服务企业和物业项目建立党组织。

山东省临沂市组建了市物业管理行业党委,指导县区同步组建物业管理行业

---

① 容志,孙蒙.党建引领社区公共价值生产的机制与路径:基于上海"红色物业"的实证研究 [J].理论与改革,2020 (2):160-171.

党组织，负责监督指导党建工作和物业行业服务管理。

另外，一些地方以党建引领物业服务企业和业主委员会建设。

浙江省嘉兴市制定了《关于以党建引领推进物业服务企业和业主委员会建设的指导意见》，实施"红色物业"双覆盖攻坚行动，扩大小区物业服务企业和业主委员会党的组织和工作覆盖面。

福建省石狮市对没有党员的物业服务企业，通过先行组建群团组织、选派党建工作指导员等方式开展党的工作。

安徽省宿州市埇桥区对党员不足3人的物业服务企业，通过与相邻物业服务企业或所在社区联合组建方式，成立联合党组织；对无党员物业服务企业，由街道或社区派遣党建指导员，实现党的工作全覆盖。

还有一些地方结合实际，明确具体标准，推进"红色物业"规范化管理。

石家庄市按照组织建设、队伍建设、日常管理、服务质量、社会形象五项标准，坚持党建工作与物业服务并重，在全市开展"金牌红色物业"评选活动，着力培养和树立一批党组织引领力强、行业带动力强、社会影响力强的"金牌红色物业"。

大连市甘井子区按照有场所、有设施、有标志、有党旗、有书报、有制度的"六有"标准，精心打造"红色物业"示范阵地。

（二）实行"双向进入"

推荐符合条件的社区"两委"成员和网格党支部书记、党小组长通过法定程序进入业主委员会，推荐业主委员会委员、物业服务企业负责人担任社区"两委"兼职委员，促进社区、业主委员会、物业服务企业党建工作深度融合、资源共享。

北京市大兴区在回迁小区推行物业项目部党支部书记、法人、总经理"一人兼任"，物业项目经理担任社区居委会主任助理。

江苏省连云港市建立社区党组织与物业服务企业负责人双向兼职制度，社区"两委"委员进入物业服务企业管理团队，加强对物业服务企业工作指导。

浙江省平湖市推选业主委员会主任、物业服务企业负责人中的党员担任社区党组织特聘委员，优秀业主委员会委员、物业服务企业经理担任社区居委会特聘委员。

山东省潍坊市寒亭区全面推行社区"两委"、业主委员会、物业服务企业三方"双向进入、交叉任职"。

（三）多方联动共治

建立党建引领下的社区居民委员会、业主委员会、物业服务企业协调运行机制，破解市场失灵、自治失效、群众失望等难题，形成社区治理合力。

武汉市通过深化居委会、业主委员会、物业服务企业的"三方联动"服务机制，构建起以基层党组织为核心，街道和社区、物业服务企业、社会组织等共同治理、有序运行的格局。

南京市由社区党组织牵头，把业主委员会、物业服务企业党组织纳入社区网格党建管理，定期召开议事会，携手解决停车难、收费难等物管难题。

合肥市搭建"周末议事厅""板凳会议"等议事协商平台，引导社区居民、业主委员会成员、物业服务企业代表协商解决居民身边的物业问题。

西宁市建立社区居委会、社区党支部、社区业主委员会、物业服务企业共同参与的"四方联动"机制，推广业主提诉求、部门解答、物业整改、业主委员会督查、社区汇报、街道"回头看"的工作模式。

北京市西城区组建由社区党委书记任组长，物业、民警、居民共同参与的治理小组，通过实施专人收集、专人分析、专人"吹哨"、专人落实、专人回复的"五专"做法，提升物业服务质量。

沈阳市苏家屯区建立"3＋N"联席会议制度，社区党组织、业主委员会、物业服务企业与社区民警、房管部门、区域化党建共建单位等不定期召开会议，研究解决社区治理难题，推动建设和谐稳定、安居乐业幸福家园。

子任务3　物业服务公司内部建设

社区物业管理中最为重要的主体是物业服务公司，物业服务公司应强调规范化管理和提升服务品质，以确保居民的合法权益得到切实保障。同时，要建立健全物业管理体系，加强对员工的培训和监督，提升服务水平，以满足居民对美好生活的追求。总之，良好的社区物业管理是社区和谐发展的重要保障，需要各方共同努力，共同维护，共同营造一个和谐宜居的社区环境。

一、物业管理制度

完善规章制度是确保公司运作有序、服务标准化和提升管理效率的基础。物业服务公司应根据国家法律法规、行业标准以及自身实际情况，制定一套科学合理的规章制度。包括各部门的职责和权限、物业服务标准和操作规程、物业费用收取办法、物业设施设备维护管理、财务管理等方面的内容，确保物业管理工作有章可循。完善规章制度是社区物业服务公司管理的基础，它能够为公司提供清晰的管理框架，指导员工的行为，提升服务质量，保证公司的稳定高效运作。

二、物业管理理念

社区物业服务公司的管理理念是指在物业管理过程中所遵循的基本原则、价值观念和行为准则，这些理念指导着物业服务公司的决策和行动。物业管理切不可只重视经济效益，而忽略社会效益和环境效益。第一，以人为本。将业主的需求和满意度作为工作的出发点和落脚点，注重提升业主的居住体验和生活质量。第二，服务导向。由"管理"理念向"服务"理念转变，强调服务的重要性，不断提升服务质量，通过提供差异化和个性化的服务来满足不同业主的需求。第三，共建共享。与业主、开发商、政府、社会组织等多元主体建立良好的合作关系，共同参与社区治理，推动社区的发展和进步。

三、绩效评估体系

完善绩效评估体系是提高员工工作效率、服务质量和整体业绩的重要手段。第一，应明确绩效目标。确保绩效目标与公司整体目标相一致且具有可衡量性，并与员工的具体工作职责紧密相关。第二，应设置明确合理的绩效考核指标。制定具体、量化的评估标准，包括工作质量、工作效率、客户满意度、团队合作等方面。评估标准应公平、合理，能够全面反映员工的工作表现。第三，使用科学多元的考核方法。设计透明、公正的绩效评估流程，使用如自我评价、同事评价、上级评价、客户评价等多元考核方法。第四，定期对员工进行绩效评估。如季度评估、半年评估或年度评估，及时发现问题。第五，加强绩效反馈和沟通。绩效评估后要及时向员工反馈，帮助员工了解自身工作的优点和不足。第六，建立激励机制。物业服务公司应根据绩效评估结果，建立相应的激励机制，如设立奖金、晋升机制等，以激发员工的工作积极性，不断提升工作质量。第七，持续改进评估体系。物业服务公司应加强与员工的沟通，了解员工对绩效评估体系的意见和建议，不断优化和完善绩效评估体系。

四、投诉处理机制

完善投诉处理机制是确保业主满意度和提升服务质量的重要环节。第一，建立明确的投诉渠道。提供多种便捷的投诉渠道，如服务热线、在线客服、意见箱等，在社区公共区域明显位置公布投诉流程和联系方式，确保业主能够便捷地进行投诉。第二，规范投诉受理和处理流程。制定标准化的投诉受理、调查、处理和反馈流程，确保业主投诉都能得到及时和有效的处理。明确投诉处理的时间节点，如受理时间、处理时间、回复时间等，提高处理效率。第三，设立专门的投诉处理小组。成立专门的投诉处理小组或指定专人负责投诉处理工作，提升处理专业性和责任感。定期对投诉处理人员进行培训，提高他们的沟通技巧和问题解决能力。第四，实施分类处理策略。根据投诉的性质和紧急程度进行分类，优先处理重大和紧急的投诉案件。对于常见问题，可以制定快速处理指南，提高处理速度和效率。第五，建立反馈和跟进机制。在投诉处理完成后，及时主动向业主反馈处理结果。对于未解决的问题，建立跟进机制，确保问题最终得到妥善处理。

五、人员培训

物业管理是一项专业性和实践性很强的工作，而现有物业从业人员中受过物业管理正规培训的人很少，大多数人都是从其他行业改行来的，这造成物业行业整体专业素质不高，人才较为紧缺。完善人员培训是确保员工具备必要技能、提升服务质量和工作效率的重要途径。第一，识别服务质量差距。通过对员工工作表现的评估、业主的反馈以及业务发展的需要，确定人员培训的方向。同时要根据不同岗位的技能差距，为不同层级和职能的员工制定个性化的培训计划。第二，制订培训计划。根据培训需求，制订详细的培训计划，包括培训目标、内容、方法、时间安排等。第三，选择培训方式。根据培训内容和员工特点，选择合适的培训方式，如面授课程、在线学习、实操演练等，尽可能采用多样化的培训方式，提高培训的趣味性和效果。第四，评估培训效果。通过考试、问卷调查、实际工作表现等方式，评估培训的效果和员工的学习成果。根据评估结果，调整培训内容和方法，确保培训的持续改进和优化。第五，加强团队建设。通过团队建设提高员工的凝聚力和向心力，使员工在团队中相互学习、共同进步。

六、信息公开

完善信息公开是提高透明度、增强业主信任和参与度的重要措施。第一，确定公开信息范围。明确哪些信息是必须公开的，如物业服务收费标准、公共区域使用情况、财务报告、管理规约等。对于敏感或隐私信息，要制定严格的管理和披露机制。第二，选择合适的信息公开平台。根据业主的习惯和便利性，选择合适且多样化的信息公开平台，如公司网站、公众号、社区公告栏、企业 App 等。第三，提供易理解的信息内容。公开发布的信息中避免使用过多的专业术语或复杂的表述，可以通过图表、FAQ（常见问题解答）等形式，帮助业主更好地理解信息内容。第四，加强信息安全管理。在信息公开的同时，要加强信息安全管理，防止数据泄露。

七、智慧化管理

智慧化物业管理将成熟的现代信息技术，如大数据、云计算、人工智能等应用到物业管理的具体实践中，能够大幅提升管理效能，这是企业增强竞争能力的有效途径之一。第一，提高服务效率。智慧化物业管理通过自动化和智能化技术，如智能门禁、在线报修系统、智能停车管理等，能够减少人工操作环节、加快服务响应速度，提高处理业主需求的效率。第二，提升服务品质。利用智能设备和系统收集的数据，物业管理可以更准确地了解业主的需求和偏好，从而提供更加个性化和精准的服务。第三，降低运营成本。通过智能化管理，可以减少人力需求，降低能源消耗，减少维护成本。例如，智能照明系统可以根据环境光线自动调节亮度，节约能源开支；远程监控设备减少了巡检的频率和人力。第四，联动智慧城市建设。智慧化物业管理是智慧城市构建的基础单元。通过与城市其他智能系统的互联互通，可以实现更广泛的数据共享和服务协同，提升整个城市管理的智能化水平。第五，促进居民参与社会治理。通过移动应用和在线平台，业主可以直接参与到社区治理中，如在线投票、意见反馈等，提升了居民的参与感和满意度。随着技术的不断进步和应用的深入，未来智慧物业将在提升管理效率方面发挥更大的作用。

子任务 4　社区物业管理外部监管

社区物业管理随着我国房地产改革逐步发展演变而来，并且随着经济社会发展逐步规范。近年来，随着人民群众对居住要求的日益提高，社区物业管理已不能完全满足其需求，社区物业服务领域矛盾冲突时有发生。社区物业管理作为城市管理和基层治理的延伸，政府必须在其中发挥监管作用，通过建立科学合理的监管机制，引导社区物业管理规范、健康发展。

一、加强日常监管

加强日常监管对于保障社区物业管理服务质量、维护业主合法权益、提升居民满意度以及维护社区环境和秩序至关重要。政府设立或指定专门的物业管理监管机构或部门，负责对物业服务公司进行监督管理。可以采取明察和暗访相结合的办法，采取日常监管、季度考核、年终综合考评相结合的方式，每月、每季度、每年度定期和不定期对物业服务企业承接的住宅社区物业管理服务开展监管和考核。建立考核通报制度和督促整改制度，对服务质量较差、存在违规行为的物业公司，要责令其进行整改。整改后进行复查，若发现整改不力，则根据相关规定予以严肃处理。对于发生重大管理责任事故的物业服务公司，一经查实，直接取消该公司招投标资格。同时，可以定期召开考核情况通报会，总结交流管理经验，并组织现场交流学习。

二、建立监督评价制度

目前，物业服务公司数量较多，但是从行业整体发展来看，由于市场化水平不高，缺少有效的市场竞争机制，导致物业服务企业普遍缺乏活力。通过监督评价建立物业服务企业优胜劣汰机制，能够规范物业服务行为，加强物业服务事中事后监管，使物业管理公司在公开、公平、公正的市场竞争中不断完善自我，提高自身竞争力，推动物业管理市场逐步走向规范化。第一，实行市场准入制度。确保物业服务企业具备一定的资质和水平。第二，健全物业服务信用评价体系。建立物业服务企业信誉档案，建设物业服务企业信用信息管理平台，将物业服务企业的评价意见，以及党建基础情况、守法经营、合同履约、日常检查、业主满意度等情况作为物业服务企业信用评价的重要内容记入信用档案。第三，建立健全物业管理工作目标考核和监督检查制度。将物业管理工作纳入目标管理和绩效管理体系，确保物业管理工作的质量和效率。第四，信息公开公示。落实物业服务企业主体责任，建立物业服务信息公开公示制度，增加服务透明度，让业主能够了解物业费用使用和服务情况。

拓展阅读 ❯❯❯❯❯❯❯❯❯❯❯❯❯❯❯❯❯❯❯❯❯❯❯❯❯❯

居民打分，定期排名！物业管理新招来了

曲阳路街道共有 78 个小区，30 家物业企业为各个小区提供服务。社区内老

旧小区多，如何改善物业管理质量，提升居民居住的"幸福指数"，是街道一直以来思考的问题。

街道以往依赖全市每半年的物业服务满意度测评来摸清底数，涉及问题反馈不及时、评价客观性不足的问题。为此，曲阳路街道推出了《曲阳路街道住宅小区物业行业服务质量考核工作方案》，设计了一套全新的考核标准，每个季度由职能部门、居民区不同主体对各小区物业在行业测评、垃圾分类、小区环境、"12345"市民热线和社区满意度测评5个方面的表现进行考核。

考核中利用社区"住宅小区物业服务线上评价平台"，邀请居民打分，在每个季末公布分数和排名，实时监督查找问题、提升物业管理质量。

行业测评项以区房管局半年度物业服务满意度测评结果为依据；垃圾分类测评项以市分减联办考评分数为依据；小区环境测评项根据创文迎检成绩、小区巡查情况，以结果为导向进行评定；"12345"市民热线测评项以街道城运中心数据为依据。社区满意度测评打分权在居民手中，由业委会、二级支部以及居民代表针对小区物业服务情况进行监督评议，并根据《住宅小区物业服务线上评价测评表》，对小区物业进行细化评分。

考核结果同时在"金色曲阳"微信公众号上公布，每位曲阳社区居民都可以通过微信扫码查看自家小区物业总分以及排名，各家物业服务管理水平一目了然。

同时，街道积极践行"全过程人民民主"。一季度物业服务评价表放榜后，一场座谈会随即在曲阳路街道房管办举行。来自曲阳社区部分小区"三驾马车"的负责人开展交流座谈，对线上评价机制进行意见反馈，并分享社区管理工作的经验。各个居民区党总支将牵头召开小区综合治理联席会议，对此次测评中发现的各类问题限时开展整改和提升。

资料来源：居民打分，定期排名！物业管理新招来了［EB/OL］.（2023 – 04 – 21）. https：//me. mbd. baidu. com/r/1hb190SQsJG？f = cp&u = 8bfc915d7ef07b43.

在监督评价制度的基础上，可以通过建立奖惩机制，有效地激励物业服务企业提升服务质量，同时对不良行为进行约束和惩罚。市级、区级、街道甚至是社区层面均可出台物业考核相关激励办法。例如，政府可以根据物业服务公司考核结果，将各住宅社区分为优秀、良好、合格、不合格等不同等级，并将考核结果记录在企业信用档案中。对党建工作扎实、群众满意度高、信用评级优秀的物业服务公司，在物业项目招投标中给予加分激励，同时降低监督检查的频率。不积极参与党建工作、信用评级较低的物业服务公司，则会被列入诚信"黑名单"，限制其参与招标投标，加大监督检查的频率。那些出现严重违法违规、情节恶劣的物业公司和直接责任人员，将被依法清除出市场。街道可以发布《住宅小区物业管理工作考核办法》，对街道范围内的所有住宅社区的各物业服务企业实行物业管理工作奖罚。社区可以在和物业服务公司签订《物业服务合同》时，通过《补充协议》详细约定物业考核标准、满意度测评的奖罚机制。一方面，对提升物业管理起到约束和激励作用，督促物业改进不足和提升服务；另一方面，在物业合同期满后，也能作为是否续聘的民意调查依据。

三、加强收费监管

市场监管局等政府相关部门依据《中华人民共和国价格法》和各地《物业服务收费管理办法》等法律法规，确定物业管理服务内容和收费标准。依据物业管理服务合同的约定，对物业服务公司是否能真正做到质价相符地提供服务进行测评，并对其进行监管。认真履行价格监管职责，指导物业服务企业明确收费项目、收费标准和依据等信息，并对全社会公开，接受监督管理。畅通"12345""12315"等投诉举报渠道，动员群众参与监督；定期或不定期检查社区物业服务的收费情况。

针对业主拒不缴纳物业服务费的行为，制定切实可行的措施，加快建立起业主诚信机制，以维护物业管理秩序。可以建立公共信用平台，对无正当理由拒不缴纳物业费且经催缴、公示后仍拒绝缴纳费用的业主，经街道或乡（镇）核查后，按照规定计入个人信用信息档案。

对于老旧社区的物业收费难题，可以借鉴其他地市或社区的先进经验。例如，物价局可以参照物价部门出台的政策进行价格指导，地税部门通过税收减免政策对特定困难群体给予减免，财政部门对老旧社区物业管理服务提供专项财政补助，民政部门将低保群体的物业管理费补贴纳入最低生活保障标准等。

四、推动业主自治

目前，多数业主对物业管理缺乏正确的认识，他们既不关心也不支持更不参与社区物业管理工作。这种态度导致许多物业管理工作难以推进，比如垃圾分类、加装电梯、房屋维修项目等。业主委员会作为自发的业主自治组织，本应发挥维护业主权益、协调社区内部事务、监督物业的重要作用，然而，在现实中，业主委员会成立困难且管理混乱，社区治理矛盾层出不穷，业主和物业服务企业矛盾突出。

实现有效的业主自治是保障社区和谐稳定不可或缺的环节。第一，增强居民参与意识。通过开展多样化的社区活动、举办各类知识讲座，增强居民对自治的认识，激发他们参与社区事务的兴趣和热情。第二，培育居民自治平台。业主的自治行动需要相互信任和对社区的认同。社区应为业主提供沟通交流和交往的平台，如建立社区公告栏、网站或社交媒体群组，及时发布社区新闻、通知和重要决策，让居民能够及时了解社区动态，形成社区认同和共同利益意识。第三，成立自治组织。鼓励和支持居民成立或参与业主委员会、居民委员会等自治组织。遵循业主自治的原则，由业主选举产生业主委员会。第四，建立有效的沟通渠道。业主委员会应与社区业主保持密切联系，定期举办会议进行沟通交流，听取大家的意见和建议。第五，加强与物业公司的合作。物业服务公司是社区管理的运营主体，业主委员会应当与物业公司建立良好的合作关系，明确双方的职责和权益，建立起有效的监督机制。定期与物业公司沟通，评估物业服务质量，并提出改进建议，确保社区管理工作的顺利运转。

任务三：　社区居委会

子任务1　居民委员会概述

居民委员会是具有中国特色的基层群众性自治组织，是我国人民民主专政和城市基层政权的重要基础，也是党和政府联系人民群众的重要纽带。它承担着联系政府与居民、反映居民意愿、提供社区服务、促进社区和谐等重要职能。

一、居民委员会的性质

《中华人民共和国宪法》第一百一十一条规定："城市和农村按居民居住地区设立的居民委员会或者村民委员会是基层群众性自治组织。"《城市居民委员会组织法》第二条规定："居民委员会是居民自我管理、自我教育、自我服务的基层群众性自治组织。"同时规定："不设区的市、市辖区的人民政府或者它的派出机关对居民委员会的工作给予指导、支持和帮助。"

社区是居民委员会的辖区范围，居民委员会是社区内的基层群众性自治组织。社区涵盖居民、驻社区的单位和各类组织。居民委员会根据社区治理要求，建立并完善各项规章制度。规范工作程序，处理本居住辖区内的公共事务，调解民间纠纷，协助维护社会治安，并向政府反映群众的意见、要求并提出建议，助力实现社区自治。

作为基层群众性自治组织，居民委员会承担着多项与居民利益密切相关的社会责任和公共服务工作。这些工作包括社会治安、社区矫正、公共卫生、计划生育、优抚救济、社区教育、劳动就业、社会保障、社会救助、住房保障、文化体育、消费维权以及老年人、残疾人、未成年人、流动人口权益保障等众多内容。

居民委员会还是人民民主专政和城市基层政权的重要基础，它不仅反映了居民的自我管理能力，也是党和政府联系人民群众的重要渠道。居民委员会的成员通常由居民选举产生，它们代表居民的利益，向政府传达居民的意见和需求，同时也将政府的决策和政策传达给居民，确保政策的顺利实施。

二、居民委员会的特征

居民委员会的性质决定了它具有基层性、群众性、自治性和地域性特征，这些特征概括了居民委员会在社区治理中的基本属性和职能。

1. 基层性

居民委员会是群众自治组织，设立在城镇基层政权组织之下，由居民选举产生，直接面向社区居民。居民委员会服务的是社会最基本的细胞—家庭，具体工作服务的对象是社会基本成员—居民。

2. 群众性

居民委员会既不是一级政权组织，也不是基层政府的派出机构，而是一种群众性组织。居民委员会由社区居民组成，代表和维护居民的利益。居住在某一辖区内的居民，无论民族、种族、性别、职业、家庭出身、财产状况、教育程度、宗教信仰和居住时间长短，都有责任和义务参与居民委员会组织；居委会主任、副主任和委员，由居民选举产生，不能由政府任命。

3. 自治性

居民委员会的自治性是由国家法律赋予的。在国家法律规定的范围内，居民委员会有权自主管理社区事务并自主决策。在基层党组织的领导下，在基层人民政府及其派出机关的指导下，居民委员会拥有一定的自主权和自决权，可进行自我管理、自我教育和自我服务。

4. 地域性

居民委员会的地域性是指居民委员会基于特定的地理区域或社区而设立，它的活动范围、服务对象和工作职责都限定在这个地域之内。居民委员会的地域性是其工作的基础，它确保了居民委员会能够精准地服务于特定社区，有效地满足居民的需求。

三、居民委员会的选举

居民委员会的选举是社区自治的重要体现，它遵循民主原则，通过选举产生居民委员会的成员，居民通过这一过程直接参与到社区管理中。2018 年 12 月 29 日，十三届全国人大常委会第七次会议表决通过修改《城市居民委员会组织法》的决定。《城市居民委员会组织法》第八条规定："居民委员会由本居住地区全体有选举权的居民或者由每户派代表选举。根据居民意见，也可以由每个居民小组选举代表二至三人选举产生。年满十八周岁的本居住地区居民，不分民族、种族、性别、职业、家庭出身、宗教信仰、教育程度、财产状况、居住期限，都有选举权和被选举权；但是，依照法律被剥夺政治权利的人除外。"

居民委员会每届任期五年，其成员可以连选连任。居民委员会按照居民的居住状况和便于居民自治的原则设立。一般以 100～700 户居民设立一个居民委员会。居民委员会由主任、副主任和委员 5～9 人组成。主任、副主任和委员，由本居住地区全体有选举权的居民或者由每户派代表选举产生；根据居民意见也可以由每个居民小组选举的 2～3 名代表中选举产生。居民委员会根据需要设人民调解、治安保卫、公共卫生等委员会。居民委员会换届选举步骤包括：推选选举委员会、制定选举办法、选民登记、确定候选人、组织选举投票。

居民委员会选举过程中要确保公平性，这主要依靠法律规定和严格的选举程序。首先，国家法律对选举权和被选举权的普遍性、平等性提供了保障，并对选举过程的透明性和公正性提出了明确要求。其次，选举过程中成立独立的选举委员会，由不参选的居民组成，负责组织和监督整个选举活动，确保其中立性和公正性。此外，通过全面透明的选民登记、公开公平的候选人提名、无记名投票以及严密的计票和公示程序，进一步确保了每位选民都能在没有外界影响的情况下自由表达自己的意愿。同时，还设立了投诉和异议处理机制，对选举中出现的问题进行及时处理。这些措施共同作用，确保了居民委员会选举的公平性，使得社区居民能够在平等的基础上参与到社区自治中。

四、居民委员会的职能

居民委员会作为中国城市基层社会治理的核心组织，承担着多项重要职能，这些职能直接影响着居民的日常生活。现行的《城市居民委员会组织法》第三条规定了居民委员会有六项任务，分别是：

（1）宣传宪法、法律、法规和国家的政策，维护居民的合法权益，教育居民履行依法应尽的义务，爱护公共财产，开展多种形式的社会主义精神文明建设活动；

（2）办理本居住地区居民的公共事务和公益事业；

（3）调解民间纠纷；

（4）协助维护社会治安；

（5）协助人民政府或者它的派出机关做好与居民利益有关的公共卫生、计划生育、优抚救济、青少年教育等项工作；

（6）向人民政府或者它的派出机关反映居民的意见、要求和提出建议。

居民委员会的职能涵盖了社区服务的各个方面，不仅提高了居民的生活质量，还增强了居民的归属感和满意度，促进了社区的和谐与发展。通过居民委员会的工作，政府的社会治理和服务能够延伸到社区的每一个角落，确保了居民的基本权益得到保障，同时也为居民提供了一个参与社区管理和自治的平台。

子任务2　居民委员会的人员管理

一、社区工作者

社区工作者是指在社区层面从事社会服务工作的专业或非专业人员，他们通过各种服务活动和项目来满足社区居民的需求，解决社会问题。我们平时所说的社区工作者，一般是指经过一定的选拔或公开招考程序，被街道（镇）或社区的两委一站（党委党组织、居委会、社区服务站）选用的人员。

在社区服务工作中，还有一些特殊的工作人员，他们是社区社会工作者。社区社会工作者是专门从事社会服务活动的专业技术人员，他们运用专业知识和技能，帮助个人、家庭、群体和社区解决问题，提高生活质量。社区社会工作者遵循"助人自助"的价值理念，通过个案、小组、社区等专业方法，协助他人发挥潜能，协调社会关系。他们的工作旨在解决和预防社会问题，促进社会公正和谐，并参与社会保障、社会救助等工作，发挥社区治理和社会管理的作用。社区社会工作者对社区内的社会问题和处于困境的社会成员开展需求评估，设计和实施各种社会服务项目，促进了基层社会治理的精细化和专业化。

社区工作者在社区中扮演着多样化的角色，包括服务提供者、资源链接者、倡导者、中介者、协调者和教育者等。作为服务提供者，他们直接向社区居民提供支持和帮助，改善居民的生活质量；作为资源链接者，他们将社区居民与外部资源相连，确保人们能够获取所需的信息和援助；作为倡导者，他们代表社区居民发声，推动政策变革和社会正义；作为中介者，他们解决冲突，促进不同群体之间的和解与合作；作为协调者，他们组织和动员社区活动，增强社区凝聚力；作为教育者，他们提供培训和教育，增强居民的自我发展能力。通过这些角色，社区工作者不仅帮助解决具体的社会问题，还促进了社区的整体发展、提升了居民的参与意识。

二、社区工作者队伍建设

社区工作者扮演着基层社区治理的关键角色，也是社会稳定和经济发展的重要保障。作为基层治理的最后一道防线，社区工作者肩负着繁重的职责。随着社区治理的日益复杂化，建立一支具备职业化、专业化、规范化特质的社区工作者队伍势在必行。

（一）加强思想政治教育

针对社区工作者开展思想政治教育，是要增强他们的政治意识和社会责任感，提升他们的职业道德和法治观念，使得社区工作者能够更好地理解和贯彻国家的政策方针，有效地服务于社区居民。同时，思想政治教育也能够提高社区工作者的自我修养，使他们在日常工作中能够以身作则，成为社区居民学习的榜样。

可以通过定期组织政治理论学习、开展职业道德培训、将教育内容融入日常工作实践等途径创建积极的学习氛围，发挥领导干部的模范带头作用，通过讲座、研讨会、在线课程等多种形式开展教育学习活动。

（二） 加强职业道德教育

职业道德是所有社区工作人员在职业活动中应遵循的行为准则。职业道德教育旨在培育和践行社会主义核心价值观，提升社区工作者的职业操守和服务意识，保证他们在工作中能够遵循道德规范，公正、诚信、尊重地对待服务对象，维护职业形象。

加强社区工作人员职业道德教育，要制定明确的社区工作者职业道德准则，保证其正确履行工作职责，热爱本岗位工作，以高度的责任心，以居民的正当需求为出发点，全心全意提供服务，尊重同事的不同意见和工作方法，与同事互相监督支持，不断提升自身的专业知识水平，提高为居民服务的能力。

（三） 提升专业服务水平

专业高效的社区服务需要具备一定专业服务水平的社会工作者，社区工作服务专业化是基层社会治理发展的必然选择。一方面，新时代的社区服务工作由低质低效向专业化和职业化发展，要求社区工作者掌握先进的专业理论和技能，具备社会学、管理学、法学、心理学等相关学科的知识，并且还要有一定的文书写作、沟通交流、计算机操作等能力。而现有的工作人员大多数缺乏这些知识和能力，需要通过继续教育不断学习提升。另一方面，当前居民对物质、文化需求不断增长，服务需求呈现多样化和复杂化的特点，这要求社区工作者能够精准识别居民多层次、多样化的需求，以专业手段解决问题，提供高质量的服务。

可以以社会工作者职业水平考试作为契机，组织社区工作者全员考证。组织筹办考前培训班，邀请专业老师指导，开展学习培训，切实提高专业知识，提升社区工作者的持证率。对于考试通过的社区工作者可以进行行政或奖金激励，鼓励大家主动学习提升知识技能，获得专业职业资格证书，以期在工作中发挥专业作用。同时，开展与社区服务工作密切相关的综合能力培训，提升社区工作者的综合能力与素质。还可以定期组织社区工作者赴上海、成都、深圳等社区服务发展较为先进的地区进行参观、调研和交流，汲取先进经验，开拓工作思路。

（四） 引进专业社工人才

经过系统专业教育的社会工作者具备系统的理论知识、丰富的实践经验和良好的职业素养，能够为社区提供多样化、专业化的服务。他们能够准确评估社区需求，设计和实施有效的服务项目，处理复杂的社会问题，促进资源链接和社区参与。社区工作人员招录时，应引进一批具备专业知识背景的专业社会工作人才。各级政府也可以通过政府购买社会工作服务的方式，将专业社会工作服务引入社区治理，进行项目化运营。

■■■ **拓展阅读** ＞＞＞＞＞＞＞＞＞＞＞＞＞＞＞＞＞＞＞＞＞＞＞＞＞＞＞＞

引育社工人才，宜昌放出大招

2022年4月，宜昌市民政局印发《社会工作人才专项引育行动计划》（以下简称《计划》）。《计划》明确提出，到2025年，全市引进高层次社会工作人才1000人（其中研究生学历200人、本科学历800人），全市社会工作人才不少于5000人；实施"社会工作专业继续教育培训"项目，累计颁发培训证书1000人；组织社区工作者参加学历教育培训班，累计培训500人。

《计划》中明确，要提高基层招录中社会工作专业比例。自2022年起，乡镇（街道）招录事业单位人员时，要求具有社会工作专业背景的岗位设置比例不低于30％。

宜昌通过持续推动社会工作人才招录制度化、规范化、专业化，打造高素质专业化社区工作人才队伍。

资料来源：引育社工人才宜昌放大招［EB/OL］．（2022－04－25）．https：//mo. mbd. baidu. com/r/1hb9wcFrpi8？f＝cp&u＝96965ec8b66594bb.

（五）构建科学考核评价体系

构建社区工作者科学考核评价体系能够提升社区服务质量、规范社区管理、激发工作积极性、发现和解决问题、促进个人和社区的发展、保证评价的公平性以及营造良好的工作氛围。第一，完善考评办法。可以采取"日常考核＋动态考核＋随机考核"的方式，更全面地了解社区工作者的工作表现。还可以由街道对社区工作者进行统一考核，提高考核的一致性。同时，实行党员代表评议、街道考评、社区专职人员互评的多元评价方法。第二，科学使用考核结果。考核评价结果作为社区工作者奖励惩戒、薪酬调整、岗位调动、续聘、解聘的重要依据。第三，设立退出机制。对考核不合格的社区工作者采取调岗、待岗、离岗培训等多种惩戒措施，督促社区工作者履职尽责、担当作为，激励社区服务人才加速成长。

子任务3 居民委员会的财务管理

居民委员会的财务管理是基层社区治理中的一项重要内容，其财务管理制度的完善以及财务管理行为的规范对社区资金使用效益的提高、社区组织建设和廉政建设的推动具有深远意义。

一、财务管理模式

目前，我国居民委员会的财务管理没有统一的模式，主要有以下三种：一是居账街管模式，即"居财街管、两级审核"管理模式，目前大多数居民委员会采用这种模式。居民委员会的财务由街道进行统一管理，街道、居委会分级负责开支审批和审核。街道财政部门指定专人代居委会进行会计核算、统一处理账务。居民委员会设立银行账户，并指定一名出纳兼报账员，执行"收支两条线、定期结报审核"。街道办事处掌握着居委会的财政权限，居委会财务管理受到限制，缺乏自主性和灵活性。这种财务管理模式能够加强资金的风险管控，有利于居委会资金的规范安全使用，但却降低了居民委员会的工作效率，也影响到了其开展工作的积极性。二是自主核算模式。居民委员会自行设置会计和出纳岗位，负责日常会计核算工作，街道仅对居委会财务进行业务指导和监督。这种财务管理模式具有较大的灵活性，居委会能够根据实际工作安排支出，拥有充分的财务决策权。街道身处指导和监督角色，对居委会的财务管理状况了解不深入且不及时，监督和检查也相对滞后，较易产生资金安全问题。三是代理核算模式。这种模式在实际工作中使用相对较少。居民委员会委托专业代理机构进行会计核算和代理记账，其拥有支出审批权。这种财务管理模式实现了社区财务管理的专业化、规范化，但不适用于经济欠发达地区，因为代理记账本身需要一定的费用支出[①]。在实际工作中，各居民委员会可以根据实际情况选择使用适合的财务管理模式。

二、加强居委会财务管理的措施

目前不少社区居委会财务管理工作中仍然存在着制度不够完善、内控体系不

---

① 谢丹. 社区居委会财务管理现状分析及对策研究［J］. 财会学习，2019（10）：36，38.

健全、财务管理人员素养不高等多方面问题。建立完善会计信息系统，完善财务监督机制，建立实施内控体系，提升财务专业技能，规范资产管理、提高财务透明度是街道办事处加强推动社区居委会财务管理正规化建设应当关注的重点问题。

（一）加强财务制度建设

目前，多数居民委员会没有制定统一的财务管理制度和会计核算制度，在居委会的财务管理工作中，实际参照我国于 2019 年实施的《政府会计制度》中关于财务会计部分的规则进行会计核算。因此，需建立健全居民委员会财务管理制度，包括财务审批流程、报销制度、资产管理规定等，确保所有财务活动都有明确的规范和标准。

（二）完善财务监督问责

街道必须重视对居民委员会财务管理工作的指导和监督检查。强化日常监管和指导工作，按预算和进度划拨专项资金，做好竣工决算和跟踪问效，拒绝办理不合理或不合规的收支业务，确保居委会资金专款专用。街道还要定期或不定期对居委会财务收支情况进行监督检查，对违纪违规行为加大处罚力度，对监督检查中发现的问题要督促及时整改到位，对违反财务纪律的行为要严肃查处，并依照相关要求追究相关人员及社区第一责任人的责任。街道还可以将财务管理工作纳入居委会的工作考核内容，促使居委会提高财务管理工作的规范性。

（三）提高财务信息化管理水平

数字时代对会计数字化转型提出了必然要求。2021 年 12 月，财政部印发的《会计信息化发展规划（2021—2025 年）》明确提出了"十四五"时期会计信息化工作的目标和任务。居民委员会应根据实际情况使用财务管理软件，有助于实现财务管理标准和规范的统一，并使财务管理相关部门可以及时准确了解居委会的财务核算管理状况。财务信息管理系统可以辅助工作人员快速完成信息收集、整理、分析，提高工作效率，降低人为操作的风险。财务管理相关部门要定期对居委会财务人员进行专业培训，提升其业务能力和职业操守，确保他们能够规范地处理财务事务。财务人员应主动学习和掌握新的财务管理信息系统操作技能，以适应技术更新换代的需要。在使用财务软件的过程中，财务人员要重视数据的安全性，避免信息泄露。

（四） 提升财务人员业务能力

目前居民委员会的财务人员普遍存在财务业务技能不高的问题，需要采取有针对性的措施，提高财务人员的业务能力。居民委员会选配财务人员时，应将专业技能水平作为一项重要标准。对已经进入工作岗位的财务人员加强业务培训，积极学习落实国家的最新财务相关政策，详细掌握财务报账、票据管理和物资采购等业务的内容及操作规程。同时要不断提高居民委员会工作人员的政治意识和法律意识。

（五） 推行财务信息公开

财务信息公开是居务公开的重要内容，是提高社区财务管理透明度、增强居民信任和参与度的重要措施。第一，要根据国家法律法规和地方政策，明确哪些财务信息需要公开，以及以什么频次和形式进行公开。那些有关居民切身利益的事项，如低保金、救济金、困难补助等资金的发放情况等，更要定期及时公开，提高社区居民对社区事务的参与度和关注度，第二，居委会应定期及时向街道相关部门报送财务信息，接受上级部门的检查监督。第三，严格执行财务公开制度，应利用多种渠道公开财务信息，如社区公告栏、在线平台等，做到财务收支上墙。

任务四：　社区业主委员会

子任务 1　业主委员会概述

业主委员会在社区治理中发挥着重要作用，有助于增强居民自治意识，保障居民利益，促进社区居民之间的交流和合作，提升社区的整体管理水平和居民的生活质量。

一、业主委员会的定义

业主通常指的是房屋产权的所有者，可以是自然人、法人和其他组织。在社区中，最常见的业主是自然人。业主在社区治理中，应当依法行使权利，同时依法履行义务。

业主大会是由同一个物业管理区域内全体业主组成的自治管理组织，代表和维护全体业主在物业管理活动中的合法权益。业主大会以会议的形式集中全体业主的共同意愿和利益诉求，参与决定属于自治范围的业主公共事务及物业管理中的重大问题。一个物业管理区域内，已交付给业主使用的房屋建筑面积达到50%以上，或者达到30%以上但不足50%，但首个房屋单元出售并实际交付使用已经满两年的，应当召开首次业主大会，业主大会自首次业主大会会议召开之日起成立。

业主委员会则是由业主大会会议选举产生的，是业主大会的执行机构。业主委员会是指由物业管理区域内的业主代表组成，向社会各界反映业主意愿和要求，并监督物业服务公司管理运作的民间组织。业主大会和业主委员会在履行职责时必须依法行事，不得作出与物业管理无关的决定，不得从事与物业管理无关的活动。我国有多部法律法规对业主、业主大会和业主委员会进行了详细的规定。

▮▮▮▮ 政策导读 ◇◆◇◆◇◆◇◆◇◆◇◆◇◆◇◆◇◆◇◆◇◆◇◆◇◆◇◆

2009年12月1日，原住建部以部门规章的形式制定了《业主大会和业主委员会指导规则》（以下简称《指导规则》），自2010年1月1日起施行。《指导规则》共4章，从总则、业主大会、业主委员会、指导和监督等方面对业主大会、业主委员会的产生、运作、监督做了明确的规定，为业主大会和业主委员会提供操作层面的详细指导。

2020年5月28日，党的十三届全国人大三次会议表决通过了《中华人民共和国民法典》，规定了业主可以设立业主大会并且选举业主委员会，还对业主可以决定的事项进行了具体规定。

二、业主委员会的性质

业主委员会不是国家机关，不具备行政职能；业主委员会也不是学术性或联谊性的社团，没有社团法人登记注册的注册资金，不具备基本的社团法人登记条件，只是由业主代表组成的民间组织。《中华人民共和国民事诉讼法》（以下简称《民事诉讼法》）第四十九条规定："公民、法人和其他组织可以作为民事诉讼当事人。"业主委员会经业主大会或业主代表选举产生，经政府房管部门核准登记成立。它尽管不具有法人资格，但作为合法组织，业主委员会仍然可以行使民事权利并承担民事责任。

业主委员会不仅是业主参与民主管理的组织形式，同时也是实现民主管理的组织形式。从社会发展和社会进步的角度看，通过业主委员会来实现业主自治是人民群众自我教育、自我服务、自我管理的实践形式和实践活动，是人民群众参与社区管理和建设的有效途径，是社会民主管理的基础。

业主委员会的宗旨和使命是代表业主们的合法权益，实行业主自治与物业专业化管理相结合的管理体制，参与本区域的管理和服务，营造整洁、优美、安全、舒适、文明的社区环境。必须要不断协调物业服务公司和业主委员会之间的关系，确保双方能够达成共识，共同推动社区的良好运营。

子任务 2　业主委员会的运行

《物业管理条例》将业主委员会明确定位为业主大会的执行机构。业主委员会由全体业主通过业主大会会议选举产生，是业主大会的执行机构，对业主大会负责，具体负责执行业主大会交办的各项物业管理事项。

一、业主委员会的成立

业主委员会的产生需要遵循法律程序和公正原则，确保业主利益得到妥善维护。

1. 业主委员会成立的条件

业主委员会的成立需要具备以下几种条件之一：

（1）入住率达到 50% 以上；

（2）首批物业交付满 2 年，并且入住率超过 30%；

（3）首批物业交付满 3 年。

符合上述情况之一的，业主 5 人以上可填报《首届业主（代表）大会筹备小组成立申请表》，联名向所在区域的街道办事处或镇人民政府提出书面申请。

2. 业主委员会成立的方式

业主委员会成立的方式有两种：

（1）由业主或业主大会选举产生，依照《中华人民共和国民法典》《物业管理条例》以及各地的相关政策产生。

（2）对于规模较大社区，业主可以首先按照楼栋选举各自的楼委会，然后各个楼委会推选代表组成业主委员会。这种方式形成的业主委员会，主要负责楼栋间共有事务的管理。

二、业主委员会成立的程序

不同地区成立业主委员会的具体程序可能会有所不同，在具体操作时，需要根据区域所在地的政策规定进行准备。业主委员会成立的一般程序如下：

（1）提出申请。业主5人以上可填报《首届业主（代表）大会筹备小组成立申请表》，联名向所在区域的街道办事处或镇人民政府提出书面申请。

（2）成立筹备小组。街道办事处收到申请后，作出书面批复意见，指导成立业主委员会筹备小组（以下简称筹备小组）。

（3）筹备小组开展筹备工作。

（4）召开大会，选举委员筹备小组。

（5）申请登记业主委员会。

业主委员会的解散只有业主大会或是业主才有权，除此之外其他人则无权解散。哪怕是物业所在的街道办事处，对其也只有撤销决定的权利，而无解散的权利。因为业主委员会是由社区的业主们选出来的，所以想要将其解散，必须由业主大会或是社区业主来进行。

三、业主委员会委员

（一）业主委员会委员的产生

业主委员会由业主大会会议选举产生，由5人至11人单数组成业主委员会。业主委员会委员应当是物业管理区域内的业主，并符合下列条件：

（1）具有完全民事行为能力；

（2）遵守国家有关法律、法规；

（3）遵守业主大会议事规则、管理规约，模范履行业主义务；

（4）热心公益事业，责任心强，公正廉洁；

（5）具有一定的组织能力并具备必要的工作时间，能够较好履行业主委员会成员职责。

业主委员会委员在全体委员中产生，包括1名主任和2名副主任。业主委会还会聘任 1 名执行秘书（或秘书长），负责处理委员会的日常事务。需要注意的是，执行秘书不一定是业主委员会委员。业主委员会主任、副主任和执行秘书可以选择专职或兼职。主任、副主任、执行秘书和经业主委员会同意的其他人员，可以根据所承担的工作获得相应的津贴。

业主委员会应当自选举产生之日起 30 日内，持下列文件向物业所在地的区、县房地产行政主管部门和街道办事处、乡镇人民政府办理备案手续：

（1）业主大会成立和业主委员会选举的情况；

（2）管理规约；

（3）业主大会议事规则；

（4）业主大会决定的其他重大事项。

业主委员会办理备案手续后，可持备案证明向公安机关申请刻制业主大会印章和业主委员会印章。业主委员会任期内，备案内容发生变更的，业主委员会应当自变更之日起 30 日内将变更内容书面报告备案部门。

（二）业主委员会委员的任期

业主委员会委员实行任期制，每届任期不超过 5 年，可连选连任。在任期届满时，应选举新一届业主委员会；其选举工作应由原业主委员会主持，房地产行政主管部门可派人参加；新一届业主委员会名单应报物业所在地的区、县房管部门备案。

如果业主委员会委员因为个人物业产权转让、健康问题或长期出国等，不能继续履行职责，必须书面通知业主委员会，以便进行委员缺额补选。业主委员会章程可以明确规定业主委员会委员缺额补选办法，如果章程中没有明确规定，一般可以在半年内召开业主大会或业主代表大会进行补选。

（三）业主委员会的章程

业主委员会章程是业主委员会的行为准则，是保障业主委员会正常运行、维护业主利益、实现管理目标的文件，它为业主委员会的活动提供了指导和依据。从业主委员会筹备组成立之日起，就应该制定业主委员会章程，而且该章程必须经过业主大会或业主代表大会审议通过方可实施。在制定章程时，业主委员会筹备组可以参考房地产行政主管部门提供的示范文本。章程应结合本地区的具体情况，并征求业主小组的意见。重要的是，其内容不得违反有关法律、法规、行政规章和规范性文件。

业主委员会章程一般包括：本会名称、地址、所辖区域范围、性质、主管部门及宗旨等；组织及职责；会议制度及工作制度；委员的条件、选举办法及权利和义务等；经费来源、经费账目管理；办公用房；章程生效、修改、补充等有关事宜。

四、业主委员会的职责和工作内容

1. 业主委员会的职责

业主委员会是业主大会或业主代表大会的常设机构，是业主行使自治管理权利的执行机构。业主委员会应当维护全体业主的合法权益，执行业主大会或业主代表大会的决定。

我国《物业管理条例》规定，业主委员会执行业主大会的决定事项，履行下列职责：

（1）召集业主大会会议，报告物业管理的实施情况；

（2）代表业主与业主大会选聘的物业服务企业签订物业服务合同；

（3）及时了解业主、物业使用人的意见和建议，监督和协助物业服务企业履行物业服务合同；

（4）监督管理规约的实施；

（5）业主大会赋予的其他职责。

2. 业主委员会的工作内容

为了确保社区的和谐、安全和高效运作，业主委员会章程中明确规定了业主委员会的日常工作。业主委员会的日常工作主要包括以下内容：

（1）充分了解物业管理区域的基本情况，包括但不限于辖区物业面积、产权性质、建筑结构、基础设施、环境绿化及交通情况等信息。同时，要掌握辖区内业主和使用人的情况。

（2）如果已经有物业服务公司承担辖区的管理工作，委员会会对现有物业管理工作进行全面评估，包括取得的成绩、存在的问题、收费项目和标准的合理性等方面，并提出续聘或解聘原物业管理公司的建议，向业主大会或业主代表大会进行报告。

（3）与物业服务公司签订服务合同时，参考房地产行政主管部门制定的示范文本逐条制定合同草案，明确双方的权利和义务。在收费标准未备案前，应征求业主意见后签订合同并办理备案手续。

（4）严格监督管理物业维修基金的使用，遵循专款专用原则。每年可委托具备资质的审计单位对物业管理维修基金进行审计，并向业主大会报告审计结果。

（5）制订年度房屋维修计划、设备更新计划、公共设施维护计划，并提交财务预算供业主大会或代表审议，必要时需筹集物业维修基金。

（6）监督业主和使用人遵守业主公约、小区管理公约、房屋使用公约等行为准则，协调小区邻里关系。

（7）及时了解业主、物业使用人的意见和建议，督促业主交纳物业费，监督物业服务人履行物业服务合同。

（8）做好内部管理工作，建立工作制度、会议制度和档案制度；做好换届选举工作；做好委员的增补选举工作；制作和保管会议记录、档案、会计凭证和账簿、财务报表等文件。

（9）定期向业主通报工作情况，每半年公示业主委员会委员、候补委员交纳物业费、停车费情况。

（10）配合并支持居民委员会依法履行相关职责，接受其对委员会工作的指导和监督。

五、业主委员会的建设

业主委员会的建设情况决定了业主委员会能否真正发挥其应有的作用，是否有足够的管理水平和服务意识。业主委员会的建设本质上是物业消费者即业主自身素质的培养和提升。不少业主对物业管理不了解，对自身在物业管理中的地位、作用、权利和义务更是知之甚少，缺乏自治意识，影响了业主委员会的建设与管理。因此，业主委员会建设的一个非常重要的任务，就是要加强对业主自治意识的培养和相关知识的学习。

想要加强业主自治意识的培养和相关知识的学习，第一，开展宣传教育活动。向业主普及自治相关法律法规、管理规定和知识，增强他们的法律意识和自我管理能力。如有些社区办的"业主学校"就有效提升了业主的自治意识。第二，搭建业主交流平台。创建业主论坛、微信群等交流平台，方便业主之间相互交流、学习和分享经验，增进业主之间的沟通和合作。第三，促进业主社区参与。鼓励业主参与社区管理和服务活动，如加入志愿者团队、参与社区活动，加强业主的归属感。还可以让业主参与到社区工作的决策过程中，例如通过问卷调查、意见征集等方式，不断提升业主的主人翁意识。通过以上措施，可以有效提升业主参与物业管理和社区事务的积极性，推动业主自治工作的开展和完善。

子任务 3　社区管理组织的关系

一、"三驾马车"

居民委员会、业主委员会和物业服务公司就像是拉着社区治理稳步前行的"三驾马车"，三者之间必须相互协作，形成合力。从职能的划分上看，三者具有相对的独立性，要把握好自身的职能范围，履行好自己的职责，不能出于自身利益的考虑而多管、少管或不管。但创建管理有序、服务完善、环境优美、治安良好、生活便利、人际关系和谐的新型社区是大家共同的任务，所以三者之间又是相互联系、相互影响的。

社区服务主体的多元化影响着三者之间的关系和角色定位。社区服务给社区居民提供了便利与福利，但是各方主体也会产生矛盾，面对这些问题和矛盾，必须加强政府在社区管理与服务中的监督与协调作用，所以居民委员会必须承担起协助政府进行监督与协调职责；同时，居民委员会应该对社区成员和政府双方负责，从权力的代表者转变为权利的代言人，对社区做出规划，动员和组织社区居民参与社区事务管理，提高社区居民的自治能力，解决社区居民与物业服务公司之间的利益矛盾，维持社区居民的公共权利。物业服务公司作为社区物业管理的主要市场主体，其管理与服务的优劣直接关系到业主与社区中的经营与服务的角色，应遵循《物业管理条例》，扮演好服务性企业的角色，为社区居民创造良好的居住环境。业主委员会要与居民委员会相互携手，为业主谋求最大利益。

二、多元联合管理

居民委员会、业主委员会和物业服务公司是基层管理中的三个重要主体，各自承担着不同的职责，需要明确职责与边界，又需要合作与协同，它们之间的关系是密切而微妙的，需要适当的规范和协调，以确保社区的正常运行。

在党的引领下，建立"三位一体"的管理机制，成立由居民委员会、物业公司、业主委员会组成的联合管理组织，通过建立工作例会制度，及时沟通情况，研究解决社区管理中的难点问题，形成社区统一协调的管理机制。面对社区中的矛盾和问题，各方应积极协同处理，共同维护社区的和谐稳定，形成居委会与物业服务公司、业主委员会之间指导与被指导、监督与被监督的良性互动关系，相互尊重、相互理解、相互支持，形成最大合力，给社区居民带来实实在在的获得感、幸福感和安全感。

总之，规范和协调居民委员会、业主委员会和物业服务公司之间的关系需要各方共同努力和配合。通过建立联合管理机制、建立合作与协同关系、明确职责与边界等措施，有助于创造一个安全、和谐、宜居的社区环境，增进居民的福祉和发展。

练一练

一、单选题

1. 在物业管理活动中，代表和维护物业管理区域内全体业主合法权益的是（　　）。

A. 业主委员会　　　　　　　　B. 业主大会

C. 街道办事处、乡镇人民政府　　D. 物业管理行政主管部门

2. 2003 年 9 月 1 日，（　　）的实施，标志着我国物业管理进入了法制化、规范化的新阶段。

A.《物权法》

B.《物业管理条例》

C.《业主大会规程》

D.《前期物业管理招投标管理暂行办法》

二、多选题

1. 物业管理创新，主要体现在物业管理的（　　）和相关管理技术的创新等方面。

A. 理念创新　　B. 价格创新　　C. 模式创新　　D. 制度创新

2. 居民委员会有（　　）等特征。

A. 服务性　　　B. 群众性　　　C. 自治性　　　D. 地域性

三、名词解释

社区物业管理

四、简答题

1. 简述如何加强居委会财务管理。

2. 简述城市居民委员会的性质和作用。

五、论述题

1. 论述居民委员会、物业服务公司和业主委员会三者之间的联系。

2. 论述"三位一体"的社区物业管理机制。

项目六

社区应急管理

【学习导引】

大家好！欢迎来到《社区治理》课程项目六，本部分学习的主要内容有突发事件、应急管理的内涵；社区应急管理的含义、必要性，社区应急预案的编制和社区安全风险管理，社区应急响应队伍的组建、社区舆情监控等内容。

【思维导图】

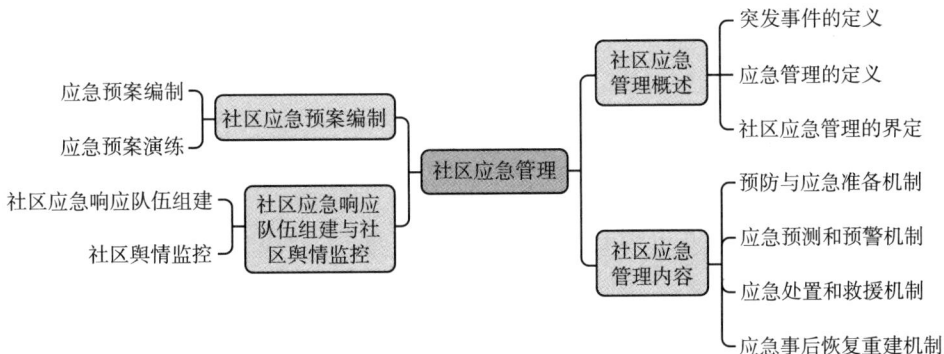

【教学目标】

1. 通过社区应急管理概述，你将能够说出突发事件、应急管理的内涵，描述社区应急管理的含义、必要性，并结合所在社区应急管理现状评判社区应急管理体制的合理性与适当性，提出适合本社区特点的应急管理方法。通过强调"以人为本"理念，你将能够把握"人民至上、生命至上"理念，将为人民服务的根本宗旨内植于心，外建于行，赓续传承。

2. 通过学习社区应急预案的编制和社区安全风险管理，你将能够列举出应急预案的编制与修订要求，学会如何主持和参与应急预案演练工作；你将通过总结分析公共安全风险管理的规律、评判社区安全风险管理的原则与流程是否切合所在社区实际，提出适合社区工作需求的防控措施，进而提升社区安全风险防范能力。通过讲述应急演练要"真演""真练"的要求，你将能够理解社区应急管理工作的重要性，树立社会责任感。

3. 通过学习社区应急响应队伍的组建、社区舆情监控，你能够说出组建应急响应志愿者队伍的意义与思路，比较社区舆情类型的差异，评判构建舆情应对的长效机制的合理性以及网络舆情监测管理的恰切性，提出社区舆情信息收集的技巧，设计出回应与引导舆情的合理方案。通过"一点""一线""一面"楼道速递工作机制的讲解，你将能够理解开展以民为本的社区党建工作、畅通收集舆情民意渠道的重要性，更好地增强为民服务意识。

任务一： 社区应急管理概述

子任务1 突发事件的定义

一、突发事件的界定

在管理实践中，"公共安全"经常与"突发事件""应急管理""风险""风险管理"等概念共同出现。《中华人民共和国突发事件应对法》（以下简称《突发事件应对法》）中对"突发事件"是这样定义的：它是指突然发生，造成或者可能造成严重社会危害，需要采取应急处置措施予以应对的自然灾害、事故灾难、公共卫生事件和社会安全事件。[1]

从上述定义中，我们可以总结出突发事件的四层含义。一是事件具有突发性。事件突然发生，无法预测；二是事件具有严重性。事件产生或者可能产生严重的社会危害；三是事件具有紧急性。需要采取紧急应对措施，以避免出现严重后果；四是事件具有类别性。我国《突发事件应对法》中把突发事件划分为四类，这是有利于事件分类管理的。

---

[1] 中华人民共和国突发事件应对法［EB/OL］. https：//www. gov. cn/Zhengce/2007－08/30/content_2602205. htm？eqid＝bce3f9d30009323c00000002648127c4.

二、突发事件的类型

突发事件类型的划分有不同的标准，可以按照影响范围，事件发生过程、性质与机理以及事件的性质、严重程度、可控性和影响范围进行划分，具体类型有：

（一）按照影响范围进行划分

可以把突发事件分为地方性突发事件、区域性或国家性突发事件、世界性或国际性突发事件。

（1）地方性突发事件。此类事件发生的范围有限，影响面小，一般情况下当地政府应急管理部门即可应对，不需要外部力量进行协助。但地方政府有责任也有义务向上级部门报告事件发生情况，以防备事件扩大或恶化时得到及时援助。

（2）区域性或国家性突发事件。此类事件需要中央政府调度资源和救援处理，各地方政府也应积极配合，民间资源也要参与其中。如汶川地震、挑战者号事件、切尔诺贝利核泄漏事件等。

（3）世界性或国际性突发事件。如非典（SARS）疫情、珍珠港事件、"9·11"事件等。

（二）按照事件发生过程、性质与机理划分

这种划分标准是依据《国家突发公共事件总体应急预案》的规定，把突发事件划分为自然灾害、事故灾难、公共卫生事件和社会安全事件。

（1）自然灾害，主要包括水旱灾害、气象灾害、地震灾害、地质灾害、海洋灾害、生物灾害和森林草原火灾等。

（2）事故灾难，主要包括工矿商贸等企业的各类安全事故、交通运输事故、公共设施和设备事故、环境污染和生态破坏事件等。

（3）卫生事件，主要包括传染病疫情、群体性不明原因疾病、食品安全和职业危害、动物疫情，以及其他严重影响公众健康和生命安全的事件。

（4）社会安全事件，主要包括恐怖袭击事件、经济安全事件和涉外突发事件等。①

---

① 国家突发公共事件总体应急预案［EB/OL］.（2006－01－08）. https：//www.gov.cn/zhuanti/2006－01/08/content_2614770.htm? eqid = f7909e6d00204f3d000000036481bc19.

（三）按性质、严重程度、可控性和影响范围划分

按照这种标准可以把突发事件划分为四级：Ⅰ级（特别重大）、Ⅱ级（重大）、Ⅲ级（较大）和Ⅳ级（一般）。对于Ⅰ级突发事件，国务院负责处置，如汶川地震，新冠疫情等；对于Ⅱ级突发事件，省级政府负责处置；对于Ⅲ级突发事件，市级政府负责处置；对于Ⅳ级突发事件，县级政府负责处置。数字越小，事件越大。

我国还专门制定了分级标准，最重要的共性标准是按照人员伤亡人数来划分，死亡30人以上属于特别重大事件，10～30人为重大事件，3～10人为较大事件，1～3人为一般事件。同时还应结合突发事件的不同类别以及其他标准进行具体确定。

三、社区突发事件的类型

根据国家突发事件的分类，社区突发事件可以分为以下几类。

（一）社区的自然灾害

一般情况下，发生的自然灾害涉及社区层面的以暴雨、沿海地区的台风、北方的雪灾等气象灾害较为常见，像地震、海洋灾害、地质灾害、地面沉降等所引起的灾害事件也会影响到社区。如台风、暴雨等恶劣天气会引发城市内涝，高空悬挂物坠落伤人，雪灾、冰雹等导致房屋损毁、电力等基础设施遭到破坏。

（二）社区的事故灾难

事故灾难的发生影响人们的生产生活，社区层面发生的事故灾难一般不会像发生在工矿企业的生产事故以及交通运输事故，但环境污染、工程安全事故、火灾、化学品爆炸、公共设施设备事故等的频繁发生，也不能掉以轻心。如2014年发生在上海外滩的"12·31"踩踏事件，造成36人死亡，49人受伤；2015年发生在天津滨海新区的"8·12"爆炸事故。由于各级政府的高度重视，近几年类似的事故灾难大大减少。

（三）社区的公共卫生事件

发生在社区层面的公共卫生事件多是食品安全、群体性不明原因疾病、传染性疫情。由于社区人口密集、流动性强，容易传播扩散传染性疫情。如2003年

的非典（SARS）疫情、2020 年发生的新冠疫情等。

（四）社区的社会安全事件

在社区层面发生的社会安全事件主要是群体性事件、重大刑事案件、网络恶意信息传播、恐怖袭击等。

四、突发事件的特征

突发事件涉及的类型众多，每类突发事件都各有特性。归纳起来，突发事件具有以下共性特征。

（一）突发性

突发事件多是事发突然，人们没有做好准备，正常社会秩序被打乱，日常生活受到影响。这里的缺乏准备表现在三个方面：一是心理上的准备不足，会出现恐惧、不安等情绪；二是资源上的保障不足，需临时调拨应急物资；三是管理上的措施不力，针对具体情况制订应对措施不够周全。即便有些突发事件有一些征兆，但难以预测实际发生的时间、地点、发生的方式，事件的突发性仍始料未及。造成这一现象的原因在于三个方面：非人为控制的客观因素引发突发事件；人们的认知盲区引发突发事件；人们的熟视无睹引发突发事件。

（二）破坏性

突发事件产生的破坏性表现在五个方面：威胁人们的生命安全、损坏公共财产、破坏环境、扰乱社会秩序、影响公众心理。突发事件发生后，人们各方面的准备缺乏，必然会出现人员伤亡，造成财产损失，破坏自然、生态、社会环境，打乱正常社会运行节奏，引起公众恐慌与不安。有些破坏是暂时性的，会随着事件的结束逐步消除；有些破坏则是长期的，影响会达到几十年至几百年，如日本的"3·11"大地震引发的福岛核泄漏事件。若处置突发事件不及时或处置失误，就会产生不可估量的影响，导致严重的经济、社会、政治危机。

（三）衍生性

原生突发事件发生后会衍生出其他类型的突发事件。这会出现两种情况：一是衍生突发事件产生的影响、造成的危害没有原生突发事件严重，人们的精力仍聚焦于处置原生突发事件；二是衍生突发事件的危害与影响高于原生突发事件，矛盾焦点集中在新的问题中，社会力量已向衍生事件转移。这种情况多数是因为处置不当造成的，只有个别情况下才会发生。

（四） 扩 散 性

随着全球化的加速迭代，危机与风险成了传统全球化无法克服的局限，地域之间的依赖使得突发事件的影响会快速引发"蝴蝶效应"，扩散到其他地区，产生更大的危害，导致更加广泛的影响。一些恐怖事件、社会骚乱因受某些国际势力操纵，会迅速扩散进而产生连锁反应，给突发事件的解决带来更大困难。

（五） 社 会 性

突发事件的发生会影响社会价值观，改变人们的行为准则，影响公众的价值判断。处理突发事件时，群体价值观会被重新得到审视，社会行为准则会重新修正，生活方式会得到调整，个体价值观会被重塑。突发事件的社会影响力将会持久而深刻。

（六） 周 期 性

突发事件具有大体相似的生命周期，会经历潜伏期、爆发期、影响期与结束期四个阶段。潜伏期持续时间较长，当积累到一定量之后，遇到导火索爆发突发事件；爆发期则是发生突发事件后的能量宣泄过程，持续时间短、破坏力强、危害性大；影响期是突发事件造成的灾难持续阶段，这一时期与爆发期往往是交叉重叠的；结束期是突发事件得到控制之后社会恢复正常状态、消除危害与影响的阶段。

子任务 2　　应急管理的定义

一、应急管理的概念

应急管理对应的英文是"emergency management"，维基百科中对它的解释为"应急管理是对资源和职责的组织管理，以应对突发事件的所有方面，包括准备、响应和恢复。目的是减轻所有灾害的不利影响"。

同样是对突发事件的预防与应对，世界各国由于关注重点有所差异，相关提法并不完全一致，如美国的"emergency management"（应急管理）、英国的

"contingency management"（紧急事态管理）、日本的"disaster management"（防灾管理）、德国的"krisen management"（危机管理）等，但其总体目标、体系框架和核心内容并无本质区别。

如果要给应急管理下一个定义，那就是应急管理指在突发事件发生前建立事前预防机制，发生过程中建立事发应对和事中处置机制，事件处理结束的事后恢复重建机制，这些机制的建立与应对措施有助于保障公众生命财产安全与社会和谐稳定。围绕这一系列活动所建立的机制称为应急管理。

二、应急管理的阶段

应急管理是针对突发事件全过程进行的管理，对应急管理阶段的划分是依据处置突发事件的发展阶段进行的。突发事件应对包括预防、预警、发生与善后几个阶段，相对应的，应急管理的阶段则分为预防、准备、响应、恢复、评估五个阶段。

（一）预防阶段

在应急管理的全过程中，预防处于第一阶段，其主要目的在于减少危机或灾害发生的可能性。这一阶段要做的工作是对各种可能发生的突发事件进行风险分析，预测与评估灾害发生的概率，拟定相应的规划，建立应急管理体系，开展应急管理培训，做好应急演练，提高公众应对突发事件的能力。

（二）准备阶段

准备阶段处于应急管理的第二阶段，它是为应对可能发生的危机做出的相应准备。其包括的工作内容有制定应急预案、设计应急处置程序，确立应急管理部门以及责任人员，准备必要的物质资源、设施设备，建立联络机制、健全应急通信保障体系，开展宣传普及活动，进行组织培训，开展必要的应急演练，定期对应急预案进行评估。

（三）响应阶段

这一阶段指在灾害到来之后，要启动应急响应机制以应对危机的发生，要采取相应的行动，调动应急救援队伍与社会力量保护公众的生命财产安全。受到自然灾害危害或遭受事故灾难的单位，立即组织人员开展营救，疏散、撤离、安置受威胁群众，控制危险源，采取必要措施防止危险扩散，对解决不了的及时协调相关部门，寻求合作与支持。

（四）恢复阶段

突发事件危害消除后就进入应急管理的恢复阶段，这一阶段要采取措施防止次生、衍生事件的发生，要恢复社会生产生活秩序，制订重建计划，评估灾害影响，修复、重建受损设施，为受灾区域提供必要援助，恢复社会经济功能，保障受影响地区可持续发展。

（五）评估阶段

评估阶段是应急管理的最后环节，它是对整个应急管理过程做的总结与评估，查清发生突发事件的经过，查明突发事件发生的背景原因，对应急处置过程中的经验教训进行总结，评估应急响应措施与行动的有效性，制订改进措施，为未来应急管理提供决策参考。

三、应急管理的规律

规律是事物本质的、内在的联系，只有认识规律才能真正掌握规律，并运用好规律。作为应急管理，其规律可归纳为"防、救、建"三个字。

"防"包括人防、技防、物防。人防包括公众、政府、各种应急队伍；技防是用技术手段监测、预测、预警等；物防有避难场所、各项工程、建筑物等，要确保规划合理，建筑坚固，应急物资、装备有储备。

"救"分自救、互救和公救。自救是依靠自己能力逃生；互救是依靠周围的人救援；公救包括政府组织、志愿者救助。自救第一，互救第二，公救第三。这是因为生命延续是有时间限制的，外援力量到达要受空间限制。因此，提高公众逃生能力十分重要。

"建"是基础设施如公路、水库、学校、医院等恢复重建。依靠政府，公建第一；然后"一方有难，八方支援"；最后是艰苦奋斗搞自建。

子任务3　社区应急管理的界定

一、社区应急管理的定义

综合以上两个概念，我们给社区应急管理下一个定义。社区应急管理是城市应急管理最为基础的一个环节，它指的是在政府的指引以及街道办的管制下，社区工作站动员社区居民、企业及社会组织，相互协助对突发事件实行一系列的警示、准备、处理及复原等活动。开展社区应急管理旨在减少突发事件的发生，并在第一时间制止险情的延伸，以预防灾情再次发生，使损害降到最低，尽最大力量来维持并增加社区福利。

社区应急管理是为了维护社区的公共安全，政府与其他社会主体力量运用科学、技术、规划和管理等手段对社区范围内的突发公共事件进行预防、响应、处置以及恢复的全过程管理活动。

二、社区应急管理的发展历程

在社区灾害响应与治理方面，相比于国外发达国家，我国的起步相对较晚，对社区应急管理进程起促进与助推作用的多是特别重大公共卫生事件或自然灾害。我国社区应急管理发展历程有以下三个阶段。

一是社区应急管理的萌芽时期（2003 ~ 2012 年）。这一时期可以从 2003 年成功抗击非典算起，我国开始把突发事件应急管理机制建设列入重要议事日程，首次将"一案三制"①作为应急管理体系的关键要素，初步建立了以政府为中心的应急管理模式。本着"以人为本，减少危害；居安思危，预防为主；统一领导，分级负责；依法规范，加强管理；快速反应，协同应对；依靠科技，提高素质"②的原则，2005 年国家颁布《国家突发公共事件总体应急预案》，作为全国应急预案体系的总纲，对各类突发事件进行了分级分类，明确了预案框架体系，成为指导预防和处置突发事件的规范性文件。2007 年出台《中华人民共和国突发事件应对法》，建立了"统一领导、综合协调、分类管理、分级负责、属地管理为主"的应急管理体制。③这两项重要的里程碑事件标志着我国应急管理步入常态化、制度化、法制化的轨道。④在国家推行"一案三制"背景下，有城市开

---

① "一案"为国家突发公共事件应急预案体系，"三制"为应急管理体制、运行机制和法制。应急管理体制主要指建立健全集中统一、坚强有力、政令畅通的指挥机构；运行机制主要指建立健全监测预警机制、应急信息报告机制、应急决策和协调机制；法制建设方面，主要通过依法行政，努力使突发公共事件的应急处置逐步走上规范化、制度化和法制化轨道。

② 国家突发公共事件总体应急预案 ［EB/OL］. https：//www. gov. cn/zhuanti/2006 － 01/08/content_2614770. htm？eqid = f7909e6d00204f3d000000036481bc19.

③ 中华人民共和国突发事件应对法 ［EB/OL］. https：//www. gov. cn/Zhengce/2007 － 08/30/content_2602205. htm？eqid = bce3f9d30009323c00000002648127c4.

④ 王玉. 我国社区应急管理体系优化问题研究——以 A 市 B 区为例 ［J］. 中共福建省委党校（福建行政学院）学报，2021（3）：159 － 168.

始探索社区风险评估实践。上海市民政局在 2009～2011 年建立了社区综合风险评估模型，一是进行模型开发，二是综合社区风险地图。深圳市于 2012 年启动了全市公共安全评估，按发生风险可能性，将风险分为极高、高、中、低四个等级。个别城市的探索只局限在社区风险评估领域，更深层次的拓展还未涉及。

二是社区应急管理体系的建立时期（2012～2018 年）。这一阶段被视为社区应急管理体系的建立期。2012 年，"城乡社区治理"第一次被写入党的十八大报告。《国家综合防灾减灾规划（2016－2020 年）》开始强调要加强灾害应急预案编制和演练，加强社区救灾应急物资储备和志愿者队伍建设，深入推进综合减灾示范社区创建工作。① 这方面全国不少省市开始探索建立社区应急管理体系。如浙江省、天津市组建的应急救援队伍，其职能就包含与社会专业力量的合作。在天津，有蓝天救援队、企业救援队等投入到社区的联防联控，并建立了多层次综合性应急队伍。深圳市罗湖区所筹办的社区志愿者救援项目，就是由壹基金公益基金会、罗湖政协委员会公益基金共同创建的，通过组建由公职人员、社区志愿者参与的辅助型救援队伍，可以有效补充街道的应急救援。

三是社区应急管理的快速迭代时期（2018 年至今）。这一阶段被称为我国社区应急管理体系的快速迭代期。2018 年 3 月，国家应急管理部成立，标志着我国进入"大应急"时代。党的十九届四中全会进一步为新时代社会治安防控体系建设明确了新思路和新路径，即"专群结合、群防群治、问题联治、工作联动、平安联创"。② 随着我国社会治理重心的不断下移，社区直接应对突发公共事件成为一种新趋向。这一阶段各地开展了广泛的社区应急管理的实践，新做法、新理念快速迭代。③ 如上海市将信息化建设融入社区管理中，充分利用大数据、人工智能等智能化手段打造"社区大脑"，融合多元力量，将应急中心、物管中心、网络中心等各个职能领域集中在一起，实施社区应急治理。目前，智慧"社区大脑"已在全国各地多点开花，多地试行，取得了较好成效。

---

① 国务院办公厅关于印发国家综合防灾减灾规划（2016—2020 年）的通知 [EB/OL]．(2017－01－13)．https：//www. gov. cn/zhengce/content/2017－01/13content_5159459. htm.

② 中共中央关于坚持和完善中国特色社会主义制度 推进国家治理体系和治理能力现代化若干重大问题的决定 [EB/OL]．(2019－11－05)．https：//www. ccdi. gov. cn/toutiaon/201911/t20191105_96220. html?eqid = cc75f749 0013c823000000036497d62b.

③ 王玉．我国社区应急管理体系优化问题研究——以 A 市 B 区为例 [J]．中共福建省委党校（福建行政学院）学报，2021（3）：159－168.

三、社区应急管理的原则

社区应急管理应坚持五项原则。

第一，坚持以人为本原则。社区管理的最低限度应当是保障社区居民的生命和财产安全，因此任何的社区应急管理活动都应当以人为本，以人民的生命健康和财产安全为出发点和落脚点。

第二，坚持预防为主原则。凡事预则立，不预则废，任何的管理活动尤其是应急方面的管理活动都应当考虑到事前的预防措施，如制订应急预案，进行相关的演练，人员管理的配置和组织等。一旦这些行之有效的工作事先得到规划，那么在很大程度上就可以缩短危机出现后的应对时间，进而提高应急活动的效率。

第三，坚持依法规范原则。即便是社区管理这种细节管理也应当依照法律法规的要求来办理，党的十九届五中全会对推进全面依法治国提出了新的更高要求，作为社区工作者更应该从自身做起，维护法律法规的尊严。对于应急管理方案的制定者来说，也应当在设计、规划的同时加强法治意识和法律思维，将依法治国的口号落到实处。

第四，坚持因地制宜原则。社区应急管理在具体的操作和实施过程中应当注意区域间的一些现实差异，不同的地区由于风俗、文化、道德观念、价值观等方面的差异，在社区应急管理方面可能会存在一些不同，这就要求相关设计者除了吸取典型经验以外，更多的还是要结合当地的风土人情来细化操作细则，只有这样管理方案才不会变成一个摆设，才能更多地为群众利益服务。

第五，坚持社会参与原则。社区管理的最大特点就在于其管理主体具有多样性，不仅包括政府在社区的派出机关，还包括居民委员会、社区组织、物业服务公司等。因此这些组织既是管理的主体也是被管理的对象，在这个意义上说就需要在社区应急管理当中强调社会的广泛参与。如中国过去的群防群治模式就是一个典型，居民融入到整个社区管理的工作当中，既能发挥居民的积极性，又能在一定程度上减少政府管理的成本，应该大力推广。

任务二：　社区应急管理内容

社区是社会治理的基本单元，也是人口和流量的重要入口。在社区管理过程中，通过建立社区预警和应急管理机制，从治理层面科学应对突发危机的做法很有必要。社区应急管理包括预防与应急准备机制、应急预测和预警机制、应急处置和救援机制、应急事后恢复重建机制共四个方面。

子任务1 预防与应急准备机制

预防与应急准备机制是指通过预案编制管理、隐患的排查、应急救援队伍的建设、宣传教育与培训演练、应急物资资金的保障等，做好各项基础性、常态性的管理工作，从更基础的层面改善应急管理。具体内容我们从以下四个方面来看。

一、建立多元参与的社区应急管理体系

在社区应急管理中，要依托社区组织、工作人员建立一支常规化的应急管理队伍，明确社区的应急管理工作领导小组职责，负责社区日常应急管理工作，包括制定本社区应急管理工作的计划和规划，并组织实施。统筹协调本社区的单位和公众开展应急管理工作，提高社区防灾减灾水平。

同时，由于社区工作人员缺乏，在社区的应急管理中，需要引入多元化主体参与。在管理中，要充分发挥社区物业管理的作用，引导物业管理人员参与社区的应急管理。还要发挥专业人士的作用，邀请专家、学者等参与社区的应急管理决策。特别是针对社区易发多发的事故灾难，如城市内涝、交通安全等问题，必须通过专业人士做出专业的规划，统筹管理。

二、规范社区应急队伍日常管理

在应急救援队伍建设方面，要确保其具备基本的自救互救能力，并组建社区应急救援的骨干队伍，队伍应相对固定。骨干队伍主要由社区治安人员、警务人员、民兵组成。日常工作中，要强化对应急队伍的管理，系统地开展培训和演练。统筹辖区内武装、公安、消防、安全生产等部门，对社区一级的应急队伍提供必要的技能培训和业务指导。在装备器材上，政府和街道、社区一级，应共同投入，补充更新专业技术装备，充分利用和发挥社会的力量，积极探索利用市场机制组织企业、非政府组织等社会力量参与应急管理与服务的长效机制，逐步形成专职、兼职队伍相结合的突发公共事件应急救援队伍，提高应急队伍处置能力。

三、丰富社区应急宣教培训形式

正因为宣教培训是应急管理的重中之重，因此开展有效的宣教培训在社区应急管理中显得尤为关键。在社区应急宣教中，要强调公众的自救互救与公救意识，树立小灾靠自救、中灾靠互救、大灾靠公救的理念；要依托社区现有的培训资源，加强公众培训与演练培训基地建设，加强应急培训师资队伍建设，重点提高应急管理人员和广大群众的应急处置技能；普及应急知识，提高全民尤其是青少年的公共安全意识和素养。

四、推进社区应急演练常态化

建立社区定期开展应急演练的机制，按照规定，社区每年组织辖区公众和有关单位至少开展一次应急演练。社区的应急演练一般由社区组织负责，承担演练组织的义务。其要发动社区居民、学校、企事业单位参与应急演练。通过演练提高预案的实战性，特别是涉及跨社区、跨地区的预案，要通过开展联合演练等方式，促进社区各单位的协调配合和职责落实。要提高演练水平，增强演练效果。要定期举办"双盲"应急演练，提高演练的实战性和模拟性。要鼓励居民群众开展家庭应急演练，建立家庭逃生计划，熟悉社区的逃生线路。

子任务 2　应急预测和预警机制

预测与预警机制是指通过建立突发事件信息的收集与报告制度、建立监测网络，及时预警及采取相应的预警措施，减少事件发生的概率及其可能造成的损失。

一、畅通社区突发事件信息报送渠道

突发事件信息报送及时与否直接影响应急处置的效率。如何让突发事件信息更快、更准确地报送到应急管理部门，使应急救援人员及时获得应急信息，是社区应急信息报送的首要问题。

（1）应建立社区应急信息报送机制。要广泛吸纳社区公众为基层突发事件信息员，承担发现并及时报送突发事件信息的职责。社区及政府应急管理部门应

联合"110""119"等报警平台，设立突发事件信息报送热线，及时将发生在社区周边的突发事件信息上报应急管理部门，消除安全隐患。

（2）建立健全信息报送和新闻工作机制。加强突发事件信息报送工作，要求社区专职的应急管理人员和机构，严格执行突发公共信息报送制度。

（3）建立社区突发事件信息报送标准。对各种情况下发生的突发事件，需要做出明确的规定和指引。明确突发事件信息报送主体，包括社区工作人员、社区应急救援人员、社区信息志愿者。明确突发事件信息报送内容，包括事件发生的时间、地点、人员伤亡情况及处置情况等。

（4）完善预警信息发布管理。特别是对于气象灾害，如台风、雷暴、暴雨、低温冻灾等灾害天气的预警预报，应提高应急信息和应急响应时效；建立健全社区突发公共事件舆情收集和分析机制。

二、建立社区预测和预警系统

预测预警是突发事件应急管理事发前的重要环节。所谓预测，就是预先监测，即对突发事件发生前的各种危险因素和迹象进行实时、持续、动态监测，收集与之相关的数据信息，分析评估其中的风险与危机，预判发生突发事件的可能性。所谓预警，就是预先警告，即通过各种手段提前发现、分析研判灾情，采取应对措施的活动。在突发事件应急管理预测预警中社区承担着重要角色。社区参与预测预警，不仅有助于扭转"重救轻防"的倾向，而且有利于我们从源头预控、防止突发事件的发生。社区建立预测和预警系统需要采取几个措施，即建立科学的监测指标体系、规范风险管理流程、加强预警信息传播、建设社区预测预警监测系统。

（一）建立科学的监测指标体系

政府牵头组织制定突发事件的监测指标体系，对社区开展预测预警提供明确指引。社区工作人员分析突发事件演进过程，查找突发事件敏感因素，识别社会危机，确认社会风险，监测发生突发事件的危险源，评估发生突发事件的可能性。

（二）规范风险管理流程

社区预警预测人员应完成风险监测、风险识别、风险评估、风险控制四个环节的工作，确保风险管理的有效性。

（三）加强预警信息传播

将媒体、社会公众、社区志愿者等力量纳入预测预警，实现多手段、多途径、多渠道传播预警信息，做到动态监测、综合分析、科学预警、有效报警。一是建立预警信息快速发报机制，加强对广播、电视、警报器、预警机、宣传车、手机短信等紧急预警信息发布手段的建设；二是完善广播、电视、网络等大众媒体的信息发布体系，建立预警信息快速发布机制。社区通过广播、网络、短信等形式，及时向公众发布预警预测信息；三是气象、地震部门应参与到社区预警信息发布中，建立社区信息平台，做到信息快报。

（四）建设社区预测预警监测系统

采用电子视频、红外线等科技手段，对社区突发事件隐患点进行自动检测，提高预测预警科技支撑水平。建立健全突发事件综合预警信息共享机制，加强资源整合，实现资源共享。

子任务3　应急处置和救援机制

突发事件处置环节可以按照其演进过程分为七个步骤，社区层面的应急处置环节应规范而明确，应急处置与救援机制包括七个方面的内容。

一、接警和研判

社区是突发事件发生的第一现场，应急工作人员接到报警后，应及时了解突发事件的基本情况，包括发生事件的时间、地点、何种类型的突发事件、人员伤亡情况、财产损失状况，对接警情况做好初步的记录。接警人员掌握初步情况后，应第一时间通过相关渠道报送信息。

二、先期处置

社区应急处置人员应及时赶赴现场，观察、核实突发事件具体情况与发展态势，调动应急资源做好先期处置工作，尽量避免突发事件扩大升级。现场工作人员还要根据实际情况上报突发事件的最新信息，请求政府相关部门人员、专业力量实施救援。在前期处置过程中，现场应急人员应先避险再抢险，组织现场群众施救，或者情况紧急时应及时疏散人员。

三、启动应急预案

全面掌握突发事件的情况后，依照分级响应原则，启动社区应急预案，调集应急救援力量，调拨应急救援物资，安排社区指挥人员赶赴现场，按照预案规定展开应急处置。在事发过程中，预案响应级别根据事态发展而调整，并采取相应的应急措施。

四、现场指挥

在突发事件处置过程中，现场指挥部应被赋予全权。突发事件发生后，各级各部门领导纷纷赶赴事发现场，靠前指挥，发布指示。这经常会导致现场秩序混乱，令出多门，使现场指挥人员无所适从，甚至出现突发事件多头指挥、互相冲突的情况。确立现场指挥官，对指定的现场指挥官授予全权，这对高效有序开展现场指挥十分重要。在社区应急现场指挥中，社区人员应扮演辅助角色。一般情况下，社区人员对事发现场情况最为熟悉，情况掌握也较为全面，但由于缺少必要的突发事件处置技能，而不能胜任现场指挥职责。此时，社区工作人员或社区居民，应协助现场指挥人员开展应急处置，全面掌握突发事件情况，为现场指挥人员提供决策参考。

五、抢险救援

在抢险中应坚持以人为本的原则，最大限度地减少突发事件造成的人员伤亡和财产损失。社区和政府及专业救援力量应各司其职、密切配合、通力合作，发挥多群体多单位的联通作用。社区应急工作人员应服从政府救援部门或专业应急人员的指挥和安排，发挥抢险救援的辅助作用。在处置过程中，如出现事态恶化、超出社区自身救援能力，社区应及时寻求外界的帮助和支援。

六、应急结束

突发事件得到控制，不良影响消除后，现场指挥部应撤销，结束应急救援行动，恢复社区正常的生产、生活状态。

七、调查评估

突发事件应急处置结束后，社区人员应对突发事件产生的起因、突发事件性质、造成的影响、处置过程中的经验和教训等进行全面回顾和科学评估，对存在的问题进行整改，以避免同类事件再次发生。

子任务4　应急事后恢复重建机制

一个社区的抗风险能力除了体现在应对突发事件外，还表现在事后应急的恢复重建方面。恢复重建是解决突发事件所造成的人员财产损失所必需的工作，也是应急管理工作的重要一环。社区应急整合恢复重建机制的建立是社区应对大多数突发事件的基础。应急事后恢复重建机制包括复原阶段、重建更替阶段和发展提高阶段三个方面。

一、复原阶段要加强生命线工程的抗灾能力建设

复原时期的任务是加强生命线工程的抗灾能力建设。修复受损的公用设施，修复社区的供电、供水、供气、交通和通信枢纽等生命线工程，修复居住房屋、商业和工业建筑，这一阶段可能需要数周到数月。

二、重建更替阶段要加强紧急避险场所的建设

重建更替阶段的任务是使经济恢复到灾前水平，住房设施、交通设施、商业设施等恢复到灾前水平。推进社区各类防灾紧急避险场所的勘测规划和基础设施建设，充分利用社区的广场、绿地、公园、学校、体育场馆等公共场所的应急避难功能，设置必要的基本生活设施，储备一定数量的食品、帐篷、移动厕所等。同时，社区要按照有关规划和相关标准，建设各类应急避难场所和紧急疏散通道。在公共道路上设置庇护场所指示标示，明确逃生线路和庇护指引。这一阶段可能需要数月到数年。

三、发展提高阶段要加强建筑抗灾能力建设和规划

发展提高阶段的主要任务是通过重建改善当地居民的居住环境，促进地方经

济社会发展，其中包括增加防灾、减灾的措施和设备，发展的任务是从突发事件中获益，即总结经验教训，寻找新的机会，实现超越回归。抓好抗灾源头治理，在社区建筑物在建之前，做好建筑抗灾能力的规划，严格按照抗灾要求和抗灾标准施工，增强城乡建筑的抗震、防火、防雷等抗灾能力。社区一方面要开展危房排查，及时清查危房建筑，对其进行改造或拆除，以消除安全隐患；另一方面要科学做好新增建筑的防灾规划，利用编制城市规划的契机，做好庇护场所、人防设施、逃生道路等防灾避灾基础设计规划建设，提高城市抗灾的综合能力。

任务三： 社区应急预案编制

预案指明了应急管理的方向，为应急管理法制化的实现提供了基石。社区对应急预案应进行科学合理的管理，不论是从编制、修订、演练等方面，还是关于预案内容，如对致灾原因的分析、风险隐患的评估及救灾模拟等都应该如此。

子任务1 应急预案编制

应急预案是针对突发事件而制订的应急计划，对多种突发事件的灾后行动有很强的指导作用。应急预案编制包括两部分内容，即编制应急预案和修订应急预案。

一、编制应急预案的目的

编制应急预案旨在发生突发事件时，能够快速高效开展应急行动，最大限度降低突发事件带来的危害，挽回突发事件造成的损失，确保国家与人民生命财产安全。

二、编制应急预案的要求

应急预案编制要突出实用性、把握全面性、具有针对性、强调操作性、突显贯彻性。

突出实用性是指要从实际出发，符合客观实际，适应新形势、新任务、新职责的需要，把风险评估和应急资源调查作为编制预案的重要前提。预案要具有适用性，便于操作，切忌华而不实，重形式、走过场。

把握全面性是在编制预案时要充分考虑方方面面的情况，以便突发事件发生时能作为应对的依据，采取相应的措施。

具有针对性是指要对灾害危害源和防御目标进行重点防御，要根据本社区突发事件的特点，特别是当前存在的突出问题和薄弱环节，有针对性地编制预案，不能照抄照搬上级预案。

强调可操作性是预案内容必须具体、规范，明确事前、事中、事后各个环节由谁来做、怎样做、何时做，为处置突发事件提供准确有效的程序和依据，确保用得上、行得通。

突显贯彻性是预案一经制订，就要严格遵守，不能轻易做出改变，并认真贯彻实施。

三、编制应急预案的措施

应急预案的内容要符合客观实际。社区编制应急预案时，要摒弃形式主义的做法，保证预案是以科学理论为依据的，且是合理的。要想达到预想的结果，可从三个方面入手。

措施一：从社区实际、民意等方面考虑，由专业领域的专家做出指导意见并领导制定出本地化应急预案。

措施二：编制一套完整的预案编制指导说明书，记录编制预案的思路、注意事项、纲要的要求、时效性等，不能应付了事。

措施三：设立专项资金，保证应急预案的成立、实践演练及后期的修订能够顺利进行。

四、社区应急预案内容

一般来说，一项社区应急预案包括七个方面内容。

1. 适用范围

适用于全社区范围内发生的因生产、经营、交通事故、非正常死亡等引发的危害公共安全、扰乱社会管理秩序的群体性事件应急处置工作。

2. 工作原则

（1）统一领导、分级负责。

（2）依法办事、妥善处置。

（3）教育疏导、防止激化。

（4）慎用警力、善用警力。

（5）及时、果断处置原则。

3. 组织指挥体系及职责

在发生一般群体性事件时，由社区党工委、办事处统一指挥，根据群体性事件的性质、规模，成立应急处置指挥部。社区党工委、办事处主要负责人或由区委、区政府指定专人担任应急处置总指挥，成员由社区综治维稳信访工作中心、派出所、涉事相关部门和事发地主要负责人组成。对每个部门的职责都要作出相应的规定。

4. 预防预警机制

建立高效、灵敏的情报信息网络，加强对社会不稳定因素的掌握和研判，逐步形成完善的预警工作机制。对可能发生群体性事件的信息，特别是苗头性信息进行全面评估和预测，做到早发现、早报告、早控制、早解决。

5. 应急响应环节

此部分包括启动应急预案、现场处置、应急结束和善后处置等具体内容。

6. 应急保障

此部分包括通信保障、人员保障以及日常的预防培训与应急演练等内容。

7. 附则

此部分一般包括的内容有：根据有关规定，对在预防和处置工作中作出突出贡献的集体和个人进行表彰；在预防和处置群体性事件中有违法违纪行为，造成严重后果的，依照有关规定给予相应的处理；构成犯罪的，依法追究刑事责任。

五、修订应急预案

应急预案是针对未发生的突发情况而制定的。突发情况是未来时间段发生的、不确定的事件，也就是说风险诱因是变化的，因此应急预案的修订要与时俱进，而不是一成不变的。修订应急预案的具体要求如下。

一是社区要注重应急预案修订工作，遇到以往未有的风险诱因及灾难类型等时要适时改进预案，确保应急预案的效用性。

二是加强社区彼此之间的借鉴学习，把各社区的应急累积经验科学移植于各自制定的应急预案中，从而互相学习和完善。

三是修订的预案不是终点，而是学习熟知的起点，熟知预案在提升执行预案速率的同时还能提升修订预案的能力。

四是作为预案实施最终的受体，修订人熟知社区情况，所以修订人修订编制预案能力的提升，是把理论应用于实际最完美的结果。

子任务2　应急预案演练

应急演练是突发事件应急准备过程中的一项重要工作，有利于评估应急准备状态，有助于检验应急人员实际操作水平，有利于发现并及时修改应急预案中的不足，同时还有利于增强应急预案的科学性、可行性和针对性，完善应急准备，提高人们应急处置能力。应急演练如果不真"演"肯定起不到"练"的效果，那么演练究竟怎样"演"呢？"演"到什么逼真程度呢？如果太逼真会不会发生危险？怎样去规避危险呢？我们从五个方面来说明。

一、演练成员应涉及全员

演练成员应涉及社区全体居民，包括周边学校、附近单位和社区居民等，都要参与演练，培育全民演练意识，培训相关应急技能。

二、"演"要"演得像"

演练的目的在于培养大家的意识和技能，而不是单纯地演戏看热闹，可以邀请相关行业专家到现场督促指导演练工作，科学做好每场演练，达到对突发情况能够合理科学处理的水准。这里有两方面要注意。

一是事故发生场景要逼真。只有场景逼真了，才能让参演者身临其境，才能让他们产生那种救援的急迫感。假使以后发生类似险情，他们心里才有底，才不至于手忙脚乱。

二是参加演练人员要"演"得逼真。试想一下，参加应急演练人员都是抱着无所谓的心态，无组织、无纪律、松松垮垮、慢慢腾腾的，那么怎么体现应急演练的"急"？因此，参演者在事故场景布置好之后，在救援总指挥分工明确之后，一定要快速、准确地赶到事故发生地，在确保自身安全的前提下，在最短时间内完成事故处置。如果真的发生事故，就是十万火急的事情，时间就是生命，若大家平时都把演练当作儿戏，那么当事故真发生时，必然是血的教训。

三、"演练"不是"演戏"

应急演练是一种模拟突发事件发生的"实战"演习。但一些社区对应急演练认识不到位,为演练而演练,把演练当"演戏"。在开展预案演练时,只以书面形式考察大家对预案内容的掌握;在实际演练过程中,让大家严格按照预案内容和程序执行,造成演练过程中规中矩,如同表演有"台词"的剧本,按照预设的动作亦步亦趋,使得整个演练过程中"演"的成分多于"练"的成分;有的预案中将职责明确到人,看似分工到位,职责清楚,但事故现场复杂多变,如果人员发生变化,那预案将成一纸空文;有的预案中把现场救援行动布置得太具体,忽略了事故现场瞬息万变的情况,重"演"而轻"练",不能达到检验预案、锻炼队伍、提高突发事件处理能力的目的。

四、场景布置要有度

"演"是为了"用得着",应急演练不能一味追求"演"的真实,而忽略了参演者的人身安全,所以对事故场景的布置要把握好一个度,做好参演者的防护工作。这就要求组织者在组织应急演练前制订详细的专项应急演练计划和方案,该计划和方案是应急演练顺利进行的保障和前提;要组织学习应急演练计划和方案,让参与应急演练的人员都熟悉计划和方案,以及应急演练注意事项,并给参演者提供必要的防护设备,防止演练过程中发生事故。因此,演练过程应"重疗效",让考虑到的场景尽量"还原",让所有参与演练的人员把应急演练当作真实"身边事故"来对待,准确、及时地开展真"演",这样才能保证达到应有的效果。

五、制定演练评估体系

完善的应急演练评估体系是保障应急响应能力的重要工作。社区应对每场演练制订评估体系,对表现情况进行打分考评,以作出改进。

(一)制订评估指标

评估指标是应急演练评估体系和方法的基础。评估指标应从应急演练的目的、内容、程序、参与者及其作用、演练场景、演练效果等多个方面综合考虑。

常见的评估指标有四个方面。

1. 演练效果评估

评估指标包括演练目标是否实现、演练流程是否合理、指挥组织是否有效、参与者是否合作默契、设备是否充足可靠等。

2. 演练成本评估

评估指标包括演练费用、时间、资源消耗等。

3. 演练可持续性评估

评估指标包括演练的持续时间、是否符合规定标准，是否可持续提高演练效果等。

4. 组织效率评估

评估指标包括是否整体反应迅速、是否合理分配任务、是否切实发挥人员作用等。

（二）明确评估流程

明确评估流程是保障评估质量的前提。评估流程包含评估前准备、评估过程、评估结果报告三个环节。

1. 评估前准备

评估前准备是评估工作的关键环节，包括明确评估目的、评估指标、评估时间节点及相关责任人等信息，提前制订评估计划，保障评估过程的顺利进行。

2. 评估过程

评估过程是评估工作的核心环节，包括评估方案设计、数据采集及分析、问题发现及改进等，评估人员需要认真记录演练环节、各参与者表现、执法人员带队行动、装备车辆使用等信息，同时也需要充分听取被评估者的反馈。

3. 评估结果报告

评估结果报告需要将评估过程中获得的演练各方面的数据进行分析后给出评估结果的统计、报告和反馈，以使评估过程不断优化和完善。

（三）收集信息的方法

1. 现场观察

评估人员需要全程跟随整个演练过程，进行现场观察，及时记录各参与者的表现及各环节反应情况。

2. 问卷调查

问卷调查是一种比较客观的数据采集方法，可以收集演练的反馈意见，增加数据的准确性。

3. 参与者访谈

参与者访谈是了解演练过程中各方面的体验和感受的有效方法，可以通过访谈发现问题并予以解决，提高应急演练的效果。

4. 数据分析

采用数据分析软件进行数据统计分析，从数据中发现问题和改进方案，为应急演练提供科学依据。

（四）问题发现和改进

问题发现和改进是完善应急演练评估体系的最终目的。在评估过程中，评估人员通过收集数据和信息，发现各种漏洞和不足，为问题改进提供了基础。社区应及时对评估结果进行分析并针对性地制订改进方案，不断完善应急演练的效果。

总之，制订完善的应急演练评估体系是维护社区应急响应能力的关键工作。要制订完善的评估指标，明确评估流程，选择多种信息收集方式定期评估，并结合问题发现和改进来全面提升应急演练的效果。

任务四：社区应急响应队伍组建与社区舆情监控

子任务1 社区应急响应队伍组建

一、明确志愿者的权利和义务

（一）社区应急响应志愿者拥有的权利

（1）对社区应急志愿队工作提出意见、建议和批评。

（2）优先获得必需的救灾物品和装备。

（3）参与社区应急志愿队组织的各项活动。

（4）参加对社区应急志愿者的技能培训。

（5）工作中有突出表现的获得相应表彰和奖励的权利。

（二）社区应急响应志愿者承担的义务

1. 参与科普宣教

协助做好应急预警预防、应急避险和自救互救等应急知识的科学普及和宣传教育，不断提高公众应急意识、防灾减灾与自救互救能力。

2. 参与隐患排查

协助做好突发事件隐患排查、预警预防、苗头处置等工作，参与制定整改方案和完善应急预案。

3. 参与信息报送

核实收集上报突发事件有关信息，协助做好预警信息传递等工作。

4. 参与应急救援

根据需要，按照"统一组织、统一调用"原则，协助专业救援队伍做好应急救援工作。

5. 参与灾后重建

讲究方法，协助做好灾后恢复生产、生活设施重建，以及医疗康复、心理咨询等工作。

6. 其他

各级政府应急管理办事机构布置的其他应急志愿服务工作。

二、要建立应急志愿者认证制度

应急志愿服务要坚持有序发展的原则。应急志愿者与其他方面的志愿者不一样，光靠满腔热情是不够的，必须满足一定的专业门槛要求、具备一定的专业技能。由区县、街镇应急管理部门或相应志愿协会组织对志愿者进行认证，规定其必备技能，规范其工作范围、区域和有效时间。建立详细的志愿者信息档案，注明其专业特长和特点，扬长避短，发挥有效作用。

三、注重应急志愿者培训工作

志愿者队伍达到一定规模后，要组织对成员进行培训，以提高他们的工作敏感度，增强他们的专业能力。在培训过程中除了对成员进行理论知识的培训，还应当模拟实战，进行实际应用，在实践中使他们的能力得到提升，确保他们掌握正确的应急方法，从而能够有效应对突发事件。之所以要加强对志愿者的培训工作，是因为志愿者的能力参差不齐。要想提升其专业程度，就必须以科学合理的机制，并结合志愿者自身水平对志愿者进行培训，教材应通俗易懂，培训方式操作性要强。社区要联合有关单位，制定不同级别的应急预案，可通过开展知识竞赛强化志愿者的知识和提升其能力。

四、对应急志愿者权益进行保障

社区应当对志愿者的组织地位进行确立，增强志愿者的身份意识，在制度上为志愿者劳动提供保障，规范参与程序。社区可借鉴国内外组织的经验，对志愿者的参与进行激励。社区内的企业要鼓励员工，给予工作上的支持；同时，社区要奖励群众，运用社会资源和相应力量提供保险支持。通过激励制度吸引更多的人加入志愿者队伍。

五、强化自救互救体系建设和社区服务

要形成应急救援体系，关键是打造第一线的自救互救体系。"星星之火可以燎原"，应急志愿者服务的重点在本社区，要以应急志愿组织和应急志愿者为核心，搭建社区应急处置网络，建立社区自救互救体系。要发挥应急志愿组织和应急志愿者对社区熟悉的特点，开展应急、安全知识宣传，鼓励居民开展参与式学习，提升安全体验。善于借助平台，依托安全社区、减灾社区等工程，提升社区本质安全水平。

六、建立应急志愿者交流平台

社区要通过各种渠道建立供志愿者交流与合作的相关平台。应急工作是考验体力和耐力的过程。志愿者与专业队伍不同，他们具有一定的分散性，为了避免

他们在工作时感到孤独和无力，一个有效的交流平台非常重要。通过组织志愿者座谈，了解他们的真实想法，采用在微信、QQ、抖音等社交软件上建群的方式，让志愿者互相沟通和学习。管理者可在群内定期分享应急知识，活跃群内氛围，增进交流。志愿者之间的沟通问题解决后，社区应该关注志愿者与非政府组织、政府机构之间的交流情况。社区要与这些组织机构定期沟通，提高相互之间的了解和信任水平，只有这样才能够更好地进行合作。从社区层面来看，街道和社区要与周围组织建立良好的战略关系，及时沟通，增强合作意识。只有这样才能够使志愿者队伍更具灵活性，从而提高合作水平。

子任务 2　社区舆情监控

社区往往聚集了一定地域范围内的某一社会共同群体，这类群体就等同于一个规模不等的具体的小社会。而社会基层的各种矛盾和问题比较集中的地方往往也是社区。正因为社区的这个特性，导致社区舆情一旦产生，就会给社会带来严重的不利影响。

一、社区舆情内涵

舆情是指公众所持有的认知、情绪、态度、看法、建议和意见的总和，是对执政者的施政和决策可产生重要影响的民意集合。

舆情监控就是把民众的观点、言论、行为等集中起来，掌握其发展趋势。传统的舆情监控主要是民意收集。现在由于网络的流行，舆情监控主要是指网络舆情监控。

由于社区是社情民意、社会基层各种矛盾和问题比较集中的地方，因此，常见的社区舆情有住房、教育、交通、养老等，这类问题往往涉及社区群众的切身利益，因此是极易诱发社区舆情的领域。

二、社区舆情信息管理机制

收集舆情信息实践经过基层社区的多年探索现已形成相对成熟的一套制度，这有助于各级政府与社区建设科学决策。具体来说，社区舆情信息管理机制有以下四个方面。

（一）畅通社情民意表达机制

参与社区建设、参加社区活动是居民表达意见的具体体现，也是社情民意表达机制建设的方式。这就要求在社区应急治理过程中推进民主建设，加强规范化、制度化、程序化的表达机制建设，政府主导的行政表达系统是社情民意表达的主渠道，同时还要建立多元渠道作为补充。一方面，充分挖掘与运用现有资源，为社区居民表达自身利益搭建沟通平台。当前社区层面设立的人大工作室或工作站就是发挥人民代表大会制度优势的一种体现，他们能够倾听群众的呼声，协助化解基层矛盾；另一方面，还要充分发挥居民自治制度平台的作用，调动居民依法自治热情，在居民开展自治活动中反映出自身利益。

（二）居民代表联系户制度

社区工作站可组织居民通过会议选出社区居民代表，让这些居民代表密切联系居民，做好居民或居民户的意见、建议收集工作。居民代表联系户制度有助于畅通社情民意，有利于更好地落实民主决策，对于社区重大事务的民主管理起到了促进作用。同时，这一制度也能让居民了解社区重大事项与决策，反馈居民意见，纠正决策偏差，化解社会矛盾。对于上班族来说，由于不能出席社区会议，这种制度可以打破上下班局限，向居民适时传达决策事项，是对居民代表大会的有益补充，减少了居民到位次数，减轻了社区集体经济组织的负担。

（三）民情快递制度

民情快递制度通过建立民意表达、受理、回应、快递监督等机制，快速反应民情、解决民生需求，提高居民参与意识，增强其对社区的认同与归属。民意表达是快递民情制度的第一步，要敞开收集民情民意，了解居民一手信息；民意受理是处理居民通过多种渠道反映的意见、建议与需求；民情回应是分级与分类回应相结合、临时与长远回应相契合、当面与公示回应相补充的解决问题方式；民情快递监督是社区民意代表的工作态度由居民监督，社区议事质量由民意代表监督的自下而上的监督模式。

（四）社区舆情信息工作机制

社区舆情信息工作的关键环节是建立覆盖全面、高效完善的工作网络。首先，领导要将社区舆情信息工作作为重要议事日程，抓实抓好这项常规工作，做到"主要领导亲自抓，分管领导重点抓"，履行好舆情管理职能。其次，社区应健全舆情信息上报组织网络，组织好信息宣传队伍，保证信息上下畅通，全面准确反映民众呼声，建立定期通报信息制度。最后，发挥好社区社会组织作用，贯彻"不为所有，但为所用"原则，引导民间组织成为政府与群众间的传声筒。

三、社区舆情回应与引导机制

在实践工作中，该如何加强舆情的回应效果与引导能力成为困扰很多单位的难点，而在现实的舆情管理中只有彻底解决舆情中的矛盾问题才能平复舆情；换言之，只靠舆论引导是舍本逐末的行为。要如何解决矛盾问题及舆论引导，可从以下六个方面入手。

（一）准备充分，步调统一

舆情回应与引导需建立在对舆情的科学分析、了解公众诉求点及关注点的基础上，从受众的角度出发，有的放矢地执行舆情管理策略。在回应过程中，社区工作人员要根据事态的严重程度及公众关注角度来选择合适的回应方式；同时，还要保持对外口径与步调的一致性。

（二）快速回应，及时发声

利用网络传播快捷特点，及时发布权威信息，做到关键时刻不失语，及时消除负面信息盲点。网络媒体时代，快速反应是化解矛盾的基本前提，这样才能第一时间占领信息源，做第一定义者。

（三）情感交流，以诚求通

舆情管理的情感引导可助舆情应对营造良好开端，创造很好的氛围，引发公众共鸣。

（四）客观公正，以理服人

与公众交流时要提升运用语言的艺术，强化回应效果，这样才能够事半功倍，达到更好引导的目的。防止粗俗，拒绝谩骂，更多地运用常用语进行交流。坚持客观公正，提高公信力；坚持以理服人，提高说服力。

（五）注重协作，整体作战

协作的作用在于化解舆论危机、应对舆情事件、凝聚居民共识，为推动舆论引导搭建强大的"统一战线"。

（六）开诚布公，因势利导

舆情引导中要依据议题特点做到因势利导，及时应对突发事件，平息民众不满。暂时不能有效处置的事件，向居民开诚布公地做好解释工作，取得居民谅解，获得居民支持。

四、构建舆情应对长效机制

舆情越复杂，越要用专业的思维方式和工作方法应对和化解舆情危机，科学、系统地做好相关工作。在日常工作中，社区要逐步建立、完善与自身工作相适应的舆情风险管理和舆论引导工作机制。

（一）通过风险评估和预警机制建设把舆情管理前置

社区需建立事前的舆情风险评估（舆评）和预判机制，制定科学的预案和应对策略，以便有效控制危机，使危害程度降到最低。

（二）建立人机结合舆情监测和追踪体系

网络舆情发展十分迅猛，传统的人工监测已经远远满足不了快速、全面、准确的要求，因此社区通过人机结合实行高效监测。

（三）制定舆情信息的报送机制

舆情应对是一把手的工作，舆情报送网能够保证舆情在第一时间下情上传、上情下达，为实现快速反应打好基础。

（四）舆情工作队伍建设与培养

舆情工作无小事，队伍建设是关键，社区还需建立一支敬业、专业的高素质舆情人才队伍，并完善其经费保障、资源配套。

五、网络舆情监测管理机制

社区层面的意见分享平台，增加了社区网络舆情突发频率。因此，社区工作站就需做好网络舆情信息监测，研判、分析舆情趋势。

（一）监测收集

设立社区舆情信息管理员岗位，由其专门负责监测、收集主要门户网站、微博、论坛、新闻跟帖等信息，关注传统媒介的重大政务舆情，安排专业力量监测、收集涉及本社区的舆情，巡查、掌握、了解网络舆情动态。对与本社区有关的误解、谣言，及时展开核实，做好不迟报、不漏报，互通、共享舆情信息，形成"全覆盖、全方位、全天候"的舆情监测体系。社区可以借助网络舆情监测预警系统工具，并结合人工的方式，对重点领域、重要人物、重大事件进行全网24小时监测，确保第一时间发现舆情。

（二）分析研判

对于发现的社区网络舆情，涉事主体要迅速对舆情走势、风险级别进行评估，并及时报告上级业务部门。特别重大舆情务必1小时内上报，重大舆情务必2小时内上报，较大和一般舆情应酌情适时上报。

（三）应对处置

按照"早发现、早处置、早平息"的要求，了解舆情出处，澄清不实信息，释疑负面舆情，引导舆论导向。当负面影响增大时，应有意识地在主流媒体发布重要信息，维护社区的良好形象。

（四）公开回应

在社区网络舆情处置的过程中，要充分利用新闻发言人机制，一旦发生突发事件，应选择第一时间发布相关信息，优先占领传播高地，为各媒体的新闻报道提供内容基调，掌握舆论主动权，避免滋生谣言。公开回应能给公众带来安全感，为政府部门树立负责任的形象，引导网络舆情，发挥正向作用。

（五）总结经验

网络舆情管理流程必须有始有终，总结是流程中一个必要的"收尾"工作。要在前面几个阶段的工作完成后，及时总结成功经验，找出问题和不足，制定解决问题的方案和弥补不足的措施，以期今后能做得更好，这也是自我完善和提高的一个必要手段。同时要整理材料，上报相关职能部门，以备今后查阅和相互交流学习。

练一练

一、单选题

1. 我国还制定了专门的突发事件分级标准，其中一条共性的、最重要的标准是人员伤亡，死亡30人以上为(   )事件。

A. Ⅰ级（特别重大）　　　　　B. Ⅱ级（重大）

C. Ⅲ级（较大）　　　　　　D. Ⅳ级（一般）

2. 按照影响范围分类，挑战者号、切尔诺贝利核泄漏事件属于(   )。

A. 地方性突发事件

B. 区域性或国家性突发事件

C. 社会性突发事件

D. 世界性或国际性突发事件

3. 由(   )对应急志愿者进行认证，规定其必备技能，规范其工作范围、区域和有效时间。

A. 社区居委会

B. 区县、街镇应急管理部门或相应志愿协会组织

C. 市级以上应急管理部门

D. 省级应急管理部门Ⅳ级（一般）

二、多选题

1. 突发事件的生命周期包含(   )。

A. 潜伏期　　　　　　　　　B. 暴发期

C. 滞后期　　　　　　　　　D. 影响期

E. 结束期

2. 应急志愿者队伍发挥作用的优势有(   )。

A. 他们活动的主要区域是其工作或生活的社区

B. 长时间融入社区网络能够让他们最先发现社区的意外情况

C. 拥有一定专业能力的他们能够最先采取措施，发挥邻里守望等特殊优势

D. 整合社区相关熟悉的资源，控制初级事件、防止事态扩大

E. 应急志愿者训练有素、装备精良、反应迅速

3. 民情回应机制包括(   )。

A. 分级回应与分类回应　　　　B. 临时回应与长远回应

C. 当面回应与公示回应　　　　D. 解决问题

E. 思想政治工作

三、判断题

1. Ⅲ级（较大）突发事件由省级政府负责组织处置。（　　　）

2. 应急管理中公救第一，互救第二，自救第三。（　　　）

四、名词解释

1. 社区应急管理

2. 应急志愿者

五、简答题

1. 简述社区安全风险管理的原则。

2. 简述推广社区民意畅通机制的措施。

六、论述题

如何建立网络舆情监测管理机制？

项目七

智慧社区与社区治理创新发展

【学习导引】

　　大家好！欢迎来到《社区治理》课程项目七，本部分学习的主要内容有智慧社区的内涵、特征、意义与治理方式；智慧社区构建的建设原则、建设标准、建设模式和建设策略，智慧社区的总体框架、服务体系、信息平台、基础数据和应用场景，学习型社区建设、合作型社区 PPP 项目和我国未来社区发展展望等内容。

【思维导图】

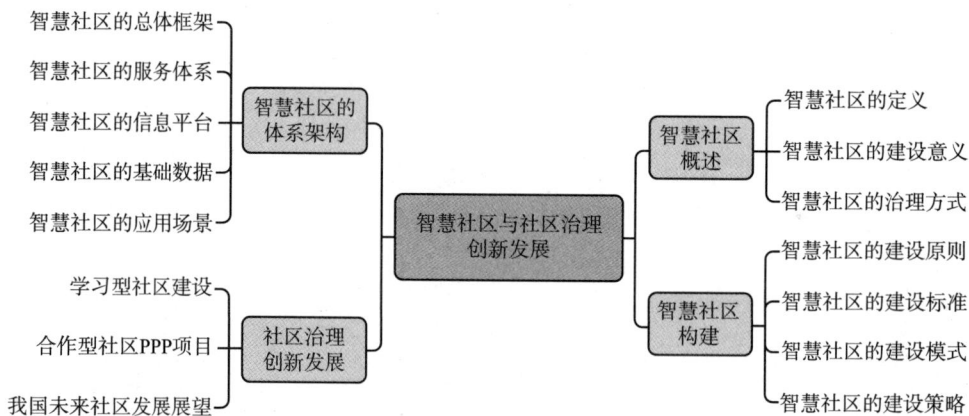

【教学目标】

　　1. 通过智慧社区概述、智慧社区构建的学习，你能够说出智慧社区的内涵、特征、意义与治理方式，描述出智慧社区构建的建设原则、建设标准，比较智慧社区的建设模式，提出构建智慧社区的策略，你将理解未来智慧社区建设离不开本土特色理念和创新精神的有机融合。通过运用北京市朝阳区××智慧型社区治理案例，你将认识到智慧化的社区服务方式对于提升居民幸福感的作用，增强社区工作者的自豪感与获得感。

　　2. 通过学习智慧社区体系架构、智慧社区应用场景，你将列举出智慧社区综合信息服务平台的基本要素，能够描述出智慧社区的总体框架、服务体系的主要内容；通过分析评判社区智能运营中心、社区人口大数据监管、智慧物业、智慧安防等内容，设计出适合自己所居住小区的智慧社区方案。

3. 通过未来社区发展展望，你将能够描述出学习型社区建设、合作型社区 PPP 项目的发展前景，比较评判我国未来社区发展展望，提出未来社区发展的建议等。通过学习创建学习型社区遵循的"以人为本"原则，以及体现"数字化、生态化、人本化"理念的未来社区建设构想，你将能够认识到人本思想的价值与生命力，进一步确立以人为本、为民服务理念。

任务一：智慧社区概述

子任务1　智慧社区的定义

智慧社区作为国家智慧城市战略的重要组成部分，是便民、利民、惠民服务落地的重中之重。

一、智慧社区的概念

智慧社区作为社区治理的新理念，是创新社区治理的新模式。关于智慧社区的定义，学界众说纷纭。

有学者指出："智慧社区以技术实现治理主体和客体跨场域的零距离沟通，全天候倾听居民关于利益表达的'吹哨'，并对传统治理体制进行扁平化突破，打造'社区输入＋网上推送＋部门响应'的工作模式，通过各职能部门'听哨报到'实现行政维度与居民维度、技术治理和利益表达的有机统一。"[1]

还有学者认为："智慧社区以家庭为单位，构建智慧生活体验，提升居民居住环境和社区品质，通过信息化手段，与政务服务相融合，提高办事效率，改善群众生产生活，实现管理精准化、服务人性化、生活便捷化，为社区居民提供一

---

① 何晓斌，李政毅，卢春天. 大数据技术下的基层社会治理：路径、问题和思考 [J]. 西安交通大学学报（社会科学版），2020，40（1）：97-105.

个良好、舒适的居住环境，形成智慧社区服务体系。"①

国家住房和城乡建设部印发的《智慧社区建设指南（试行）》（建办科〔2014〕22号）是这样定义的，"智慧社区是指通过综合运用现代科学技术，整合区域人、地、物、情、事、组织和房屋等信息，统筹公共管理、公共服务和商业服务等资源，以智慧社区综合信息服务平台为支撑，依托适度领先的基础设施建设，提升社区治理和小区管理现代化，促进公共服务和便民、利民服务智能化的一种社区管理和服务的创新模式。"② 经过几年的运行，国家信息中心智慧城市发展研究中心发布了《智慧社区建设运营指南（2021）》。该指南这样定义智慧社区，即"利用物联网、大数据等新一代信息技术，对社区场景下的人、地、物、情、事、组织等多要素进行融合，提供面向政府、物业、居民和企业等多主体的、具有科学化、智能化与精细化水平的社区管理与服务的创新模式。"③ 这一定义相比2014年住建部发布的试行指南中的定义更加科学合理，突出了参与主体的多元性、社区管理与服务的精细化特点。

综合以上界定，智慧社区是运用现代信息技术，将社区层面的人、文、地、产、景等信息整合到社区综合信息服务平台，与政务服务、公共服务、商业服务等资源相融合，提高办事效率、改善居民生活、提升社区治理现代化，实现社区治理、电子政务以及社会服务智慧化的创新模式。结合上述定义，智慧社区的内容如图7-1所示。

图7-1 智慧社区的内容

二、智慧社区的主要特征

综合智慧社区的定义、现代信息技术发展趋势，智慧社区首先有一般社区所

---

① 周建兵，王天雨. 智慧社区：打通基层社会治理"最后一公里"[J]. 中国工程咨询，2024（1）：97-101.

② 智慧社区建设指南（试行）[EB/OL]. https：//www. mohurd. gov. cn/file/old/2014/20140520/w020140520100153. pdf? n=智慧社区建设指南（试行）.

③ 《智慧社区建设运营指南（2021）》正式发布 [EB/OL]. （2021-11-02）. http：//www. datasec. sic. gov. cn/sic/82/567/1102/1116/_pc. html.

具有的相应规模的人口数量、一定的区域活动空间、密切的社会交往、共同的意识与行为规范等共性特征，智慧社区所具有的独特性表现在以下几个方面。

（一）政府主导下的硬件环境建设

智慧社区要有较完备的智能基础设施和应用系统，这是社区居民开展相应活动的空间区域，它不仅仅是实际意义上的地理区域，还指虚拟的网络空间。智慧社区是运用信息化、智能化技术而建立起来的智慧系统，它需要对城市生产、生活中的海量信息进行捕捉、整合和分析，为社区居民提供更加便捷、高效、健康、环保和安全的服务。如北京海淀的智慧大脑项目在40多个社区中开展智能＋城市管理、公共安全、生态环保、城市交通、智慧能源等工作。这些基础设施建设离开了政府主导是不可能完成的。

（二）物理空间在虚拟网络中的数字化再现

物理空间在网络领域的数字化再现的实现，主要是数字孪生技术在社区治理中的应用，它实现了物理与虚拟世界的完美融合，运用三维模型使智慧社区可视化，通过汇集多种智慧应用与智慧服务，打造环境可视化、重点建筑可视化、视频监控可视化、人员车辆监控可视化等应用，让居民享受便捷、精彩的智慧生活，提高政府公益服务能力，推进智慧社区管理现代化，强化社区服务多元主体智慧化协作，增强智慧社区物业服务能力。[①]

（三）先进技术赋能的社区信息化建设

智慧社区突出先进技术赋能，运用物联网技术、云计算服务、人工智能技术搭建各种公共信息平台，提升社区公共服务质量，推进社区智慧化民生建设。社区信息化建设有助于发展线上线下相结合的社区服务模式，推动民生服务信息化，开展智慧物业管理、智慧养老服务、智慧医疗服务等。如智慧物业管理，就是基于传统物业服务，运用网络技术、移动技术、语音技术重塑服务方式与管理方法的新型商业模式，它将成为深刻影响物业管理行业的新兴服务业态。

（四）高效管理与安全有序的人居环境

智慧社区以居民幸福感为出发点，集高科技信息技术与社区智能化服务于一

---

① 李玉琳，吕宝龙，张恩韶，等. 数字孪生技术推动智慧社区建设的应用研究［J］. 智能城市，2023，9（1）：11－15.

体，将智能楼宇、智能医院、城市生命线管理、家庭护理、个人健康等诸多领域引入社区，为居民提供安全、高效、便捷的一体化管理与智慧化服务，满足居民生存发展需要。以智慧养老服务为例，未来可能99%的老人以家庭养老为主，社区的家庭智慧养老就可以用物联网技术，在各类传感器作用下，远程监控老人的日常生活状态，这样既能保障老人安全、让子女放心，又为社区养老提供了保障。

子任务 2 智慧社区的建设意义

以"互联网＋社区"为特征的智慧社区建设模式破解了当前社区治理中的难题，提升了社区治理效率。具体来说，建设智慧社区具有以下意义。

一、完善社区服务功能，提高居民生活质量

智慧社区承载的应用领域涵盖了居民生活生产的各个层面。智慧社区建设与人们的生活息息相关，可以提升居民的生活品质，改善居民的生活方式。智慧社区将先进的信息技术手段、智能化设施设备引入到社区，向社区居民提供高效便捷的生活服务。如智能化停车系统、智能化门禁系统，给居民带来了更多便利。智慧社区既是先进技术的应用，也是社会文明的进步。智慧社区建设离不开居民参与和支持，参与的过程中居民素质得到提高、社会责任感获得提升。智慧社区建设促进了产业升级，改善了投资软环境。建设智慧社区需要智能设备支持，这会促进信息技术产业发展与升级，物联网技术、人工智能产业在智慧社区建设中的广泛应用，将会带动产业链的创新与完善。智慧社区建设围绕"幸福民生"的主题，营造了良好的发展环境，极易得到政府的政策支持，进而可以有效促进产业发展，推动企业进步。

二、提高社区治理效率，推动社区治理转型

传统意义上的社区管理往往单纯靠基层党组织与政府的推动，这种模式在满足人民日益增长的需求时显得力不从心，而引入互联网技术的智慧社区治理方式则大幅提升了治理效率，能充分满足人民对美好生活的向往和需要。智慧社区的推行，一是有助于社区实施自动化管理，节约人力成本，让居民获得优质服务。物联网技术运用于社区，可以全面监控盗窃、非法侵袭、消防安全等危及居民生

命财产安全的行为，提升社区安全管理能力。智慧大脑的应用，为居民提供了智能服务平台，居民一部手机即可办理相关事务，增强了便利性。二是有利于多部门联动，快速整合公共资源，解决社区治理难题。社区层面引入信息技术，为政府、社区、社会组织搭建多元主体协同工作平台，使得传统治理中"踢皮球"现象得到根治。居民通过社区在线平台可以实时掌握社区动态、参与社区活动、办理个人事务，增强了对社区的归属感。

三、推进传统城市转型升级，促进城市智慧化建设

智慧社区是建设智慧城市的重要基础，通过以社区为单位进行数字化、智能化的建设，可以点带面，推动整个城市的数字化转型，城市智慧化建设有必要从社区层面展开。智慧社区建设的模式可为城市智慧化推进提供借鉴与支持；智慧社区建设的经验可为城市精细化管理提供支撑与参考；智慧社区建设的基础可为城市智慧化建设提供落地的触点与抓手。传统城市发展受制于土地空间、基础设施、安全监管、道路交通等硬件环境，运转效率低下，传统发展模式难以为继。智慧城市建设可以达到对城市资源的优化整合，能够实时控制、精准管理、科学决策城市资源的配置，让城市管理者更加全面、准确掌握社区状况，及时作出决策。智慧社区建设是"对城市基础设施的前瞻性布局，对先进技术和人才的战略投资，也是对更多服务岗位和有竞争力的现代信息服务行业的创造，终将成为城市发展核心竞争力的根本所在。"[①]

子任务3 智慧社区的治理方式

一、公众服务智慧化

智慧社区搭建了"信息、资源有效整合的共享与服务平台，打破了社区各个主体之间碎片化分隔的状态，有效推动了社区多主体之间的交流与互动，理顺了各个社区主体参与治理的关系"[②]。如北京市朝阳区团结湖街道智慧型社区治

---

① 刘铄. 智慧社区平台建设概述 [J]. 城乡建设, 2021 (1): 36 – 37.

② 陈自立. 智慧社区治理的实践经验与关键问题 [J]. 江汉大学学报 (社会科学版), 2016, 33 (3): 24 – 28, 124 – 125.

理，就是围绕打造"和谐、宜居、智慧、幸福"建设理念，运用"以网络为工具，以公众为中心，以应用为灵魂，以便民为目的"的工作模式，社会公众可以在任何时间、任何地点，以任何方式获得所需的服务。① 现如今，智慧化社区服务方式正为社区居民所适应，打破了以往受时空限制的局限，大幅提升了居民幸福感。

二、事务协商智慧化

传统社区治理模式下，居民参与社区事务的方式多以线下协商为主，由于时间分散、居民工作受限等因素，导致参与群体不积极、参与效果不理想，居民议事制度成为摆设。而在智慧式协商模式下，社区居民表达意见的方式从传统的线下交流改为线上沟通，居民可以在线发表个人看法、表达个人意见、获得社区信息，真正做到了社区事务协商智慧化。现在社区微协商已成为城乡社区普遍采用的治理机制，由微信、微博、微信群和社区居民结合，形成"三微一体"机制。针对社区的大事小情，居民可以不受时空限制地通过"三微"平台参与社区治理、表达个人观点，社区居委会也能在平台发布信息、传递政策文件、化解社区矛盾、解决社区事务。

三、政府职能智慧化

街道办事处是政府派出的行政机关，是政府向基层社区的延伸，也承担着服务居民的重要职责。社区则是承载政府事务的主体，要对政府下放的职能担负一定的责任。在智慧社区治理中政府是统筹全局的主体，承担着制定智慧社区发展战略的重要责任，如制定智慧社区建设技术标准、拟定建设内容、提供组织保障、设立评价指标、制订适配措施、提供资金支持，政府这些职能是智慧社区建设项目落地的关键。如佛山市禅城区通过智慧社会治理改革，探索出了"一体指挥、一网统管、一格共治、一码通办、一号通服"治理模式，推动社会治理提质量、提效率和减人力、减成本。② 智慧化手段的应用，改变了政府效率低下的弊端，重塑了政府形象。

---

① 吴胜武，闫国庆. 智慧城市：技术推动和谐［M］. 杭州：浙江大学出版社，2010：208.
② 查志远. 十个案例入选"2023 数字政府建设卓越示范案例"［N］. 新京报，2023-12-12.

四、管理力量多元化

智慧社区建设涉及多个主体、多重要素，形成包括政府、社区、企业、居民、社会组织、高校在内的治理共同体，其中关键在于集合多元主体，发挥积极作用，整合不同主体的资源，形成治理合力。[①] 政府职责是拟政策、定标准、出资金；社区是共同体建设的资源协调人，沟通其他主体的黏合剂，协调矛盾的中间人；企业提供数据、网络平台，保证智慧社区的稳定运行；居民是社区治理的重要主体，既是智慧社区建设的主体，又是智慧社区消费的主体；社会组织拥有优质的志愿服务团队，可以参与建设人文智慧社区，有效避免因技术变迁而忽视以老年群体为代表的"边缘群体"；高校承担着培养新型社区治理人才的重要责任。基层社区既为高校人才提供理论实践场所及成果转化平台，也为社区吸纳复合型人才做准备。[②]

任务二：　智慧社区构建

从某种程度上来讲，智慧社区的建设就是在社区治理中引入智慧城建概念，从社区居民幸福感获得出发，打造智慧社区，推动社会进步。

子任务1　智慧社区的建设原则

按照住房和城乡建设部 2014 年发布的《智慧社区建设指南》（试行）政策，智慧社区的建设应遵循以下四项原则。[③]

一、以人为本，需求导向

智慧社区建设要把社区居民利益作为出发点与落脚点，以解决居民最迫切的

---

①② 方伶俐. 基于 PEST‑SWOT 模型的智慧社区建设策略探索 [J]. 决策与信息，2022（7）：34-43.
③ 智慧社区建设指南（试行）[EB/OL]. https://www.mohurd.gov.cn/file/old/2014/20140520/w020 140520100153.pdf? n＝智慧社区建设指南（试行）.

现实需求作为根本导向，以解决民生问题为根本宗旨，以优化居民生活方式为根本方向，重点加强社区治理与公共服务的提供，将居民满意度作为重要考核指标，保证智慧社区建设目标服务于民。

二、统筹规划，资源整合

智慧社区建设要结合现有资源，科学规划、合理布局，尽最大可能降低社会成本，以避免不必要的资源浪费。在智慧社区建设过程中，应依托智慧城市的信息平台与数据库，集约市级或区级层面统一的社区综合信息服务平台，将社区治理事务、便民利民服务整合到平台之中，促进社区治理与服务走向集约化。

三、政府引导，社会参与

在各级党委、政府领导下，发挥政府在规划、政策、法规及标准制定、资金投入和监督管理等方面的引导作用，鼓励企事业单位参与社区事务、支持社会组织管理社区运行、倡导社区居民介入社区活动，发挥市场在资源配置中的决定性作用，探索成本低、成效高的智慧社区发展模式。

四、因地制宜，分类指导

建设智慧社区并不能按照统一、固定标准与模式，而应该从实际情况出发，结合当地社会经济状况，把握社会发展趋势，以智慧社区建设基本要求为前提，针对不同类型的社区进行分类指导、重点突破、分步实施，避免"整齐划一"式的搞大水漫灌，防止脱离实际的"摊大饼式"建设。

子任务2　智慧社区的建设标准

我国现行的社区服务指南、社区信息化和社区能源计量抄收系统规范的标准建设较为完善，而智慧城市领域的社区建设国家标准还在编制阶段，国内整体智慧社区标准建设处于起步阶段。

一、以标准化推动智慧社区建设

我国政府高度重视智慧社区的标准化建设问题，近些年出台了系列指导性文件。2014年，住建部发布《智慧社区建设指南》（试行），该指南强调要对分化的社会空间进行整合，如整合分化的线上线下空间、流动空间与地方空间、信息空间与实体空间等；构建居民交流平台，如建设社区微信群、公众号等。它为各地区建设智慧社区指明了方向。智慧社区领域最新发布的国家标准是《智慧城市 建筑及居住区综合服务平台通用技术要求》（GB/T 38237—2019），于2020年5月1日实施，其主要规范智慧社区综合服务平台的技术要求，引导和规范智慧社区建设与运营。2021年国家信息中心发布《智慧社区建设运营指南》，对智慧社区建设要点与技术路线提出了明确要求。

二、国内特大城市智慧社区标准探索

（一）北京市智慧社区标准探索

北京市于2012年印发了《北京市智慧社区指标标准（试行）》。北京市的智慧社区标准化建设特征是通过提高信息化水平，整合各级民生服务相关的服务系统，实现标准化的办事流程，提高民生服务效率。北京市智慧社区建设经历了硬件数字化、管理信息化、物联网大数据平台整合等形式的探索，经过10年的建设实践，于2021年发布了《北京市智慧社区建设指导标准》，内容涵盖了智慧社区的基础设施、服务、管理、保障机制与评估机制各方面，突出体现了政府主导、面向民生的特征。

（二）深圳市智慧社区标准探索

深圳市于2013年印发了《深圳市智慧社区建设导则（试行）》。深圳市的智慧社区标准化建设特征是以智慧社区综合信息服务平台为依托，以物业为服务提供主体，完成社区的信息化升级。深圳智慧社区建设突显了企业主导、搭建智慧平台服务居民的特征。

（三）上海市智慧社区标准探索

上海市于2013年印发了《上海市智慧社区建设指南（试行）》。上海市的智慧社区标准化建设特征是从智慧社区的管理智能化入手，在政企合作前提下，提高服务效能。2023 年上海又发布了《数字社区导则》，探索科技赋能基层治理和民生服务，推出了康养、物业、文体、政务、金融、出行、商业百姓生活"新开门七件事"，对应着七大类应用场景。

（四） 西安市智慧社区标准探索

西安市于 2020 年印发了《西安市智慧社区建设评价指标（2020）》。西安市的智慧社区标准化建设特征是整合各方数据信息，以智慧平台为支撑，注重基础设施建设，提升社区服务。

三、各地现有智慧社区标准化建设经验

从我国各地智慧社区的发展情况看，大体分三个阶段：2015 年之前，智慧社区以实现记录数据功能为主，物业管理进入数字化时代；2015 年，智慧社区实现了人物互联，出现了一系列数字化产品；2016 年之后，初步实现了 AI 应用，广泛实现了人脸识别、车牌识别等功能。① 综合分析全国各地的智慧社区标准化建设经验，总结得出，目前智慧社区标准化建设指标集中在基础设施、软件平台和应用服务三方面（见图 7 - 2）。

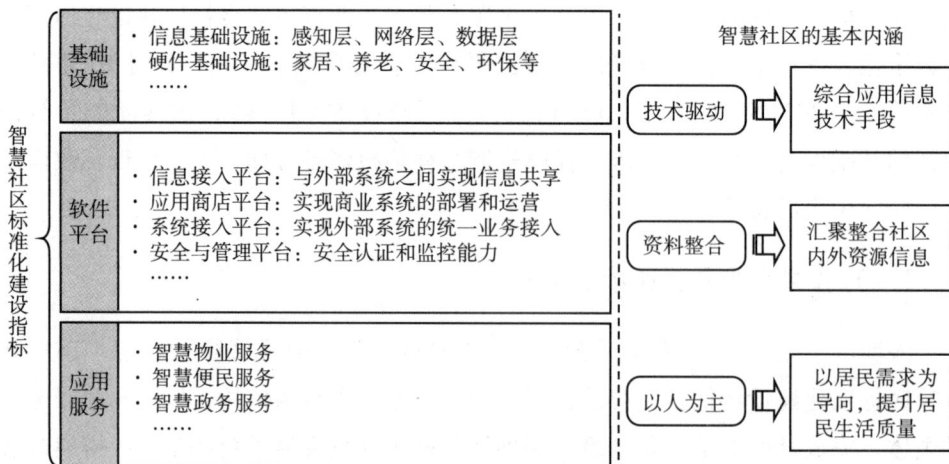

图 7 - 2　智慧社区标准化建设指标

---

① 周桐. 智慧社区标准体系的研究与构建 [J]. 标准科学，2022 (12)：68 - 72.

各方对智慧社区的内涵理解基本一致，即在以人为本的需求导向下，利用技术驱动，实现资源整合。实施智慧社区建设标准，有效地推动了城市综合服务、社区治理的有机融合，对于解决城市治理"最后一公里"具有重要的意义。

子任务3　智慧社区的建设模式

目前来看，智慧社区的建设模式有物业主导模式、企业主导模式、政府主导模式、企业与物业联合运营模式、委托第三方运营模式。具体内容如表7-1所示。①

表7-1 智慧社区的建设模式

建设模式	模式说明	优势	劣势
物业主导模式	物业主导平台建设规划、维护运营、开展服务。物业负责投资建设、独立运营，与物流、商贸、IT技术、家政服务、医疗、金融等单位进行合作，运用自有资金、技术提供支撑服务	物业可以准确、及时把握社区主体需求，能够顺畅与相关企业的沟通协调	平台规划建设对技术、资金要求高，物业缺乏运营维护经验
企业主导模式	企业负责平台规划、运营维护、开展服务。企业基于政府、物业支持，与物流、商贸、IT技术、家政服务、医疗、金融等单位进行合作，利用自有资金技术开展服务	企业运用市场化方式自主运营，可根据需求及时调整服务内容，运营管理灵活	企业运营初期压力大，对融资要求高
政府主导模式	政府负责平台规划、运营维护，依托平台开展服务。政府负责规划、出资，吸引物流、商贸、IT技术、家政服务、医疗、金融等单位进入平台，平台权威性高，协调性强	政府主导力量强，易于沟通协调；政府资源易获得，政府部门之间协作顺畅	建设成本与运营费用高，需要长期投入，服务效率待提升
企业与物业联合运营模式	企业主导平台规划建设、运营维护、开展服务，物业协同合作运营。它综合了物业主导与企业主导模式的优点。企业提供技术与资金支持，物业负责协调社区居委与企业。双方共同规划建设，后期运维由企业负责	物业负责协调其他企业进入平台，监督日常运维；企业负责投资运维，可利用自身技术与服务优势，与其他企业合作，实现共赢	—
委托第三方运营模式	第三方企业负责平台运维，开展部分或全部服务。企业负责日常运营维护，与物流、商贸、IT技术、家政服务、医疗、金融等单位沟通	初期投资压力小，弥补投资方经验的不足，提高专业水平	与第三方共享平台收入，利润被分成，内部信息要向第三方开放共享

---

① 姜玉泉.智慧城市建设全面推进 以综合解决方案建设智慧社区 [J].通讯世界, 2019 (16)：39-41.

子任务4　智慧社区的建设策略

　　智慧社区建设既是一次难得的跨越式发展机遇，又是一项庞大的系统性工程，从顶层设计到基础设施，从政策规章到产业标准，从业态设计到金融规划，牵涉面广且千头万绪，需要一个漫长的规划实施和建设过程。

一、加强智慧社区建设系统规划

　　当前，我国智慧社区建设尚不成熟，仍处于起步阶段。在进行智慧社区建设时，要用系统思维，做好顶层设计，进行统筹规划。一方面，建设智慧社区时要厘清智慧社区的本质，充分考虑居民需求，分析居民行为，倾听居民心声，以居民需求为导向，做好资源整合，为居民提供优质服务。另一方面，地方政府应将建设智慧社区列入重点工作，从智慧社区建设实际需要出发，把握智慧社区建设发展方向，采取切实的保障措施，拟定宏观发展规划。政府的职责应聚焦"在智慧社区平台、智慧社区治理场景、大数据应用、社区数据录入、智慧社区基础设施等方面制定相应的标准"①，为各行为主体建设智慧社区提供参考和依据。

二、完善智慧社区运行保障机制

　　完善智慧社区运行保障机制，对于智慧社区建设具有重要作用。为此，一要发挥政府协调作用，从宏观层面加强调控力度，从经济、技术层面提供全方位支持；二要强化宣传教育，营造社区居民参与智慧社区建设的良好氛围，鼓励居民积极参与其中，全面提升社区治理效率效能；三要结合智慧社区管理需求，全方位整合行政管理资源，将涉及的政府管理部门纳入智慧平台，建立综合智慧系统平台，实行统一管理。

三、构建信息技术应用治理平台

　　用信息技术搭建赋能平台，有助于"增能基层社区治理、激活智慧社区建

---

　　① 丁建文. 城市智慧社区建设标准化审视［J］. 科技和产业，2023（2）：145－150.

设。"① 当前，大数据、云计算、物联网、人工智能、5G、区块链等数字技术逐步从概念走向应用，不断向社区生活领域延伸②，这为智慧社区建设提供了有力支撑。智慧社区建设需要加强技术革新应用，提升智慧化水平。一方面要优化升级社区信息基础设施。完善社区公共服务场所信息化配套设施，扩大信息网络服务的领域与对象覆盖面。另一方面要拓展智慧应用系统服务功能。征求居民意见，掌握居民诉求，分析居民差异化需求，确保智慧应用系统能真正服务于社区治理与居民需要。

四、做好社区治理人才队伍建设

建设智慧社区并非简单的技术资金投入，而是需要有技术、懂管理、会服务的高素质复合型人才团队去推动。首先要加大技术性人才引进力度。建立智慧社区专家顾问团队，在顶层设计、运营管理、技术创新等方面提供专业的指导。其次要建立智慧社区治理人才培训培养机制。可以选拔具有管理创新意识、信息技术运用能力的优秀人才充实社区治理队伍，促进人才结构年轻化、专业化。对现有社区工作者进行信息技能培训，提升其信息化素养与技能水平。最后，用好志愿者资源。社区居民中不乏信息技术特长的热心志愿者，他们的参与对于社区工作者的队伍壮大起到重要的补充作用。

五、提升居民智慧平台参与水平

智慧社区平台建设的最终目的在于"发挥居民的主体性与参与度"③。社区智慧化水平若与居民之间出现"断层"，不能与居民有效对接，也会产生智慧平台的"泛化与虚化"。要提高居民参与水平，一要从居民立场出发，提高居民的平台应用能力，培养居民智慧生活思维。从居民的切身生活问题着手，引导居民通过解决生活问题来拓宽平台应用范围。二要开展多样化线下服务活动，带动线上线下互动，发挥社区平台"黏合剂"作用。通过使用社区平台网络，强化邻

---

① 吴旭红.智慧社区建设何以可能？——基于整合性行动框架的分析 [J].公共管理学报，2020（4）：110-126.

② 潘艳艳.我国智慧社区发展面临的机遇、挑战与实现路径 [J].河北青年管理干部学院学报，2021（6）：37-42.

③ 常恩予，甄峰.智慧社区的实践反思及社会建构策略——以江苏省国家智慧城市试点为例 [J].现代城市研究，2017（5）：2-8.

里关系，找回邻里互信，重塑社区活力，促进居民关注社区利益，提升社区居民归属感。

任务三： 智慧社区的体系架构

子任务1 智慧社区的总体框架

智慧社区总体框架基于"聚能—赋能—释能"逻辑主线，依循"大数据、大平台、大应用"准则，建构"三层架构""两大体系"。所谓三层架构是指"聚能·智能基础设施层、赋能·智能运行中枢层、释能·智慧社区应用层"，"两大体系"分别是技术创新与标准体系和安全保障体系（见图7-3）。[①] 两大体系贯穿融于三层架构之中，实现社区运行状态的全面感知、态势预测、智能决策。

一、聚能：智能基础设施层

通过互联网、物联网、区块链等网络基础设施，传感器、摄像头、信息采集识别器等物联感知基础设施，以及 VR/AR/MR、GIS + BIM 等孪生基础设施，集感知、传输、存储、计算于一体，为信息基础设施体系聚能，这构成了智慧社区服务与管理的依托和载体。网络与云计算的建设基于智慧城市层面的统一部署，感知端的设施覆盖建筑、社区与家庭，多源感知与动态监控社区中的人、物、房屋、环境、公共设施、事件与民生信息等要素，一次采集、多方共享，"为社区基层智能化运行及内生性治理收集多样化的数据，形成支撑城市社区建设的智能信息基础设施"。[②]

---

①② 郭春梅，胡晓燕，于蓓莉. 基于城市联动社区的城市精细化治理探究 ［J］. 智能城市，2023（11）：102 - 104.

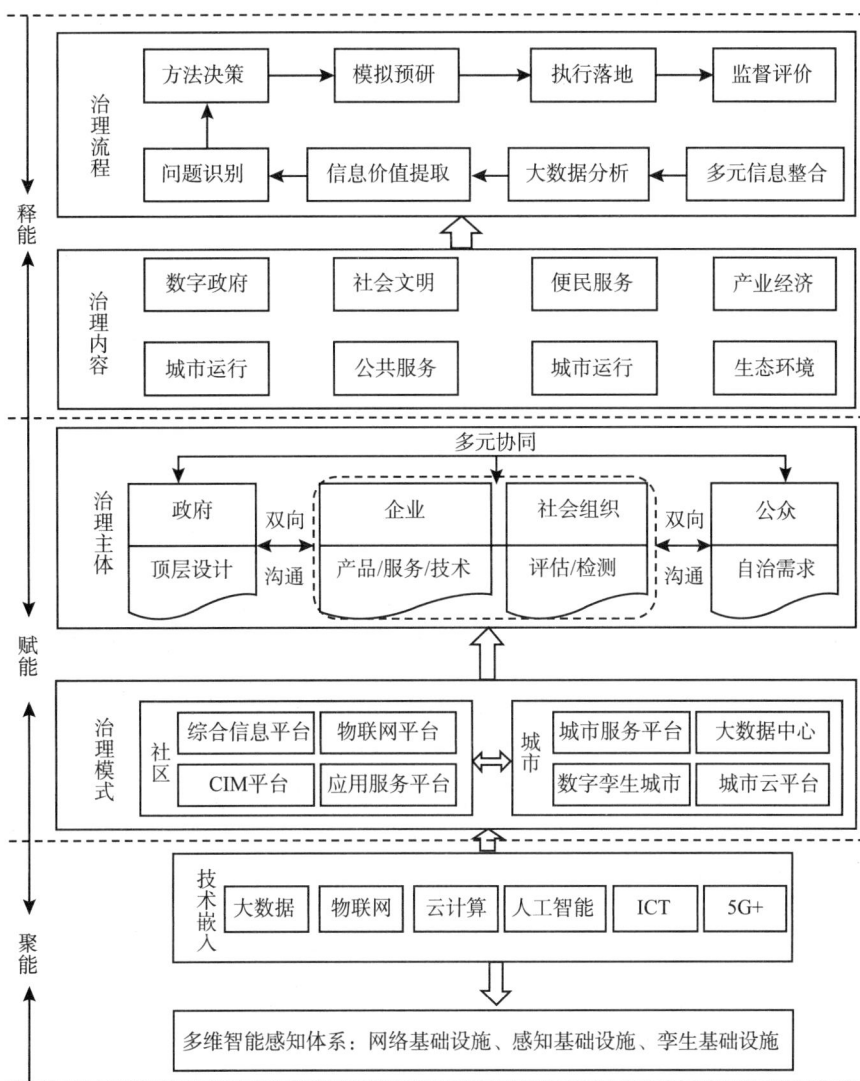

图 7-3 "聚能-赋能-释能"智慧社区总体框架图

二、赋能：智能运行中枢层

在城市大数据中心、数字孪生城市平台、城市云及城市服务平台上，通过规范数据与接口服务，接入社区平台，可以实现数据共享。运用社区综合信息平台、CIM 平台（即城市规划、建设、管理、运行的基础性操作平台）、物联网平台和应用服务平台等赋能社区治理，通过社区综合信息平台汇聚、整合及共享智慧社区数据；CIM 平台展现智慧社区运行细节；物联网平台赋能物联设备与平台对接能力；应用服务平台分两部分内容：一是运用大数据、人工智能、区块链等核心技术，提供文字、语音、图像识别，解析知识图谱、视频、分布式计算等服务；二是依托底层数据，赋能行业场景，为城市管理与服务提供数字化、智能化、可视化支撑。

三、释能：智慧社区应用层

智慧社区可以面向企业、居民、居委会、社会组织等多元主体进行应用场景的释能，如开展生态环境建设、文明社区创建、社区服务与社区照顾、社区安全与综合治理、社区公共卫生与疾病预防、物业管理、社区社会保障与社区福利等活动，用这样的方式打造智慧社区应用集。将"城市大脑"（城市运行管理指挥中心）与"社区小脑"（社区运行管理指挥中心）相互叠加，创建"互联网 +社区"生态圈，打造智能化社会治理服务体系。① 开展社区自助服务，将数字社区融入数字政府这个大平台，聚焦生活、教育、养老等多元服务；优化社区商业应用，如推广"微服务""微菜场"；深度挖掘社区居民生活的多源数据，完善社区治理体系，实现多种应用场景的数字化、互动化，提升居民幸福感。

子任务 2　智慧社区的服务体系

智慧社区服务体系是智慧社区为向居民提供便捷、高效地智能化服务的总和，其主要通过信息技术手段保障社区治理服务的运行机制和系统架构。

一、服务体系的构建

构建智慧社区服务体系，需要运用物联网、云计算、网络技术等信息技术手段，将社区中的人、物、事整合起来，满足居民多样化生活需要，为社区居民提供物业、医疗、养老、家政等多方面服务，以便更好地提升社区治理水平，提高服务能力，进而为社区居民提供智能化生活环境。同时，社区居民可以通过平台或者线下发起诉求、表达意见、反馈信息，通过双向互动参与社区治理。

---

① 郭春梅，胡晓燕，于蓓莉．基于城市联动社区的城市精细化治理探究［J］．智能城市，2023（11）：102 - 104.

二、服务体系的主要特点

（一）服务体系的宗旨是满足居民需求

构建智慧社区服务体系的终极目标是服务社区居民，为社区居民提供智慧化生活环境，让居民感到安全舒适，幸福指数提高。因此，智慧社区服务体系要能满足居民全方位、多层次的需求。建设智慧社区服务体系要以居民需求为中心进行顶层设计，安排服务的具体方式与方案。

（二）服务供给的智慧化

智慧社区体现了社区的精细化服务、智能化管理。物联网、大数据、互联网等新技术可以充分地整合现有资源，开展信息化管理、智慧化服务活动，为政府工作人员进行政务活动提高效率，为企业、各类组织开展业务活动提升效益，为社区居民满足诉求提供便利，实现全方位的惠政、惠企、惠民目的。

（三）多元共建与开放共享的专业服务

智慧社区的建设应以党建为统领，优化制度设计，形成部门合力。政府通过社区服务体系提高行政效率、增强居民幸福感；企业可以通过扩展品牌、有偿服务提升效益；社会组织在参与社区治理过程中，达成组织目标；社区居民通过服务体系享受智能化服务，通过志愿服务增进邻里关系。由此而形成的智慧社区服务体系必将使各方受益。智慧社区网络平台采用开放式架构，可以支持各类企业的对接和集成，实现资源共享。

子任务 3　智慧社区的信息平台

智慧社区综合信息服务平台的基础是城市公共信息平台与公共基础数据库，它是智慧社区的支撑平台，其原理是运用数据交换和共享系统，集成以居民需求为导向的政府、社会资源信息，为社区治理、社会服务提供标准化接口，为居民提供政务服务、公共服务、商业服务、生活资讯等内容。

一、平台框架

结合社区治理特点，智慧社区综合信息服务平台是一个集政务、公共、商业服务于一体的多功能模块化平台，其框架见图7-4。

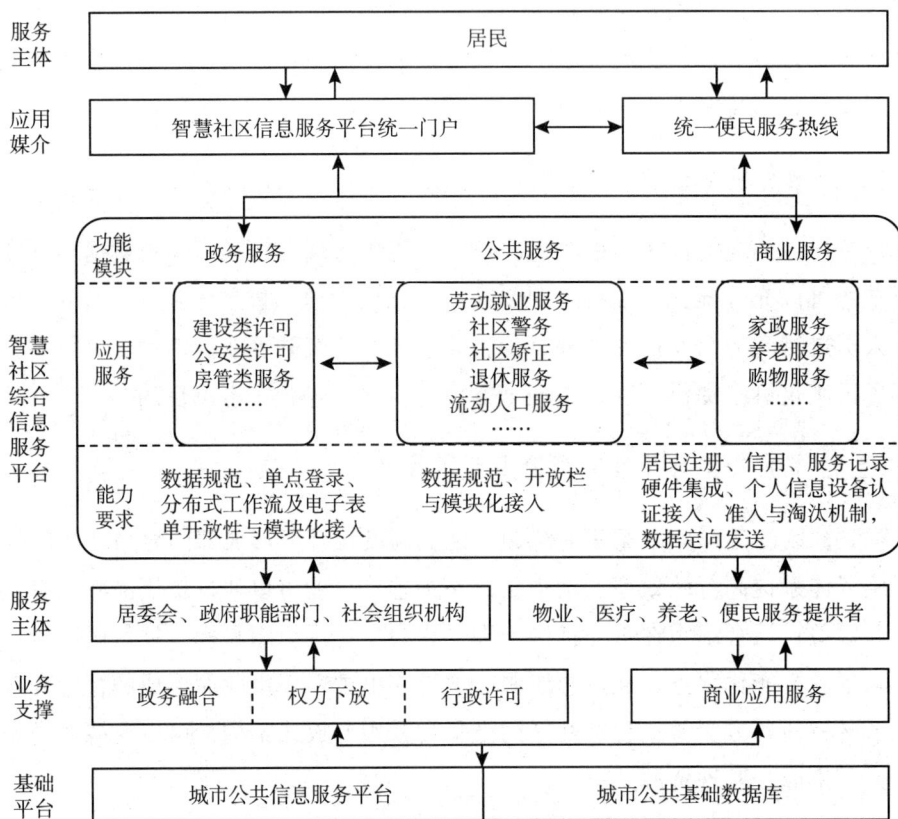

图7-4 智慧社区综合信息服务平台

政务服务的提供是通过公共信息平台、整合基础数据库的相关业务，为居民提供建筑类、公安类、房产类等多种便民利民服务。公共服务平台是将各类业务部门和公共服务机构窗口整合起来，为社区居民提供劳动就业、社区矫正、退休服务、流动人口服务等多项服务。商业服务则是运用智慧社区平台的开放功能，通过建立信用机制与淘汰机制，为居民提供家政、助老、购物等便利服务，为商家提供基础数据与服务。

二、平台建设目标

建设综合信息服务平台的主要目标是将原来在政府部门中的各类资源下沉到社区层面，实现城市不同部门之间的资源共享、业务协助，克服城市多部门投资、重复建设以及资源浪费等弊端，更好地支撑社区系统的健康运行，达到政府高效运行、居民获得优质服务的目的。

三、平台建设规范

综合信息服务平台作为一种开放式集约平台，可以按照统一规范，满足各类智慧应用系统的接入。平台建设有三种类型的接口，即基础服务接口、资源服务接口（发现接口、资源接口）和资源管理接口。基础服务接口是将资源服务与资源管理接口中基础性、共性的操作定义成一个公共接口。这三类接口能够实现发现信息资源、检索信息内容和管理信息的功能，具体来说：一是基础服务接口可以提供会话管理、自我描述的服务功能，包括目录服务初始化、终止、服务自描述等接口。二是资源服务接口可以提供信息资源元数据检索、检索结构提取等功能，包括目录检索、检索结果提供等接口。这类接口提供资源的基本信息、如何获取元数据，但其本身不提供资源。三是资源管理接口以发现接口获取的信息资源元数据为依据，查找定位资源具体内容的接口，有检索资源内容接口、结果提取接口。

子任务4　智慧社区的基础数据

基础数据是智慧社区的核心内容之一。智慧社区作为智慧城市的子集，需要共享、运用智慧城市的数据资源、平台，建立数据交换接口规范、标准，采用集中、分类、一体化等策略处理、整合不同应用子系统的数据，保障不同应用系统之间的互通互联。智慧社区基础数据包括六大类。

一、人口基础数据库

人口基础数据库是有关部门、团体或个人按照相应的规范、格式和标准，收集、汇总、加工、分析、存储和发布某一地域范围内的人口、社会、经济、科技、文化等方面的数据、信息和资料的统一信息资源库，是制定人口政策以及社会经济发展规划的重要工具，在环境与资源利用、健康与医疗服务、教育与职业培训、市场与社会调查、公共安全与社会治理等方面具有广泛的应用价值。

二、地理数据库

一般以市级地理信息平台数据为基础，借助第三方商务地图数据支持，整合自然资源、空间基础地理信息及各类经济社会信息，建立多种资源、多个尺度、及时更新的空间共享数据库，通过空间信息共享与技术服务体系，提供信息资源共享服务。还要区分内外网不同的安全要求，优化基础数据采集和维护，根据各应用系统的不同要求，由不同主体分层负责地理数据的采集和维护。

三、部件数据库

部件数据库包括社区内各类公用设施的地理数据和属性数据。按照相关行业标准，部件分为公用设施类、道路交通类、市容环境类、园林绿化类、房屋土地类等。

四、消息数据库

消息数据库包括各系统平台发布的各类规范资讯和动态信息。社区可对各系统平台消息类数据进行整合，实现消息数据格式标准化和分类标签化，并优化消息生成、共享和查询机制，根据不同权限实现内外网分层管理，同时规范数据呈现，实现动态智能排序。

五、事项数据库

事项数据库是指各系统平台在日常运行中所形成的审批、服务、咨询、投诉和任务等事项的处理数据，并实现与事项数据库的同步和对接，支持对规范事项的流程和权限进行定制，对非规范事项流程进行灵活设置，优化事项分类自动匹配查询等应用功能。

六、建筑物数据库

建筑物数据库是将社区中的建筑物属性、空间分布、业务、服务等数据集合在一起，为智慧社区管理提供支撑数据，对社区网络化管理与服务提供定位基础，包括建筑物基础数据、建筑物扩展数据和建筑物业务数据三大类。

子任务 5　智慧社区的应用场景

随着我国智慧城市的积极推进与 5G 网络技术的日益成熟，我国智慧社区也处于高速建设发展阶段。在政府的积极引导下，许多城市都在积极开展智慧社区建设的探索，智慧社区的应用场景也日益丰富。具体应用场景有十二大类，分别是社区智能运营中心、社区人口大数据、智慧物业、智慧安防、智慧门禁、智慧充值消费、智慧社区养老、智慧能耗管理、智慧环境监测、智慧环卫、智慧灯杆、智能家居。

一、社区智能运营中心

智慧社区的建设需要打造社区驾驶舱式的智能运营中心，打造全面感知、智能分析、自动预测、智慧决策的大脑，实现对社区商户、人口、环境、公共安全、基础设施等各项事务的实时监控，并对各类突发事件起到提前预警、应急指挥调度的作用。

二、社区人口大数据

监管人口是社区治理的重点，智慧社区可以利用移动大数据对访客来源、驻时分布等进行监控，对特定人员进行分析和重点管控，监控区域包括区县、街道、乡镇和社区。同时，通过量化数据、地图呈现、热力图、直方图等直观的形式实时展现目标区域被监控人员的各维度数据。

三、智慧物业

健全的社区管理依托健全的社区物业服务保障机制。智慧化的物业管理需要从客户服务、收费管理、工程运维、经营管理和安全保障五个维度，实现物业管理精细化、协同办公移动化、物业管控一体化、业务交互多元化及业务系统集成化等目标，从而推进物业服务模式创新，提升物业服务能力。站在业主、物业管理人员、商家等多个角度，通过打造一体式的 App、小程序、公众号等服务资源，结合后台管理系统，为社区各类人员提供丰富多样的服务，如社区医疗服务、场所预订、班车服务、物业报修服务、社区电子通知公告、社区票券服务等。

四、智慧安防

安全是智慧社区建设理念"以人为本"的核心，社区的高效运营离不开健全的安防体系。社区的智慧安防应采用人工智能 + 传统安防技术 + 智能安全感知技术相结合的方式，发挥 5G 通信高速率、低延迟的优势，采用边缘计算与云计算相结合的方式实现对社区监控信息全面、充分地利用，满足社区安全隐患提前预警需求和快速查证需求。

五、智慧门禁

智慧门禁设备是社区管理自有人员、访客及车辆的基础。智慧门禁设备可利用 AI 人脸识别、车辆识别等技术，打造社区智慧门禁系统，实现人员及车辆出入信息和访客来访信息可追溯、可查询，提供多种查询条件，精确定位具体人员信息。

六、智慧充值消费

在社区的充值与消费方面，首先应考虑社区居民充值的便捷性，可通过移动端绑定个人账户，实现居民可随时随地为个人账户充值；在支付与消费方面，以 AI 人脸识别为核心，将人脸识别、消费与无人超市等相结合，提升全新的消费体验，同时可以实现社区客流统计分析、热力图呈现、远程巡店等功能。

七、智慧社区养老

利用物联网、移动互联网、智能呼叫、云技术、GPS 定位技术等先进信息技术，创建"系统 + 服务 + 老人 + 终端"的智慧养老服务模式，打通机构养老、居家养老、社区日间照料、医养结合等多种养老形式。通过跨终端的数据互联及同步，实现老年人与子女、服务机构、医护人员的信息交互，对老年人的身体状态、安全情况和日常活动进行有效监控，及时满足老年人在生活、健康、安全、娱乐等各方面的需求，升级整个养老产业的服务。

八、智慧能耗管理

社区的能耗管理应做到可感知、可追溯、可管控。以中国移动智能电表云集抄系统为例，各类智能抄表终端内置 2G/4G/NB‑IoT 通信模块，由 OneNet 平台提供海量设备的管理和并发能力，通过无线网络实现各类场景的智能抄表，通过电量管理平台实时监测电量变化，做到可管理、可追溯。

九、智慧环境监测

采用室内、室外环境监测终端，实现温度、湿度、污染指数、烟雾等各类环境指标的监测与数据采集，提供多样化环境数据，实现社区环境管理的资源优配和效率提升，为环境治理决策提供依据。

十、智慧环卫

综合利用物联网、云计算等技术，对环卫管理所涉及的人、车、物、事进行全过程实时管理，提升环卫作业质量，对辖区各类垃圾的收集、运输、处置活动进行全生命周期的管理。

十一、智慧灯杆

智慧路灯将智能调光、视频播放、安防监控、一键求助、语音对讲、公共广播、Wi‑Fi 热点、RGB 氛围灯、5G 基站、充电（汽车、手机）系统等技术高度集成，具有信息采集全面化、数据整合一体化的特点，将在智慧社区建设中扮演重要的角色。

十二、智能家居

智慧社区建设的主要目标之一是提升居民的生活质量。智能家居是通过

NB – IoT 物联网将家中的照明、门锁、空调、电动窗帘、晾衣架等各类家电链接在一起，实现自动控制、远程控制、语音控制等功能，提高居家生活的舒适、便利与安全。

任务四： 社区治理创新发展

子任务1　学习型社区建设

随着社区建设的不断推进，人们越来越重视"学习型社区"的提法。虽然学习型社区的界定不一，但基本内涵是一致的。学习型社区采用相应的方式推动社区居民学习，树立终身学习的观念，能够满足社区居民学习需求，人们使用最佳的方式获得需要的知识。学习型社区通过引导社区居民树立终身学习的观念，激发人们不断学习。[①]

一、学习型社区的特征

1. 学习机会的广延性

学习机会时时存在、处处存在，只要愿意学习，处处都有学习机会。

2. 学习场所的普遍性

学习型家庭、学习型楼组、学习型单位等学习型组织普遍存在。

3. 学习资源的共享性

社区中教育资源为社区居民同享共用。

4. 学习对象的主动性

终身学习是社会成员的权利、义务和责任，社区成员应主动选择学习的行动策略。

5. 学习渠道的多元性

社区为居民提供广泛的、开放的学习系统。

---

① 周莲波，刘广. 数字化学习与学习型社区建设研究 [J]. 信息与电脑，2020（6）：226 – 228.

二、如何创建学习型社区

（一）遵循的主要原则

1. 以人为本原则

根据不同人群的不同需求，以提高居民的综合素质和生活质量为目标，充分遵循人的生存需求规律，寓生存学习、快乐学习为一体。

2. 按需学习原则

社区成员可根据自己的学习愿景和需求，确定自己的学习内容和学习方式，在共性学习上因时而异，在个性上因人而异。

3. 整合资源原则

一切学习资源都可以得到配置和优化，充分整合社区学校、企事业单位资源，做到共建共育、共创共享。利用现有资源，挖掘社会资源，为学习型社区提供物资、人才、精神和文化资源。

4. 互动学习原则

以社区成员之间共有的兴趣、爱好为纽带，进行互动式学习。以社区丰富多彩的活动为载体，进行全员化学习。通过沟通，在社区内形成互学互帮、互敬互爱、共同奋进、共享快乐的良好氛围。

（二）具体做法

1. 建立高效的工作运行机制

建立健全学习型社区领导班子，解决好领导管理问题，这样可以及时地反映学习型社区的诉求，从而整合社区建设的各方面工作，特别是要在提升居民的社区意识和参与活动上发挥主导作用，坚持从群众中来、到群众中去的工作方法，宣传发动群众，引导社区居民主动参与到学习型社区的创建活动中。

2. 丰富和创新活动载体

借助新颖的活动，吸引更多的社区成员参与到创建学习型社区的活动中来。

3. 组建专兼职教师队伍，整合资源

要加强资源整合，就要充分发挥专职干部和专职教师的作用，同时吸纳本社区内有专长的人才做兼职教师，不断壮大社区教育的志愿者队伍。

4. 营造学习型社区的良好氛围

积极引导社区成员适应时代发展要求，更新思想观念，积极学习、善于学习，在社区中营造崇尚学习、尊重知识的良好氛围。

5. 加强社区居民的道德教育

加强对社区成员的社会主义教育、科学文化教育和公民道德教育，倡导科学文明、健康向上的生活方式和团结互助、积极向上的社会道德新风尚。

6. 突出学习型家庭的重要性

通过学习型家庭的创建，可以把社区营造成为一所居民终身学习的大学校，形成健康向上、朝气蓬勃、奋发进取的良好社会风尚。公民素质的提高是一个积累的过程，素质的培养来自学习，不仅来自高等教育，更在于时时、处处的学习。

子任务 2 合作型社区 PPP 项目

一、PPP 项目的界定

PPP 是 Public – Private Partnership 的英文缩写，用比较通俗易懂的话来解释就是官方或政府与民间或社会资本之间展开的合作，又被称为公私合作 PPP 模式，这也是目前在公共服务和公共基础设施建设领域中一种比较常见和常用的项目运作模式。

PPP 指的是政府为了提高效率和降低成本采用竞争性市场化方式和手段从众多具有投资能力和管理经验的非政府机构或组织中选出参与公共服务领域某一个项目的合作者，双方基于平等的立场通过协商的方式签订协议或合同，由非政府组织或机构提供相关公共产品和服务，政府依据其所提供产品和服务绩效的综合评估和反馈结果向非政府组织和机构支付相应的对价或报酬。

二、合作型社区 PPP 项目的具体做法

传统的 PPP 项目主要集中于基础设施领域（诸如市政道路、桥梁、地铁、轻轨），国家或政府的角色从原有意义上服务的直接生产者转变为服务质量的保障者或监督者。在 PPP 项目中，政府与企业各司其职，分别专注于自己的核心

职能，以保证服务的有效供给。近年来，PPP项目开始进入社会服务领域，公共部门和企业合作提供医疗保健、社区照顾、教育辅导、社区福利、弱势群体帮扶等服务。具体做法如下。

（一）项目化嵌入社区

PPP项目介入城市社区，可以通过几种途径：第一，空间性嵌入社区。把社区或街道的公共用房、居民活动中心作为活动场地，政府、企业共同投资建设，居民可以享用免费的空间服务。第二，象征性嵌入行政体制。在纵向层级上以区或街道为联络中心，街道领导象征性参与专业服务中心的开业和日常走访活动。第三，组织化嵌入社区。联合社区居委会和社区党委组织开展各类义诊活动和党建活动，邀请居委会的工作人员加入专业服务中心的志愿者互助小组。第四，信息化网络嵌入社区。社区与专业服务中心联合建立微信群，共同管理社区舆论与信息传播。[①] 第五，多元化服务嵌入社区。各社区专业服务中心立足于社区，开展多样化的活动和服务。PPP项目运营的突出特色在于，政府背书，可信度高，服务质量有较为严格地把控。

（二）市场化服务活化社区

作为嵌入社区的基层网点，专业服务中心除了提供免费的服务项目、无偿运营管理社区公共活动中心外，还会根据服务人群的生活需求提供特色化、多样化、精细化的新型市场化专业服务。以老年服务为例，可提供生活团购、特价旅游、上门家政、适老化改造、生活服务（助餐、助浴、助洁、助行、助医、助急）等综合性服务。

（三）集中连锁化经营串联社区

作为整体性的PPP项目，凭借着其独特优势和专享经营权，采用的是连锁化的链条式的经营模式，通过项目总公司、运营公司、直营网点，将服务资源打通整合成多层次、多领域、全方位的专业服务体系。以养老为例，养老服务PPP项目将企业和市场机制引入社区治理结构的调整和社区服务的多元供给中，企业和私人部门的进入为社区发展链接了更多的异质性资源和创造性的行动。从组织形式上看，这种结合形式是更多的利益关联方的共同参与，共同占有、设计、管

---

① 朱先平. 社区居家养老服务的嵌入性情境及困境研究——基于F养老服务机构社区实践的调查分析［D］. 长春：吉林大学，2022：137.

理等，是公共物品提供方式的革新。

子任务3　我国未来社区发展展望

一、未来社区建设原则

浙江省政府于 2019 年首次提出"未来社区"的概念，在其出台的《浙江省未来社区建设试点工作方案》中这样定义"未来社区"，即以人民美好生活向往为中心，以人本化、生态化、数字化为价值导向，以和睦共治、绿色集约、智慧共享为基本内涵，构建未来邻里、教育、健康、创业、建筑、交通、低碳、服务、治理九大场景，打造具有归属感、舒适感和未来感的新型城市功能单元。未来社区建设要坚持以人为本，牢牢把握未来社区的民本属性，具体表述如下：

一是坚持普惠性、共享性、开放性，打造人人都能有序参与治理、人人都能享有品质生活的"人民社区"；

二是坚持大成集智，以数字化体系实现社区整体智治和智慧生活，把"未来社区"打造成数字化理念向社会领域全面渗透赋能的承接平台；

三是突出绿色低碳理念，合理安排生产、生活、生态空间，打造宜居、宜业、宜创、宜游的花园式社区；

四是坚持改革创新，推动从建设理念、运管模式、治理方式到政策体系的全方位、深层次的系统重塑，努力形成城市"投建管运"的新理念、新标准和新品牌。

二、未来社区发展场景

以社区为载体的空间范围，通过公共空间的连通、更新，植入社区各类活动、社区社群运营等方式而形成更大的影响范围，辐射更多的人群，激活多元社区活动的场景。未来社区建设要根据"数字化、生态化、人本化"理念，围绕社区全生活链服务需求，做好未来社区建设的顶层设计和总体规划，科学布局邻里、教育、健康、创业、建筑、交通、低碳、服务和治理各个板块。从提升住户体验的角度，全面思考社区设施的易用性、易达性、易识别性、安全性等，处处体现以人为本和人性关怀的理念，形成可持续的智慧化服务社区生态圈。[①]

---

① 竺海涛，吴涛，范佳伟，邵云鹏. TOD 模式下的未来社区探讨 [J]. 绿色建筑，2021，14（2）：79 - 82.

未来社区建设要全场景应用，在理念落地和场景构建上减少差距。以满足人民美好生活需要为根本目标，重视场景应用、管用、好用，因地制宜打造地方特色亮点，集成式落地。要全链条贯通，在开发机制和经营模式上多下功夫思考。努力将未来社区打造成让群众"住得进、住得起、住得好，有获得感、幸福感、安全感、智能化"的高品质社区。未来社区展望场景包括：邻里场景、服务场景、教育场景、健康场景、创业场景、建筑场景、低碳场景、治理场景、交通场景（见图7-5），内容涵盖了未来社区的方方面面。从品质打造、人文关怀、居住细节、居住需求、居住场景等方面，传递温暖亲切、友邻互助的服务理念。

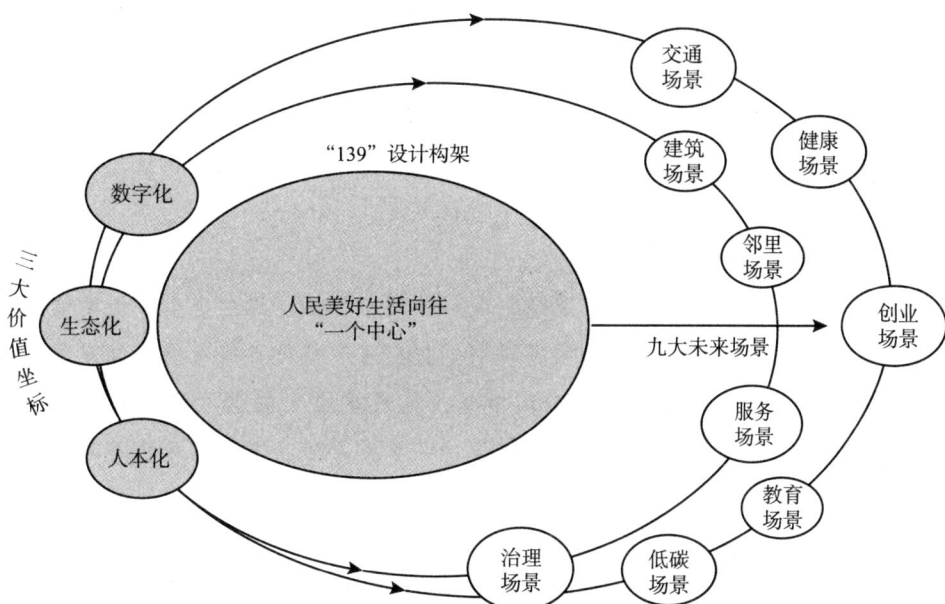

图7-5　未来社区139模式

资料来源：浙江省未来社区建设试点工作方案［EB/OL］.（2020-04-09）. https://www.sohu.com/a/386684923_365037.

【案例】7-1：

浙江省未来社区建设九大场景任务

一、打造未来邻里场景

营造特色邻里文化，突出社区即城市文化公园的定位，以城市乡愁记忆和社区历史文脉为基础，以和合文化为引领，坚持人文多样性、包容性和差异性，营造承载民俗节庆、文艺表演、亲子互动等活动的邻里交往空间。构建邻里贡献积分机制，弘扬诚信守约、共享互助、公益环保社区精神，建立信用评价体系，构建服务换积分、积分换服务激励机制。打造邻里互助生活共同体，制定邻里公约，建立邻里社群，发挥居家办公人员、自由职业者、志愿者及退休专业人员等群体的特长优势，为居民提供放心安全的服务，形成远亲不如近邻的邻里氛围。

二、打造未来教育场景

高质量配置托儿服务设施，重点发展普惠性公办托育机构，探索临时看护、家庭式托育等多元化模式，强化专业托育员培训和监管体系建设，实现3岁以下幼儿托育全覆盖。提升扩容幼小服务设施，扩大优质教育资源供给。打造"名师名校在身边"青少年教育平台，围绕3—15岁年龄段教育需求，打造社区青少年线上线下联动的学习交流平台，打通优质教育资源进社区的渠道，集成素质拓展、兴趣活动等多种类型教育服务。搭建"人人为师"共享学习平台，建设社区邻里共享学堂、共享图书馆等，探索建立社区全民互动的知识技能共享交流机制，丰富教育培训内涵，倡导终身学习新风尚。

三、打造未来健康场景

促进基本健康服务全覆盖，围绕实现全民康养目标，建立全生命周期健康电子档案系统，完善家庭医生签约服务机制。推广可穿戴设备等智能终端应用，探索社区健康管理线上到线下（O2O）模式，促进健康大数据互联共享。创新社区健身服务模式，科学配置智能健身绿道、共享健身舱、虚拟健身设备等运动设施。加强社区保健管理，普及营养膳食、保健理疗等养生知识。促进居家养老助残服务全覆盖，创新多元化适老住宅、居家养老服务中心、日间照料中心、嵌入式养老机构、老年之家等场所配置，支持"互联网＋护理服务"等模式应用。构建名医名院零距离服务机制，探索城市医院与社区医院。合作合营，通过远程诊疗、人工智能（AI）诊断等方式，促进优质医疗资源普惠共享。

四、打造未来创业场景

搭建社区"双创"空间，结合地方主导产业培育，按照数字经济、文化创意等领域特色创业需求，配置孵化用房、共享办公、家居办公（SOHO）等"双创"空间，配套共享厨房、共享餐厅、共享书吧、共享健身房等生活空间，营造社区创新创业良好生态。激发共享经济潜能，依托社区智慧平台，形成共享服务需求与供给零距离对接场景，促进社区资源、技能、知识等全面共享。健全特色人才落户机制，推出多类型人才公寓，采用定对象、限价格等方式，建立利于招才引智的出售出租政策机制，吸引更多特色人才安家落户，打造各类特色人才社区。

五、打造未来建筑场景

推广集约高效公共交通导向开发（TOD）布局模式，围绕公交枢纽和轨道交通站点，形成大疏大密布局模式，探索容积率弹性管理机制，推动地上地下空间高强度复合开发，统筹做好地下综合管廊建设衔接。打造绿色宜居宜业空间，促进空间集约利用和功能集成，探索弹性功能组合空间模式，优化青年创业公寓、新型养老公寓等配比，推广智慧家居系统应用。建设个性化、泛在化绿色公共空间，依托阳台绿槽、社区公园、屋顶花园等，提高立体复合绿化率，完善配备服务设施，打造艺术与风貌交融的未来建筑场景。搭建数字化规划建设管理平台，构建社区信息模型（CIM）平台，实现规划、设计、建设全流程数字化，建立数字社区基底。应用推广装配式建筑、室内装修工业化集成技术。

六、打造未来交通场景

突出差异化、多样化、全过程，构建"5、10、30分钟出行圈"。以车辆实现5分钟取停为目标，统筹车位资源，创新车位共享停车管理机制，推广应用自动导引设备（AGV）等智能停车技术。完善社区新能源汽车充电设施供给，预留车路协同建设条件，为5G环境自动驾驶和智能交通运行留白空间。以人实现10分钟到达对外交通站点为目标，创新街区道路分级、慢行交通便利化设计，倡导居民低碳出行，通过信息服务实现一键导航、交通无缝衔接，打造居民便捷交通站点出行圈。以物实现30分钟配送入户为目标，运用智慧数据技术，集成社区快递、零售及餐饮配送，打造"社区—家庭"智慧物流服务集成系统。

七、打造未来低碳场景

打造多能协同低碳能源体系，构建社区综合能源系统，创新能源互联网、微电网技术利用，推广近零能耗建筑，建设"光伏建筑一体化＋储能"的供电系统、"热泵＋蓄冷储热"的集中供热（冷）系统，优化社区智慧电网、气网、水网和热网布局，实现零碳能源利用比例倍增。构建分类分级资源循环利用系统，打造海绵社区和节水社区，推进雨水和中水资源化利用。完善社区垃圾分类体系，提升垃圾收运系统功能，促进垃圾分类和资源回收体系"两网融合"、建筑垃圾资源化利用，打造花园式无废社区。创新互利共赢模式，引进一体化开发、投资、建设和运营的综合能源服务商，搭建综合能源智慧服务平台，实现投资者、用户和开发商互利共赢，有效降低能源使用成本。

八、打造未来服务场景

推广"平台＋管家"物业服务模式，依托社区智慧平台，按照居民基本物业服务免费和增值服务收费的原则，合理确定供物业经营用房占比，统筹收支平衡。建立便民惠民社区商业服务圈，完善现代供应服务管理，创新社区商业供给和遴选培育机制，以多层次、高性价比为主要标准，精选各类商业和服务配套最优质供应商并在社区推广，结合 O2O 模式应用，支持其做大做强，努力催生一批本土品牌。建设无盲区安全防护网，围绕社区治安，构建设界、控格、守点、联户多层防护网，应用人脸识别等技术，推广数字身份识别管理。围绕社区消防和安全生产，应用智能互联技术，实现零延时数字预警和应急救援。

九、打造未来治理场景

构建党组织统一领导的基层治理体系，完善党建带群建制度，健全民意表达、志愿参与、协商议事等机制，推动党的领导更好嵌入基层治理实践，引领基层各类组织、广大群众积极参与基层治理。采用居民志愿参与的自治方式，构建社区基金会、社区议事会、社区客厅等自治载体和空间，激发多方主体广泛参与社区治理。推行社区闭环管理和贡献积分制，形成社区民情信息库，推举有声望、贡献积分高的居民作为代表共同管理社区事务。搭建数字化精益管理平台，依托浙江政务服务网和"浙政钉"平台，促进"基层治理四平台"的融合优化提升，梳理社区各项任务，强化基层事务统筹管理、流程优化再造、数据智能服务，有效推进基层服务与治理现代化。

资料来源：浙江省未来社区建设试点工作方案［EB/OL］.（2020 – 04 – 09）.https：//www. sohu. com/a/36684923_365037.

三、未来社区发展路径

未来社区建设由浙江省率先提出，这是新时代赋予浙江助推共同富裕示范区建设的历史使命，这种建设模式具有一定的引领与示范效应。就浙江省规划建设的未来社区建设场景而言，可将列斐伏尔的空间生产理论引入未来社区场域，把未来社区场景建设分为硬性空间、软性空间和韧性空间建设。[1]

（一）促进软性空间生产

未来社区软性空间的生产可以从两个方面着手：一是做好顶层设计，实施产城融合。未来社区软性空间的指导方针需要政府从宏观层面把握总体方向，设计方案则需要专家学者制订设计原则与标准。产城融合是要结合城市的转型升级，将产业定位与城市发展融合在一起，通过产业引入拉动城市发展，以定位居民就

---

[1] 陈为智，梁树成. 未来社区场景建设的逻辑阐释及发展路径——基于空间生产理论的研究［J］. 湖北第二师范学院学报，2023（4）：58 – 62.

业、满足居民需求为导向，设计未来社区软性空间。二是关注居民生活，谋划社区空间。居民生活质量与社会发展密切相关，通过深入了解百姓需求，打造一站式服务，拓展空间边界，方能让居民享受高质量服务。社区空间的生产，需要运用专业知识与技术权威合理布局社区结构，"通过硬性空间与韧性空间的不断交互促进软性空间的生产。"①

（二）实施硬性空间生产

未来社区硬性空间的生产应落脚于两个方面：一是结合产城融合，适配相关产业。匹配未来社区的生活链、功能链、产业链，与相关企业进行对接，建设定制化空间系统。这就需要调动市场主体积极性，引进有竞争力的企业，激发社会活力，带动城市发展，为未来社区建设提供强有力支撑。二是挖掘社区优势，盘活存量资产。对于社区中的优质资源应充分挖掘利用，巧用古城特色、妙用传统文化、善用旧城烟火气息，引入市场力量，打造特色文化。对于社区的存量资产，通过改造升级，焕发新的活力，让硬性空间释放生机。

（三）促进韧性空间生产

未来社区韧性空间的生产需从两个方面展开：一是建设未来社区场景配套设施，改善居民生活环境。人民生活水平便利与否取决于社区配套建设，社区的健身、娱乐、学习等设施齐全与否决定着居民对社区归属感的高低。社区硬性空间建设有助于促进居民韧性空间的生产，居民在参与社区活动的过程中，也提升了相互交流的机会，增强了居民间的情感联结。二是创设社会互动场域，增设居民互动机会。社区居民议事活动与协调机会有助于唤起参与意识、提高参与能力，居民参与社区事务也是社区治理水平提升的过程。居民在社区空间与场域的活动生产出了韧性空间，重塑了人与人、人与社会之间的关系。

练一练

一、单选题

1. 智慧社区以（　　　）为基础，为社区治理增添了智慧的"大脑"。

A. 物联网、大数据等新兴科技

① 陈为智，梁树成．未来社区场景建设的逻辑阐释及发展路径——基于空间生产理论的研究［J］．湖北第二师范学院学报，2023（4）：58-62.

B. 社区居委会

C. 业主委员会

D. 社区社会组织

2. 在互联网技术覆盖社区、智慧型应用黏合社区越来越频繁的状况下，（   ）成了社区治理的重要组成部分。

A. 科技企业   B. 业主委员会

C. 社区居委会   D. 社区社会组织

3. 智慧社区综合信息服务平台是（   ）的平台，各类智慧应用系统按照统一的应用平台建设规范进行接入。

A. 封闭的集约式   B. 封闭的模块化

C. 开放的集约式   D. 开放的模块化

二、多选题

1. 智慧社区的空间区域包括（   ）。

A. 地理位置   B. 基础设施

C. 网络空间   D. 应用系统

E. 技术系统

2. 智慧社区的管理方式（   ）。

A. 公众服务智慧化

B. 事务协商智慧化

C. 政府职能智慧化

D. 管理力量多方化

E. 具体工作技术化

3. 智慧社区的总体框架以（   ）为支撑。

A. 政策标准保障体系

B. 技术保障体系

C. 制度安全保障体系

D. 基础设施保障体系

E. 社区保障体系

4. 智慧社区综合信息服务平台接口有（   ）。

A. 基础服务接口

B. 技术服务接口

C. 资源服务接口（发现接口、资源接口）

D. 技术管理接口

E. 资源管理接口

三、判断题

1. 智慧社区是社区管理的一种新理念，是新形势下社会管理创新的一种新模式。（　　）

2. 通过网格化管理模式实现社区业务全流程智能化办理，并不能有效解决城市治理"最后一公里"的问题。（　　）

3. 安全是智慧社区建设理念"以人为本"的核心，社区的高效运营离不开健全的安防体系。（　　）

四、简答题

1. 简述智慧社区的特征。

2. 简述智慧社区服务体系的主要特点。

【练一练】 参考答案

项目一［练一练］答案：

一、单选题

1. B　2. A　3. C

二、多选题

1. ABCDE　2. ABCD

三、判断题

1. √　2. √　3. √　4. √　5. ×

项目二［练一练］答案：

略

项目三［练一练］答案：

一、单选题

1. C　2. C　3. B　4. C　5. C

二、多选题

1. ABCD　2. ACDE　3. ABCD　4. ABCD

三、判断题

1. √　2. ×　3. √　4. ×

项目四［练一练］答案：

一、多选题

1. AB　2. CD　3. ABCD

项目五〔练一练〕答案：

一、单选题

1. A　2. B

二、多选题

1. ACD　2. BCD

项目六〔练一练〕答案：

一、单选题

1. A　2. B　3. B

二、多选题

1. ABDE　2. ABCDE　3. ABCDE

三、判断题

1. ×　2. ×

项目七〔练一练〕答案：

一、单选题

1. A　2. A　3. C

二、多选题

1. AC　2. ABCD　3. AC　4. ACE

三、判断题

1. √　2. ×　3. √

参 考 文 献

［1］查志远. 十个案例入选"2023 数字政府建设卓越示范案例"［N］. 新京报，2023 - 12 - 12.

［2］常恩予，甄峰. 智慧社区的实践反思及社会建构策略——以江苏省国家智慧城市试点为例［J］. 现代城市研究，2017（5）：2 - 8.

［3］陈洪涛，王名. 社会组织在建设城市社区服务体系中的作用——基于居民参与型社区社会组织的视角［J］. 行政论坛，2009（1）：67 - 70.

［4］陈为智，梁树成. 未来社区场景建设的逻辑阐释及发展路径——基于空间生产理论的研究［J］. 湖北第二师范学院学报，2023（4）：58 - 62.

［5］陈自立. 智慧社区治理的实践经验与关键问题［J］. 江汉大学学报（社会科学版），2016，33（3）：24 - 28，124 - 125.

［6］邓国胜，魏冰玲. 志愿服务在第三次分配中的作用及其价值测量［J］. 社会政策研究，2021（4）：78 - 94.

［7］丁建文. 城市智慧社区建设标准化审视［J］. 科技和产业，2023（2）：145 - 150.

［8］方伶俐. 基于 PEST - SWOT 模型的智慧社区建设策略探索［J］. 决策与信息，2022（7）：34 - 43.

［9］甘炳光. 社区工作理论与实践［M］. 香港：香港中文大学出版社，1998.

［10］高和荣. 论社区志愿组织与志愿服务的完善——以福建三个社区为例［J］. 福建论坛·人文社会科学版，2011（4）：150 - 154.

［11］高金环. 澳门非营利组织参与社区治理的功能与形成机制分析［J］. 四川行政学院学报，2021（3）：55 - 62.

［12］葛天任，李强. 我国城市社区治理创新的四种模式［J］. 西北师大学报（社会科学版），2016，53（6）：5 - 13.

［13］郭春梅，胡晓燕，于蓓莉. 基于城市联动社区的城市精细化治理探究［J］. 智能城市，2023（11）：102 - 104.

［14］国家突发公共事件总体应急预案［EB/OL］. http：//www. mem. gov.

cn/xw/jyll/200602/t20060220_230269. shtml.

[15] 智慧社区建设运营指南（2021）［EB/OL］. http：// www. sic. gov. cn/ sic/93/552/555/1020/11B0_pc. html.

[16] 国务院办公厅. 国家综合防灾减灾规划（2016—2020 年）［EB/OL］. http：//www. gov. cn/zhengce/content/2017 – 01/13/content_5159459. htm.

[17] 国务院关于进一步健全特困人员救助供养制度的意见［EB/OL］. https：//www. gov. cn/zhengce/zhengceku/2016 – 02/17/content_5042525. htm.

[18] 何晓斌，李政毅，卢春天. 大数据技术下的基层社会治理：路径、问题和思考［J］. 西安交通大学学报（社会科学版），2020，40（1）：97 – 105.

[19] 何增科. 公民社会与第三部门研究引论［J］. 马克思主义与现实，2000（1）：27 – 32.

[20] 坚定不移沿着中国特色社会主义道路前进　为全面建成小康社会而奋斗——在中国共产党第十八次全国代表大会上的报告［EB/OL］. http：//theory. people. com. cn/n/2013/0403/c359820 – 21013407. html.

[21] 纪莺莺. 治理取向与制度环境：近期社会组织研究的国家中心转向［J］. 浙江学刊，2016（3）：196 – 203.

[22] 姜玉泉. 智慧城市建设全面推进　以综合解决方案建设智慧社区［J］. 通讯世界，2019（16）：39 – 41.

[23] 黎岷，于文涛，钟英红，钟慧琴. 社区管理与服务操作手册［M］. 北京：人民邮电出版社，2021.

[24] 李瑾凡. 城市大型社区志愿服务组织建设研究［D］. 北京：中央民族大学，2021：13.

[25] 李姗姗. 社区治理中志愿者服务发展分析——以百步亭社区志愿者服务为例［J］. 法制与社会，2018，11（中）：143 – 145.

[26] 李玉琳，吕宝龙，张恩韶，马宏欣. 数字孪生技术推动智慧社区建设的应用研究［J］. 智能城市. 2023，9（1）：11 – 15.

[27] 李友梅. 当代中国社会治理转型的经验逻辑［J］. 中国社会科学，2018（11）：58 – 73.

[28] 林晓兰，叶淑静. 社区自治与共治的模式整合及其优化路径——以苏州市山池街道为例［J］. 学习与实践，2021（12）：112 – 121.

[29] 刘建恒，张亚敏，钟咏诗. 社区资源图在乡镇社工站点服务中的设计与运用［J］. 中国社会工作，2023（3）：20 – 21.

[30] 刘铄. 智慧社区平台建设概述［J］. 城乡建设，2021（1）：36 – 37.

［31］马占亚．政府主导多元参与——新加坡社区治理的经验与启示［J］．广东经济，2015（12）：36－40．

［32］美好社区 先锋行动｜行动团队＋赋能团队，来看上海社区治理新玩法！［EB/OL］．https：//www. jingan. gov. cn/rmtzx/003008/003008003/20230829/32344c4c－92e5－4b5b－af20－27a2405ea385. html？ type＝2．

［33］孟宪红．《社区组织与社区服务》课程教学改革实践研究［J］．长沙民政职业技术学院学报，2019（3）：91－94．

［34］倪赤丹．城市社区养老服务资源优化配置研究［D］．武汉：华中科技大学，2022：120．

［35］潘艳艳．我国智慧社区发展面临的机遇、挑战与实现路径［J］．河北青年管理干部学院学报，2021（6）：37－42．

［36］邱柏生．论社区资源类型及其整合方式［J］．探索与争鸣，2006（6）：33－35．

［37］任开琴．社会策划模式下文化养老的社区工作研究——以郑州市 X 街道老年大学项目为例［D］．咸阳：西北农林科技大学，2021：17－18．

［38］荣幸．民族互嵌式社区异质性、社区组织参与与族际交融——基于民族团结进步创建活动示范社区的实证研究［D］．北京：中央民族大学，2021：8－10．

［39］容志，孙蒙．党建引领社区公共价值生产的机制与路径：基于上海"红色物业"的实证研究［J］．理论与改革，2020（2）：160－171．

［40］上海市社区嵌入式养老服务工作指引［EB/OL］．http：//www. shang-hai. gov. cn/nw12344/20200813/0001－12344_63121. html．

［41］孙博宁．城市社区治理体系中的志愿者功能分析［J］．美与时代（城市版），2016（4）：106－107．

［42］汤玉枢．自治与服务：社区组织权责的扩张与异化［J］．福建论坛·人文社会科学版，2015（4）：71－80．

［43］王菁．社区治理模式改革探索——基于新公共管理理论［J］．南京审计学院学报，2011（4）：22－26．

［44］王立胜．人民公社化运动与中国农村社会基础再造［J］．中共党史研究，2007（3）：28－33．

［45］王小丽，沈菊花．社区建设理论与实务［M］．北京：机械工业出版社，2017：197．

［46］王玉．我国社区应急管理体系优化问题研究——以 A 市 B 区为例［J］．中共福建省委党校（福建行政学院）学报，2021（3）：159－168．

［47］吴理财．全面小康社会的城乡基层社会治理共同体建设［J］．经济社会体制比较，2020（5）：1-7．

［48］吴琪．社区资源整合的实践探索与发展审视［D］．武汉：华中师范大学，2021．

［49］吴胜武，闫国庆．智慧城市：技术推动和谐［M］．杭州：浙江大学出版社，2010：208．

［50］吴旭红．智慧社区建设何以可能？——基于整合性行动框架的分析［J］．公共管理学报，2020（4）：110-126．

［51］习近平：决胜全面建成小康社会　夺取新时代中国特色社会主义伟大胜利——在中国共产党第十九次全国代表大会上的报告［EB/OL］．https：//www.gov.cn/zhuanti/2017-10/27/content5234876.htm．

［52］夏建中．治理理论的特点与社区治理研究［J］．黑龙江社会科学，2010（2）：125-130+4．

［53］谢丹．社区居委会财务管理现状分析及对策研究［J］．财会学习，2019（10）：36+38．

［54］徐雪梅．老工业基地改造中的社区建设研究：以辽宁为个案［M］．北京：中国社会科学出版社，2008：42．

［55］于海．志愿运动、志愿行为和志愿组织［J］．学术月刊，1998（1）：56-62．

［56］俞可平．走向善治［M］．北京：中国文史出版社，2017：57-58．

［57］俞可平．中国公民社会：概念、分类与制度环境［J］．中国社会科学，2006（1）：109-122+207-208．

［58］赵伯艳，豆亚芳．社区志愿服务"志愿失灵"及其破解［J］．三晋基层治理，2022（5）：80-85．

［59］郑杭生．破解在陌生人世界中建设和谐社区的难题——从社会学视角看社区建设的一些基本问题［J］．学习与实践，2008（7）：5-12．

［60］中共中央关于坚持和完善中国特色社会主义制度　推进国家治理体系和治理能力现代化若干重大问题的决定［EB/OL］．https：//www.ccdi.gov.cn/toutia-on/201911/t20191105_96220.html？eqid=cc75f7490013c823000000036497d62b．

［61］中国残联　民政部　国家卫生健康委关于印发《残疾人社区康复工作标准》的通知［EB/OL］．https：//www.cdpf.org.cn/zwgk/ggtzi/0a76azce/75647f686316d76c5ec4026_mobile.htm．

［62］民政部关于加强分散供养特困人员照料服务的通知［EB/OL］．http：//

www. gov. cn/zhengce/zhengceku/2020 – 01/10/content_5467973. htm.

［63］民政部关于发布《社区社会工作服务指南》等 5 项推荐性行业标准的公告［EB/OL］. https：//www. mca. gov. cn/images3/www/file/201701/1484893885134. PDF.

［64］中华人民共和国突发事件应对法［EB/OL］. https：//www. gov. cn/zhengce/2007 – 08/30/_ content _ 2602205. htm？eqid = bce3f9d30009323c000000 02648127c4.

［65］智慧社区建设指南（试行）［EB/OL］. https：//www. mohurd. gov. cn/file/old/2014/20140520/w020140520100153. pdf？n = 智慧社区建设指南（试行）.

［66］张燕国. 论我国社区治理的原则、理念取向［J］. 西部学刊，2015（1）：5 – 8.

［67］周建兵，王天雨. 智慧社区：打通基层社会治理"最后一公里"［J］. 中国工程咨询，2024（1）：97 – 101.

［68］周莲波，刘广. 数字化学习与学习型社区建设研究［J］. 信息与电脑，2020（6）：226 – 228.

［69］周桐. 智慧社区标准体系的研究与构建［J］. 标准科学，2022（12）：68 – 72.

［70］周国文."公民社会"概念溯源及研究述评［J］. 哲学动态，2006（3）：58 – 66.

［71］朱先平. 社区居家养老服务的嵌入性情境及困境研究——基于 F 养老服务机构社区实践的调查分析［D］. 长春：吉林大学，2022：137.

［72］朱志伟. 特大城市社区资源配置模式演化与推进机制——以上海市为例［J］. 福建论坛·人文社会科学版，2020（11）：181 – 190.

［73］竺海涛，吴涛，范佳伟，邵云鹏. TOD 模式下的未来社区探讨［J］. 绿色建筑，2021，14（2）：79 – 82.

［74］WONG L, POON B. From Serving Neighbors to Recon-trolling Urban Society：The Transformation of China's Community Policy［J］. China Information，2005，19（3）：413 – 442.

后　　记

　　本书大纲主要由高芙蓉、黄文斌老师牵头，陈丽丽、毛慧琼参与拟订，经全体编写小组成员多次讨论后确定。各章编写者如下：高芙蓉（上海城建职业学院健康与社会关怀学院教授，负责编写项目五的任务一、项目六和项目七）；黄文斌（华东理工大学社会与公共管理学院博士研究生，上海城建职业学院社会工作专业讲师，负责编写项目一中的任务三和任务四，项目四）；毛慧琼（河南财政金融学院，负责编写项目二中的任务二、任务三、任务四，项目五中的任务二、任务三、任务四）；陈丽丽（上海城建职业学院健康与社会关怀学院社会工作专业主任，负责编写项目二中的任务一）；郭志巧（华东理工大学社会与公共管理学院博士研究生，上海城建职业学院社会工作专业讲师，负责编写项目一中的任务一和任务二）；张玲（上海城建职业学院工商管理学院社会保障专业讲师，负责编写项目三）。高芙蓉、黄文斌负责全书的统稿及校对工作。

　　鉴于时间仓促、水平所限，难免有疏漏不妥之处，敬请广大读者不吝赐教。

主编

2024 年 12 月